只留清气满乾坤

陈凯先　徐　岭　蒋雨惜　主编

科学出版社
北　京

内 容 简 介

本书作为缅怀蒋华良院士的纪念文集，收录了社会各界人士撰写的百余篇长短文、诗歌、报道等。这些文风各异、情感浓烈的文笔无不真实生动地展现了蒋院士为国为民、探索开拓、勇于担当、矢志不渝的光辉一生，情真意切地再现了蒋院士严谨治学、多才多艺、奖掖后学、至情至义的仁人形象。蒋华良院士的精神和事迹感人至深、催人奋进。

斯人已去，音容犹在；先生之风，山高水长。愿文集里的真情和思念化作四季和风，无论何时何地，都与我们尊敬的、亲爱的蒋院士相伴，永远。

希望本书有所裨益于各行业读者，特别是热爱科学、敬仰先贤、敢于创新的广大青年科技工作者。

图书在版编目（CIP）数据

只留清气满乾坤 / 陈凯先, 徐岭, 蒋雨惜主编. -- 北京 : 科学出版社, 2024. 12. -- ISBN 978-7-03-079836-7

Ⅰ. K826.2-53

中国国家版本馆 CIP 数据核字第 2024H31D78 号

责任编辑：贾　超　贾雪玲 / 责任校对：杜子昂

责任印制：赵　博 / 封面设计：东方人华

科学出版社 出版

北京东黄城根北街 16 号

邮政编码：100717

http：//www.sciencep.com

北京中科印刷有限公司印刷

科学出版社发行　各地新华书店经销

*

2024 年 12 月第　一　版　开本：720 × 1000　1/16

2025 年　5 月第三次印刷　印张：24 3/4

字数：490 000

定价：98.00 元

（如有印装质量问题，我社负责调换）

编 委 会

序　一

时光流逝给人的感觉，有时如白驹过隙，有时又日长似岁。华良离开我们已将近两年，但他的逝世给社会各界带来的震惊与悲痛并未平复，人们仍处在被他的精神、情操和才华所激发的深深感动之中。

华良逝世后，各界人士深切缅怀这位才华横溢、英年早逝的优秀科学家，纷纷撰文悼念。这些文字不仅寄托了无尽的哀思与深切的怀念，也从各个视角刻画了一位矢志报国的科学家的生动形象。作为华良生前学习、工作时间最长的单位，中国科学院上海药物研究所联合华良的夫人徐岭女士、女儿雨惜与我，在他逝世两周年之际，将社会各界对华良生前身后的相关报道与纪念文字进行整理，汇集出版。希望能通过书中他人的叙述，让更多的人受到华良精神的感染与鼓舞，将华良的精神延续下去。

捧读该书，有如对华良一生的快速回顾。“国之所需，吾志所向”是华良的毕生追求，取其作为该书的开篇名，集中体现了该书收录的社会各界对他事迹报道与往事叙述的精神内涵，以表“深切缅怀，精神永存”；众多科学家、挚友同道的悲伤和痛惜，化为感人至深的追忆与纪念文字，展现出华良“怀瑾握瑜，贤拥士随”的魅力人生；华良教导过的学生弟子怀着对“先生之风，山高水长”的景仰，表达出对恩师深沉的思念与由衷的感激；还有许多人其实与华良并不相识或相熟，但却被他的事迹所感动，自发地在社交平台上表达对华良的惋惜与追念，正可谓“风清气正，挽歌萦绕”。

书中的故事也让我时时回忆起与华良相处的点点滴滴。1992 年，华良踏入上海药物所的大门，自此开启博士学位的攻读之旅，其导师是嵇汝运先生与我。1995 年，华良完成博士学业后留所工作。此后我们共事 30 年，历经了上海药物所、中国科学院、浦东张江以及中国药学领域诸多创新发展的重大事件，彼此间结下了深厚情谊。我见证了他从意气风发的青年学子成长为优秀的科技领军人才，感受着他自始至终怀揣着的爱党爱国的赤诚之心和舍我其谁的家国情怀，以及始终如一讲真话、做实事、至诚待人的高尚品德。

华良拥有扎实的数理基础，才思敏捷，自研究生时期起便崭露头角，并迅速扛起科研工作的重任。“拼命三郎”是与他共事过的同事们一致认同的“绰号”，也是他在科研领域拼搏精神的真实写照。他打破固有思维模式，创立了“靶标探寻”“快结合、慢分离”等药物设计的新理念与新策略，极大地提高了药物设计的成功率。他参与、指导和组织的多个新药研究项目均已进入不同研究阶段，其中抗新冠病毒药物先诺欣（VV934）、民得维（VV116）已获批上市或附条件批准上市。同时，他以 973 计划项目首席科学家、国家自然科学基金委员会重大研究计划专家组组长等身份，肩负起了一批国家重大科技任务和新药研发专项，贡献卓越。

华良最令人动容之处在于他始终牢记使命、勇于担当，第一时间组织人员开展研究，成果显著。在 2020 年疫情最为严峻之时，他不顾个人安危，与左建平研究员两次“逆行”奔赴武汉开展临床研究。在担任上海药物所所长期间，每当面临重大改革和发展任务的关键节点，他总会带领班子主动站出来，当好国家队，担当国家责。华良院士真正将国家利益置于至高无上的地位。

华良才华横溢，内心世界丰富多彩。他始终对老一辈科学家充满敬意，积极挖掘上海药物所的历史和精神文化传统并整理成文。他深情热爱家乡人民、歌颂家乡人民，持续为家乡的改革发展出谋划策，贡献自己的力量。他无私地鼓励和帮助年轻学生，并以“爱、情、缘、志、信”为主题连续五年在上海药物所研究生毕业典礼上发表演讲，表达对莘莘学子的期望与祝福。他对需要帮助的人总是热情伸出援手，他助力湖南芷江大树坳乡种植野生甜茶，为大树坳中学捐建现代化教学楼。他对传统文化、地方曲艺、美食等一切美好事物，都有着独特的鉴赏眼光。说不尽的故事和分享，道不完的付出与奉献，立体地展现出华良不仅是一个豪爽热情的性情中人，更是一个重情重义之人，一个充满人文情怀之人。

何期泪洒江南雨，不尽哀思念华良！

华良一生不忘科技为民初心，牢记人民科学家崇高使命，将对祖国的忠诚、对人民的深情、对上海药物所的热爱，融入到无怨无悔、兢兢业业的药学科学事业中，为创新药物研发做出了不可磨灭的杰出贡献，为药物所人和药学科技工作者树立了光辉榜样。我们将永远铭记并学习他“国之所需，吾志所向”的理想信念，接续完成他未完成的新药梦想。

陈凯先

2024 年 9 月于上海

序　二

华良离开我们快两年了。他是我的前任所长，当时我作为班子成员之一，协助他和所班子开展工作。2013 年末到 2019 年初，五年多时间，我们风雨同路、携手同行，华良带领着班子全面推进上海药物所建设，出台并实施了一系列改革举措，率先走出了创新发展新路。其间，2017 年，华良当选为中国科学院院士，他将此视为新的起点，继续焚膏继晷埋头于新药研发事业中，并在新冠疫情刚暴发、最危险严峻的情况下，“逆行”奔赴武汉全力开展抗新冠病毒药物研发，带领团队发现了一批抗新冠病毒的活性分子和中成药，推动了民得维和先诺欣两款用于新冠病毒感染治疗口服药物的上市，为抗新冠病毒药物研发作出了卓越贡献。

2022 年末，华良骤然离世，年仅 57 岁。离世前几天，他还在参加学术会议，还如往常一样坚守在科研一线。噩耗对我来说、对上海药物所来说都太突然，我们失去了一位亦师亦友的知己、至亲至善的家人。

去年，华良生前所著系列文章由他夫人徐岭女士和女儿雨惜汇编成《朵朵花开淡墨香》出版，我有幸在第一时间拿到书籍，拜读华良留下的文字，在字里行间感受他的热情和力量。无论是探讨行业发展，还是寄语寻梦青年，无论是回首故乡往事，还是偶记随感闲情，无论是探索佳肴学问，还是著文道诉哀思，华良娓娓道来的文字朴实隽永、亲和有力，从中我读出了激情和动力、共鸣和启迪、信心和希望。

珠玉在前。我们深感要在全体药物所人中大力传承弘扬华良精神，要在行业内外广泛传播华良事迹，以助人们缅怀铭记我们这样一位杰出而伟大的科学家。

因此，历时一年六个月整理出的《只留清气满乾坤》，作为《朵朵花开淡墨香》的姊妹篇，力图从不同视角还原更加立体丰盈的华良形象。该书共分为“国之所需，吾志所向”“深切缅怀，精神永存”“怀瑾握瑜，贤拥士随”“先生之风，山高水长”“风清气正，挽歌萦绕”五个篇章，收录了华良生前的挚友、同仁、学生的纪念文章以及访谈、报道等，生动再现了华良的家国情怀、学术造诣、人文精神和人格魅力。

通过该书，我看到了华良从农村寒门学子到中国科学院院士的求学成长之途、潜心深耕之道、探索创新之路，他将满腔热忱倾注于药物科学基础研究和原始创新，始终走在学科前沿；通过该书，我看到了华良的同仁、挚友、师生以及侗族芷江人民与华良的相处点滴，从中我深刻体会到，华良是时刻奋战在科研一线的“拼命三郎”，是新药研发事业中勇于开拓的“先行者”，是提携后辈的谦逊“领路人”，也有着热爱生活、多才多艺的有趣灵魂；通过该书，我感受到了药学界、临床医学界以及民盟等领域机构的社会人士和媒体对华良的悼念，挽联、诗词，短文、长文，尽诉华良离世对药物科学的重大损失；通过该书，我体会到了华良的学生后辈对他的深情追忆，从他们的文字中能感受到华良人格魅力对于学生后辈的影响，以及他在追求卓越过程中为我国创新药物发展贡献全部力量所展现出的精神感召。该书还整理了社会各界、各地人士在微信公众号的部分留言，这些留言虽为只字片语，却使华良的故事更加生动完整，为我们充分展现了有大爱、存大志、干大事的华良形象。读完该书，我也深感，有匪君子，如切如磋，如琢如磨。

自建所以来，上海药物所始终秉持着“出新药、出好药”的初心，奉行“一张蓝图绘到底”的发展策略，成功研制并投入生产了100余种新药，创制了一批在国内外具有一定影响的创新药物，推动了一批抗恶性肿瘤、心脑血管疾病、自身免疫性疾病和抗感染性疾病的新药进入临床研究，并积淀下来“为民、执着、融合、自强”的“新药精神”。从华良身上，能深刻感受到他一脉相承的这种新药精神，他对科研的执着、对药物所改革发展的认知和决心、对国家和人民健康的情怀，都对我影响深远。

华良未曾离开我们。他音容犹在，笑貌宛存，他的科研战友、同事、学生在领域内踔厉奋发、大放异彩，他的课题组赓续了他潜心研究、勇攀高峰、勇立潮头的科学探索精神，正在奋力跑好新药研发“接力棒”，他胸怀祖国、服务人民、无怨无悔的爱国奉献精神时刻感召着全体药物所人，激励着我们为抢占新药研发科技制高点群策群力，为实现国家高水平科技自立自强奋斗终生。

李　佳

2024 年 9 月于上海

前　言

时光荏苒，岁月缱绻，提笔写下这篇文字时蒋华良院士离开我们已近两年。迈入 2024 年，面对着更多的变化和未知，偶尔会感到记忆断层，过去的几年模模糊糊，几年前的过去历历在目。时间裹挟着步伐仿佛在玩迷宫游戏，时进时退，人生中许多过客似走又停，掠过耳畔的微风会将我们拉回现实，他来过，他仍在！

过去的近两年时间中，不断收到来信、投稿，或有关于蒋华良院士的文章发表，社会各界人士都在用文字记录蒋院士一生中的点点滴滴。在去年一周年之际，系列纪念活动以及蒋华良院士文集《朵朵花开淡墨香》的出版更是勾起了大家对于蒋华良院士的思念，更多的文章纷涌而来，于是将这些珍贵并饱含情感的文字整理出版的想法应运而生，也是该书《只留清气满乾坤》出版的初衷。蒋华良院士学习工作奋斗一生的工作单位中国科学院上海药物研究所主导牵头，历时一年整理筛选，沟通协调，将这些文字整理成册，作为《朵朵花开淡墨香》的姐妹文集呈现给读者，将视角从第一人称转移至第三人称，呈现出一个更全面、更直观、更多细节的蒋华良院士。

蒋华良院士的一生是朴实又壮丽，多彩又坚毅的，赤脚从贫穷秀丽的江南乡村一步步走进科学殿堂，触碰到科研金字塔的顶峰，这一路得益于许多良师益友、许多学生同仁携手同行，一路上的点点滴滴被该书中的一篇篇文章镌刻留痕，将蒋华良院士的人生地图更加丰满生动地展现给读者。该书分为“国之所需，吾志所向”、“深切缅怀，精神永存”、“怀瑾握瑜，贤拥士随”、

“先生之风，山高水长”以及“风清气正，挽歌萦绕”五个篇章，将蒋华良院士的人生如一部电影般展现给大家。“国之所需，吾志所向”篇章如同俯瞰镜头，将其人生的大纲和信条展现出来，给读者构建出阅读框架；“深切缅怀，精神永存”篇章如同回放镜头，将整个故事的结尾部分先拆分给读者，给读者一个完整的故事梗概；“怀瑾握瑜，贤拥士随”“先生之风，山高水长”两个篇章则是无数的电影分镜，将蒋华良院士一生填补得丰满，让整个故事变得立体生动；最后的“风清气正，挽歌萦绕”篇章则如同电影最后的字幕结尾彩蛋，将参与过、关注过、观看过这个故事的感受及情感记录下来，或许能让读者找到共鸣。

“不要人夸颜色好，只留清气满乾坤。”梅花是蒋华良院士一生挚爱，也非常能体现其风骨，王冕借梅自喻的诗句也恰如蒋华良院士的人生写照。虽然该书是一部纪念文集，但希望读者能带着轻松、惬意的心情翻看，不必悲伤，将或间断、或连贯的阅读过程当作一次与蒋华良院士或共同回顾往昔、或重新认识的经历。相信在这一过程中，读者能感受到鲜活、真挚、善良、睿智又坚毅的他，也希望他的故事能够带给读者一些温暖、一些美好、一些力量。

蒋雨惜

2024 年 9 月于上海

目　　录

人物档案

蒋华良，中国民主同盟盟员，1965 年 1 月生，著名药学家、中国科学院院士，曾任中国科学院上海药物研究所所长、临港实验室主任、华东理工大学药学院首任院长、上海科技大学科道书院院长。2022 年 12 月 23 日，蒋华良院士因病医治无效，于上海逝世，终年 57 岁。

蒋华良

（1965.01.10—2022.12.23）

蒋华良先生生于江苏武进。1983～1987 年就读于南京大学化学系，获理学学士学位。毕业后进入江苏省常州化工研究所工作。1989～1992 年就读于华东师范大学化学系，获理学硕士学位。1992～1995 年就读于中国科学院上海药物研究所，获理学博士学位。毕业后留所工作，1995 年任副研究员；1997 年任研究员；2004～2013 年任中国科学院上海药物研究所副所长；2013～2019 年任中国科学院上海药物研究所所长；2021 年任临港实验室首任主任。2017 年当选为中国科学院院士。1998 年加入中国民主同盟。曾任中国人民政治协商会议第十一届、第十二届全国委员会委员，中国民主同盟（简称民盟）第十届中央委员会委员，民盟第十二届、第十三届中央委员会常务委员。

蒋华良先生在担任中国科学院上海药物研究所所长期间，带领全所从国家战略出发，加强顶层设计，组织实施重大科研任务，同时加大人才引培力度，深化体制机制改革，引领研究所工作实现跨越发展。在他的带领下，研究所的创新体系进一步完善，创新能力显著提升，基础研究硕果频出，化学药、中药及民族药、生物药并举，进入临床研究的候选药物数量屡创新高。他特别注重产学研联动，与知名国际制药公司开展实质性合作，领导和推动中国科学院上海药物研究所在苏州、南通、杭州、中山和烟台等地建立了生物医药产业化基地，并有力地促进了成果转移转化和地方生物医药产业发展。

蒋华良先生长期致力于药物科学基础研究和新药发现，始终走在学科前沿，取得丰硕成果。他通过化学、生物学、数理科学、计算机和信息科学等多学科的交叉，在我国率先建立了药物-生物大分子相互作用的大规模分子动力学模拟等一批功能先进的理论计算技术平台，发展了“靶标垂钓”靶标发现、基于结合动力学的新药设计和评价策略等一批原创药物研究新技术与新方法；他深入开展药物靶标调控机制、先导化合物发现和优化等研究，作为主要发明人之一发现的多个候选药物已进入临床试验的不同阶段，主要包括抗阿尔茨海默病、抗新型冠状病毒、抗肺动脉高压、抗前列腺增生、抗糖尿病和降血脂等，有 15 个新药项目实现成果转化。近年来，他大力倡导、推动并积极投身基于大数据和人工智能的新药研究，是我国药物设计学科的开拓者之一、药物化学学科的引领者之一，也是我国化学生物学学科建设的倡导者之一。

蒋华良先生具有强烈的家国情怀。他牢记“国家队、国家事”，作为“国家人”，勇担“国家责”。在抗击严重急性呼吸综合征（severe acute respiratory syndrome，SARS）期间，他带领团队全面投入到抗 SARS 药物研发科研项目攻关中，获得了一批有效的抗 SARS 病毒化合物，2003 年被评为“全国防治非典型肺炎优秀科技工作者”。在新冠疫情暴发伊始，他牵头组建了抗疫联合攻关团队，全力开展抗新型冠状病毒药物研发。在抗疫形势异常严峻的关键时期，他先后两次逆行武汉，在抗疫一线组织开展抗新型冠状病毒药物临床研究工作。他带领团队发现了一批抗新型冠状病毒的活性分子和中成药，是我国抗新型冠状病毒 1 类新药民得维、先诺欣和抗新型冠状病毒 1 类候选新药 FB2001 等的主要发明人之一。2020 年，他荣获“全国抗击新冠肺炎疫情先进个人”称号。他以高水平科技自立自强作为自己的使命担当，坚持“四个面向”战略导向，尤其是面向人民生命健康，以国家战略需求为己任，服从组织安排，带领团队聚焦解决我国生物医药与脑科学领域重大科技难题，开展领域原创性基础研究及关键核心技术攻关。

蒋华良先生不仅是严谨治学的科学家，也是一位热爱生活、充满情趣、具有深厚文学艺术造诣的人。他才华横溢，精研书法，独成一体，评弹越剧，亦能挥洒自如；他擅长烹调，能在饮食中阐发普通人未曾领略的文化“境界”，他的微信文章把苏州“三虾面”和扬州“狮子头”的韵味传遍大江南北，他关于《红烧肉中的美拉德反应》的科普报告更是把美食和化学完美联系起来，开创了全民科普的新生面。他热爱家庭，与夫人携手三十载，相濡以沫，风雨同舟；女儿是他始终的牵挂，很多次听他讲起“已经很久没有见到我女儿了”；他也常在跟友人分享的视频中展示他的爱犬朵朵。他关爱后学，言传身教，桃李满天下，他的“爱”“情”“缘”“志”“信”五篇毕业典礼所长致辞在广大学子心中打下深深烙印，是他对学生们无限关爱和美好祝福的极致体现。

“清清白白做人，认认真真做事，踏踏实实做学问”是他的人生座右铭。他一生不忘科技为民初心，牢记人民科学家崇高使命，将对祖国的忠诚、对人民的深情、对单位的热爱，融入无怨无悔、兢兢业业的药学科学事业中，鞠躬尽瘁。

“国之所需，吾志所向”是他矗立于心的坚定信念，他的一生都在用行动践行和诠释着这一崇高理想。

第一篇

国之所需，吾志所向

编 者 按

作为一位战略科学家，蒋华良院士长期致力于药物科学基础研究和新药研发，始终走在学科前沿。他是我国药物设计学开拓者、药物化学引领者和化学生物学建设倡导者之一，并率先将人工智能应用于新药研究，为这些学科的快速发展作出不可磨灭的重要贡献。

在他的一生中，他始终牢记“国家队、国家事”，作为“国家人”，勇担“国家责”。不管他身处什么岗位、从事什么工作，他胸怀家国情怀，勇挑国家使命，凡事都从维护人民健康、促进产业发展的国家重大战略需求出发推进各项工作。

本篇章“国之所需，吾志所向”收录了新闻媒体和社会各界在蒋华良院士生前对他的采访、报道（部分文章略有删减或改动），充分展现了他一生践行的科学报国的坚定信念。

“国之所需，吾志所向”

——纪念创新药物开拓者蒋华良院士

陈国强　钱旭红

蒋华良，著名药学家，中国科学院院士、民盟盟员、中国科学院上海药物研究所（简称上海药物所）原所长、研究员，临港实验室首任主任、华东理工大学（简称华理）药学院首任院长、上海科技大学（简称上科大）科道书院原院长。蒋华良 1965 年 1 月 10 日生于江苏武进。1995 年获上海药物所博士学位，后留所工作，历任副研究员、研究员、副所长、所长、学术委员会主任等职。2017 年当选为中国科学院院士。1998 年加入民盟。曾任中国人民政治协商会议第十一届、第十二届全国委员会委员，民盟第十届中央委员会委员，民盟第十二届、第十三届中央委员会常务委员。2022 年 12 月 23 日，蒋华良院士因病医治无效，于上海逝世，终年 57 岁。

蒋华良院士长期致力于药物科学基础研究和新药发现，始终走在学科前沿。在我国率先建立药物-靶标互作计算平台；发展“靶标垂钓”“快结合、慢解离”等一批原创药物研究新方法；作为主要发明人之一发现的抗阿尔茨海默病、抗新冠、抗肺动脉高压、抗前列腺增生、抗糖尿病和降血脂等候选药物已进入临床试验的不同阶段。他是我国药物设计学开拓者、药物化学引领者和化学生物学建设倡导者之一，并积极投身于人工智能新药研究，为这些学科的快速发展作出不可磨灭的重要贡献。他曾获 2002 年中国青年科学家奖，2003

年获“全国防治非典型肺炎优秀科技工作者”、第八届上海市科技精英称号和上海市科学技术进步奖（简称上海市科技进步奖）一等奖，2007 年获国家自然科学奖二等奖和何梁何利基金科学与技术进步奖（简称何梁何利科技进步奖），2009 年获第七届上海市自然科学牡丹奖，2010 年获药明康德生命化学研究奖一等奖，2015 年获上海市科学技术奖一等奖，2017 年获国家技术发明奖二等奖，2020 年获上海市科学技术奖一等奖，2020 年获“全国抗击新冠肺炎疫情先进个人”称号等。发表论文 500 余篇，其中通讯或共同通讯论文作者 220 余篇；申请专利 180 项，已获国内外授权专利 70 多项，实现成果转让 14 项；合著专著 24 部，译著 2 部。本文对蒋院士的生平进行回顾，以纪念他这一生。

“拼命三郎”，从农村孩子成长为药学科学家

蒋华良出生于江苏省武进县（今江苏省常州市武进区）农村，自小就热爱学习，天性聪慧，成绩优良。徐迟的报告文学《哥德巴赫猜想》激发了他对数学的兴趣，于是他在初中期间自学了高中数学，并在高中期间自学了高等数学。1983 年，在中学老师的劝说下，他考取了南京大学（简称南大）化学系，走入了一个全新的世界。

大学毕业后在常州化工研究所工作的两年期间，蒋华良不断思考和寻找自己兴趣爱好（数学和物理）与所学学科（化学）之间的结合点，高兴地发现在化学学科中还有理论化学和计算化学的分支。1989 年，他考取华东师范大学（简称华东师大）研究生，攻读量子化学硕士学位。1990 年，他在济南参加全国量子化学会议，遇见了著名药物化学家嵇汝运院士，并听取了陈凯先院士关于药物设计的大会报告，自此他有了终身奋斗的目标：将自己所学到的有机化学和理论化学知识用于药物研究。1992 年，他考取上海药物所，师从嵇汝运院士和陈凯先院士，从事药物设计方法发展和应用研究。1993 年，上海药物所实验室的计算机设备安装后，为了延长工作时间，他以实验室为家，持续 5 年通宵达旦地工作。1995 年取得博士学位时，蒋华良已发表了十多篇论文，博士毕业论文被评为中国科学院优秀论文。

图 1　1995 年 6 月，蒋华良向专家介绍计算机辅助药物设计（computer-aided drug design，CADD）工作（后排右一：蒋华良，右三：陈凯先）

图 2　1998 年，蒋华良（前排右）与导师嵇汝运院士（前排左）及师兄弟们

1997 年，他获得国家自然科学基金委员会国家杰出青年科学基金项目的资助。2001 年，他分别担任国家高技术研究发展计划（863 计划）、国家重大基础研究计划“蛋白质科学重大基础研究计划”、国家自然科学基金委员会“基于化学小分子探针的信号转导过程研究”重大研究计划、国家自然科学基金委员会重大研究计划“生物大分子动态修饰与化学干预”等科学计划的专家组成员，参与了多种生命医药国家战略规划的研究和制定，他深刻地体会到我国生物医药科技创新的薄弱，立志要为我国的生命医药发展作出应有的贡献。在 2007 年度国家科学技术奖励大会上，蒋华良和他的研究小组以“重要药理作用的靶标动力学行为与功能关系研究及其药物设计”获得国家自然科学奖二等奖。

心怀家国，做中国老百姓吃得起的好药

蒋华良先生曾在自传里写道，他“和许多同龄人一样，经历了由以个人前途为奋斗目标发展到自觉地以国家前途为奋斗目标的转变过程”。他胸怀家国情怀，勇挑国家使命，尤其在人民生命健康领域，带领团队专注于解决我国生物医药与脑科学领域的重大科技难题，开展原创性基础研究及关键核心技术攻关。

2003 年抗击 SARS 期间，蒋华良带领实验室的科研人员全面投入到寻找抗 SARS 药物研发科研项目攻关中。为了获得抗 SARS 药物研究的蛋白质样品，蒋华良和他的团队连续工作三昼夜，率先在国际上成功表达了 SARS 重要蛋白，获得了一条可能的 SARS 感染途径，并发现了一批有效的抗 SARS 病毒化合物。2003 年，他被评为“全国防治非典型肺炎优秀科技工作者”。

在新冠疫情暴发之初，蒋华良先生牵头组建了抗疫联合攻关团队，全力开展抗新型冠状病毒药物研发。在疫情形势异常严峻之期，他先后两次逆行武汉，在抗疫一线组织开展抗新冠病毒药物临床研究工作。2020 年，蒋华良荣获“全国抗击新冠肺炎疫情先进个人”称号，但他表示这份荣誉并非个人的，而是属于参与联合攻关的全体团队成员的。对于蒋华良而言，疫情仍在继续，加快药物研究，尽早研发出特效药物才是当务之急。蒋华良院士团队

与饶子和院士团队联合攻关，快速测定新型冠状病毒 3CL 水解酶高分率晶体结构，并毫无保留地向全世界公开研究成果，期望凝聚全球范围内的力量共克时艰。他带领团队发现了一批抗新冠病毒的活性分子和中成药，成为我国抗新冠病毒 1 类获批新药氢溴酸氘瑞米德韦片（民得维，VV116）、候选新药 SSD8432 和 FB2001 等的主要发明人之一。

图 3　2022 年 5 月，抗疫攻关联合团队部分成员在祖冲之路园区 1 号楼 2 楼会议室讨论民得维临床试验结果时合影

（左起：徐华强、蒋华良、丁健、宁光、沈敬山）

兼容并蓄，系统发展药物靶标发现和药物设计理论计算新方法

蒋华良先生长期致力于药物科学基础研究和新药发现，通过化学、生物学、数理科学、计算机和信息科学等多学科的跨学科交叉，为新药研究提供强有力工具。他在国内率先建立了药物–生物大分子相互作用的大规模分子动力学模拟等功能先进的理论计算技术平台，发展了“靶标垂钓”靶标发现、基于结合动力学的新药设计和评价策略等一批原创药物研究新技术与新方法；

他设计了高效探针分子，深入阐明和确证候选靶标的作用机制和药理功能；他针对药物靶标调控机制、先导化合物发现和优化等领域开展了深入研究。作为主要发明人之一，他设计的多个抗阿尔茨海默病、抗新冠、抗肺动脉高压、抗前列腺增生、抗糖尿病和降血脂等候选药物已进入临床试验的不同阶段或获得临床批件，并成功实现技术转化。

近年来，他率先开展基于人工智能精准药物设计的前瞻性探索，并大力推动了我国医药研发的前沿领域和人工智能产业发展。他领衔开发的“基于大数据和人工智能的药物设计前沿技术”入选了由中国科学技术协会发布的2020年“科创中国”先导技术榜单，为我国原创新药研发的产学研战略合作做出了卓有成效的创新型示范。人工智能药物设计技术的发展，将为解决生命医药领域的重大挑战提供强有力的支持。

图4　2005年，上海药物所副所长蒋华良在药物发现与设计中心（Drug Discovery and Design Center，DDDC）机房（集群计算机系统）

战略布局，促进团队协同、产学研融合，推动成果产出与区域发展

2004 年至 2013 年，蒋华良担任上海药物所副所长，为所平台建设和人才队伍建设作出了积极贡献。2013 年至 2019 年担任所长期间，他引领研究所实现跨越式发展，完善创新体系，提升创新能力，推动化学药、中药及民族药、生物药多元发展，屡创进入临床研究阶段药物数量的新高。

在科研管理与团队建设方面，蒋华良制定了一系列务实有效的具体措施，包括组织管理、人才评价、激励机制和团队建设等。首先，他改进了科研管理，实施“以疾病为中心、领域首席科学家领衔、多学科协同”的大团队科研活动组织模式进行新药创制，推动科研、管理部门组织结构调整。其次，实行分类评价，打破“出论文”唯一标准，以“出新药”为目标，将临床批件、新药证书与职称评定挂钩，促进实际成果产出。在人才培养和仪器设备部署方面，蒋华良院士展示了敏锐的战略眼光，投入大量资金引进人才，配置冷冻电镜和高性能计算机等先进设备。

图 5　2017 年 6 月，中国科学院药物创新研究院理事长相里斌（牌左）和中国科学院药物创新研究院院长、副理事长蒋华良（牌右）共同为“中国科学院药物创新研究院”揭牌

在科技战略规划与区域发展方面，他从维护人民健康、促进产业发展的国家重大战略需求出发，为医药产业谋划发展布局。他深度融入上海市科技创业中心、长三角一体化和粤港澳大湾区等区域发展战略，推动研究所跨越发展。他深入推动了产学研融合，领导和推进了临港实验室、张江药物实验室、苏州创新研究院等机构的建设，有力地促进了成果转移转化和地方生物医药产业发展。

奖掖后学，言传身教，“桃李满天下”

蒋华良先生关爱后学，言传身教，“爱”“情”“缘”“志”“信”五篇毕业典礼所长致辞在广大学子心中打下深深烙印，“谈情说爱话缘言志讲信”的临别赠言是他对学生们无限关爱和美好祝福的诗意诠释。他将华理每年给予他的 6 万元特殊岗位津贴设为奖学金，近 300 名学生因此受益。在他身上，自掏腰包奖励或补贴学生的事屡见不鲜，他殷切地希望和鼓励学生“为所崇尚的科学而努力”，因为“对科学的研究和探索是需要代代相继的”。

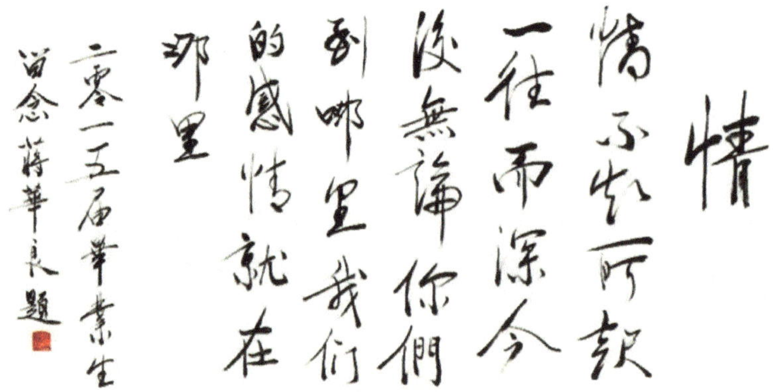

图 6　2015 年 6 月，上海药物所所长蒋华良为研究所 2015 届毕业生题词留念

在上海药物所年轻人眼里，蒋华良传承了上海药物所前辈的风骨，对年轻后辈的提携不遗余力。在他的带动和影响下，一批青年才俊获得国家和上海市的专项科研支持，在自己的研究领域崭露头角、捷报频传。在2020年度上海市科学技术奖授奖名单中，吴蓓丽、赵强等凭借“G蛋白偶联受体的结构与功能研究及药物发现”荣获自然科学奖一等奖，柳红等凭借“药物设计新策略的建立及其在创新药物发现中的应用”荣获科技进步奖一等奖。

热爱生活，普及科学，才情横溢的艺术家

蒋华良不仅是严谨治学的科学家，也是一位热爱生活、充满情趣、具有深厚文学艺术造诣的艺术家。他才华横溢，精研书法，独成一体，评弹越剧，亦能挥洒自如；他擅长烹调，能在饮食中阐发普通人未曾领略的文化“境界”，他的微信文章把苏州“三虾面”和扬州“狮子头”的韵味传遍大江南北，他关于《红烧肉中的美拉德反应》的科普报告更是把美食和化学完美联系起来，开创了全民科普的新生面。他热爱家庭，与夫人携手三十载，相濡以沫，风雨同舟；女儿是他始终的牵挂，很多次听他讲起“已经很久没有见到我女儿了”；他也常在跟友人分享的视频中展示他的爱犬朵朵。

荣誉证书

蒋华良 同志：

你制作的《红烧肉中的美拉德反应》被评为2016年全国优秀科普微视频。

特发此证，以资鼓励。

中华人民共和国科学技术部　中国科学院

2017年5月

图7　2017年5月，《红烧肉中的美拉德反应》被评为2016年全国优秀科普微视频

在蒋华良院士一生中，他始终坚守创药为民的初心，在药物研发领域取得了卓越成就。他把对祖国的忠诚、对人民的深情和对上海药物所的热爱，赤诚奉献到无怨无悔、兢兢业业的药学科学事业中，为创新药物研发作出了不可磨灭的卓越贡献，为药物所人和药学科技工作者树立了光辉榜样。蒋华良院士的逝世是我国药学界的巨大损失。药学人将永远铭记蒋华良先生“国之所需，吾志所向”的坚定信念，接续完成他未竟的新药梦想。愿蒋华良院士的精神长存，千古流传！蒋华良院士永垂不朽！

发表时间：2023-12-22

来源：《中国科学》杂志社

原来你是这样的中国科学院院士

——一道几何题，能想出七种解题方法

周　静　王　芳

中国科学院 2017 年院士增选结果日前公布，在 61 名当选院士中，武进籍专家蒋华良在列。

蒋华良，上海药物所原所长、研究员，民盟上海市委副主委。1965 年 1 月生，1983 年武进县湖塘桥中学（现江苏省武进高级中学，简称省武高）高中毕业。1987 年获南大学士学位，1992 年获华东师大硕士学位，1995 年获中国科学院博士学位。

蒋华良现主要从事药物科学基础研究和新药发现。系统发展了药物作用的靶标发现和药物设计理论计算的新方法，为新药研究提供工具，获得国际同行和工业界的广泛认可。设计高效探针分子，深入阐明和确证了一系列新靶标的作用机制和药理功能。针对肺动脉高压、精神分裂症和阿尔茨海默病等国内目前尚无自主知识产权新药的重大疾病，与他人合作进行新药开发研究，数个候选新药进入临床研究或获得临床批件，并实现了技术转化。曾获得国家自然科学奖二等奖、何梁何利科技进步奖等奖项。

武进寒门走出的中国科学院院士

在得知蒋华良当选院士这一消息的时候，原副市长、蒋华良在校时任省武高分管教学副校长兼高三数学老师的周亚瑜，立马给蒋华良发微信祝贺——“寒门学子，艰难困苦，玉汝于成”。

回忆起这位学生，周亚瑜脑海中还是他身着白色土布衬衫的朴素形象。周亚瑜向记者介绍，蒋华良上学的那个年代，学习和生活条件都比较艰苦，一个班级的教室要挤70多人，一个宿舍要住15人，每天几乎都是蔬菜，一周才吃一顿肉，连头发都是语文老师毛健林给剃的。“那几届的学生都很出色，后来在各行各业都发展得很好，出了很多优秀人才，蒋华良是其中的杰出代表。”

最令周亚瑜印象深刻的是蒋华良对于学习的勤奋和执着。“经常为了解一道数学题，用很长的时间思考更多的问题，跟现在的题海战术不一样，他很注重学习方法，悟性很高，擅于总结和掌握解题的诀窍。”

当选院士第一时间给班主任发来感谢信息

蒋华良与高三时的班主任兼物理老师沈烈毅一直保持着联系。在当选的消息公布后，他第一时间就给沈烈毅老师发来感谢信息：“万分感谢母校老师的辛勤教育，下个月我回常州时一定来看望各位老师。”

沈烈毅说，蒋华良一直心系母校，毕业这么多年，每逢过年过节，他总会收到蒋华良发来的祝福信息。

而当年让沈烈毅印象深刻的，却是最怕去蒋华良晚自习的教室。当时学校的学习氛围很好，学生们都有问不完的问题，特别是蒋华良，每次他的问题都很尖锐。“以我当时的知识储备很难立马解答，每次去完他们教室都是一头汗。”说到底，这和蒋华良的学习方法很有关系，他很注重思考，非常有想法。

他对待学习的态度让各科老师不由“偏心”

与时下高中学生的题海战不同，语文老师毛健林记得，蒋华良第一篇作文写《春雨》，得分不高，他拿着作文来找老师，问自己的作文问题在哪里。毛老师就跟他聊，文章要出彩，最关键的是情感要能倾注进去。如此他练习了几次，作文有明显起色。

化学老师丁耀良说，蒋华良总能从化学实验中发现问题，作业上一有错就来找老师，对待学习的态度，让当老师的不由有点“偏心”：看他的作业，要尤其细心，因为他不会放过你，会来追问：“我这样解题可不可以？”

教过蒋华良数学的薛凤秀老师说，一道立体几何题，他能想出七种解题方法来问你，甚至找出以前的题，来问老师现在用这个方法是否可行。

他依然是个懂得感恩的朴素农家子弟

采访中，蒋华良的各位任课老师都表示，他不单是化学好，各科都很优秀；他的作业书写习惯很好，清爽整洁有条理。沈烈毅透露，原本蒋华良的目标是清华大学，方向是数学、物理类，学校当时正好有两个保送南大化学系的名额，在老师的建议下，综合考虑之后，蒋华良最终去了南大。

在老师们的眼中，蒋华良依然是当年那个朴素的农家子弟。母校 55 周年、65 周年校庆，他都回来给学生作讲座，衣着和谈吐俨然是个老农民，看到昔日老师就拉住一起在校园里照个相。之前，听说蒋华良入围院士候选人的消息，有老师问起他，他并不在意，总说认认真真做好自己的事。

发表时间：2017-11-30
来源：《常州晚报》

做老百姓吃得起的好药（节选）

胡德荣

他系统发展了药物靶标发现和药物设计等理论计算新方法，为新药研究提供强有力工具，获得国际广泛应用；他设计高效探针分子，深入阐明和确证候选靶标的作用机制和药理功能；他设计的多个候选新药进入临床和临床前研究，为药物创新奠定基础。

他就是上海药物所所长蒋华良研究员，“药物科学”这个新兴交叉学科领域的第一位院士。

新药研究是一个系统工程化的科技创新活动

2017 年 5 月，由上海药物所设计研发的抗阿尔茨海默病 1 类新药氟诺哌齐获得国家食品药品监督管理总局颁发的临床试验批件。其中，蒋华良团队精确计算并测定相关药物作用机制，提出与乙酰胆碱酯酶“快结合、慢解离”的抑制剂可能会有较好的治疗效果。氟诺哌齐正是基于这一新作用机制而设计的新一代乙酰胆碱酯酶抑制剂。此药上市后将会极大满足现在临床抗阿尔茨海默病药物短缺的紧迫需求。

在蒋华良看来，“新药研究是一个系统工程化的科技创新活动，需要化学、生物学、数理科学、计算机科学的交叉融合，也是学科新生长点的源泉”。他清楚地意识到，在当今科学迅速发展的时代，必须整合优势队伍，打破学科界限。他领导的研究群体由计算化学、计算生物学、化学合成、分子生物学和结构生物学研究人员组成，建立了适应现代科技发展新趋势的新药研究模式。他还与所内十余个课题组在合作中组成创新团队，开展有关研究。

B 型 G 蛋白偶联受体（G protein-coupled receptor，GPCR）是人体内最大的膜受体蛋白家族，在细胞信号转导中发挥重要作用。它与人类疾病关系密切，是最大的药物靶标蛋白家族，目前 40%以上的上市药物以 GPCR 为靶点。其中，胰高血糖素受体（glucagon receptor，GCGR）参与调节体内血糖稳态，是治疗 2 型糖尿病的重要靶点。由于其结构信息的缺失，不仅限制了人们对 GCGR 与其天然配体和小分子拮抗剂或激动剂相互作用机制的理解，也影响了靶向该受体的药物研发。

2015 年，蒋华良和同事王明伟课题组合作，采用计算机模拟、冷冻电镜、定点突变、氢氘交换质谱、二硫键交联以及生物质谱等多种技术，对全长 GCGR 处于不同功能状态下的三维构象开展系统研究，迈出了阐明 B 型 GPCR 全长分子结构和动态构象的关键一步。

2017 年，蒋华良和民盟盟员吴蓓丽及同事王明伟 3 个课题组紧密合作，首次测定了 GCGR 全长蛋白的三维结构，并揭示了该受体不同结构域对其活化的调控机制。这项成果有助于为 2 型糖尿病治疗新药的研发提供新的思路。相关研究论文在《自然》杂志上发表。

能够站在药物科学研究的前沿，蒋华良的拼命和勤奋有口皆碑。特别是在上海药物所师从嵇汝运院士和陈凯先院士进行药物分子设计研究后，蒋华良更是被同事称为“拼命三郎”。

1993 年，上海药物所实验室的计算机设备安装后，为了延长工作时间，蒋华良索性晚上就睡在实验室，这样的状态一直持续到 1997 年年底，长达 5 年时间。在上海药物所攻读博士期间，节假日对他来说形同虚设，通宵达旦地工作已是常态。取得博士学位时，蒋华良已发表了十多篇论文，博士毕业论文被评为中国科学院优秀论文。

2003 年抗击 SARS 期间，蒋华良领导实验室的科研人员全面投入到寻找抗 SARS 药物的研究中。为了获得抗 SARS 药物研究的蛋白质样品，蒋华良和他的团队连续工作三昼夜，率先在国际上成功表达了 SARS 重要蛋白，获得了一条可能的SARS感染途径，并发现了一批有效的抗SARS病毒化合物。

在2007年度国家科学技术奖励大会上，蒋华良和他的研究小组以“重要药理作用的靶标动力学行为与功能关系研究及其药物设计”获得国家自然科学奖二等奖。

蒋华良在一次汇报工作中说：“上海药物所的团队协作是以具体疾病研究为中心，打破课题组界限，实行首席科学家领衔、多学科协同创新的机制，因此取得的效果比较明显，2015年有2个新药进入临床，2016年有5个，2017年则达到了8个。”

我喜欢跨界做科研的感觉

作为该校1983届校友，蒋华良在当选中国科学院院士后，第一时间向当年的班主任兼物理老师沈烈毅发微信：“万分感谢母校的培养与厚爱，请代我向所有任课教师问好！”

翌日上午，省武高以座谈会的形式回顾当年蒋华良院士在母校学习的情景。沈烈毅老师回忆说：“蒋华良从小家里比较清贫，母亲是农民，父亲是普通工人。在学校一个月伙食费（指午餐）只有4.5元。每天只能吃点蔬菜，一个星期只能吃一次肉。我记得为了给他改善伙食，他的初中语文老师蒋霞就经常做饭菜送给他吃。”

“蒋华良学习态度非常端正和积极，敢于暴露自己在学习上的不足。开始他对化学兴趣不大，但是在老师的鼓励下，他虚心接受老师的建议，从听课效率开始，步步走来，如今成了这一领域的科学家。”化学老师丁耀良说。

尽管已经过去三十多年了，但蒋华良的高中语文老师毛健林还清晰地记得这样一堂语文课：“一次班级对外公开课，听课老师超过了200位。我因为紧张竟然在讲读文言文时漏讲了两句话，课堂临近结束时，蒋华良举手提醒课文中还有两句没有讲解。”

在蒋华良的中学时代，对于填报大学志愿，老师有很大的话语权。1983年，原本填报了数学、理论物理学专业的蒋华良，居然收到了南大化学系的录取通知书。原来，他的老师认为，“读化学，将来可以去化工厂，工资待遇好”。出于对这个绩优生的偏爱，他帮蒋华良更改了志愿。

对化学没兴趣，又不能转系，蒋华良只好自学数学和物理学课程。不过，没多久，他就喜欢上了理论化学、物理化学，靠自学还考了个第一。

多年后，蒋华良感慨地说：“这反而成就了我更宽广的知识基础，毕业后先去了华东师范大学攻读量子化学硕士，再到上海药物所从事药物设计，我喜欢跨界做科研的感觉。”

没有一个成功的科学家没有受到好的科普的影响

虽然日常工作繁忙，但蒋华良仍时常挤出时间和精力用于科普宣传，在自己的微博平台上发表了几十篇科普文章。其中，《红烧肉中的美拉德反应》介绍了不用酱油烧红烧肉和焦糖的制作方法，发布之初即有十多万人点击。此篇文章曾被上海市科学技术委员会（简称上海市科委）制作成微视频，在地铁和公交车上播放，该微视频还获得了 2016 年全国优秀科普微视频和中国科学院十大优秀科普微视频。

蒋华良说：“科普是科学普及的简称，亦称大众科学或者普及科学。我理解的科普至少可以分为两个层次：一是对非科技工作者普及科学知识，这也称为大众科普；二是对专业科技人员的科普。一般的科普往往注重前者，而忽略对科技人员的科普。”

为什么专业化的科技人员还需要科普？蒋华良认为，一方面，当今科技日趋综合性和交叉性，掌握单一学科的知识与技能往往不能满足现代科学研究和技术研发的需求。另一方面，当今科技发展十分迅速，一个人要在短时期内掌握新近发展的科技知识和技能非常困难。

“如果有相关领域和新发展学科的科普作品及时发表或推送，将会极大地促进科技本身的发展以及社会和经济的发展，不但有利于提高普通百姓的科学素养，也有利于提高科技人员的科学素养。因此，科普的力量是无法估量的，可以这么说，没有一个成功的科学家或有建树的工程师没有受到好的科普的影响。”蒋华良说。

除撰写科普文章外，蒋华良的随笔也好评如潮。

蒋华良在文章《咸肉蒸饭》中写道:“眼光与饭粒的油光激烈地碰撞，一股浓郁的猪油、肉和米饭的混合香味，通过鼻腔直冲脑腔。味道是不言而喻的，腌肉已经蒸得呈半透明状，肥瘦相间，咬一口，肥酥瘦韧。一嘴抿，一吞咽，肉香喷鼻，味道鲜美，从舌头到胃的食道一路，就像久旱的土地遇到甘露，着实爽快。”读这样的句子，虽未吃上一口，但已感觉到舌尖上的味道。

对科学的研究和探索需要代代相继

在追求卓越的路上，蒋华良要求自己“清清白白做人，认认真真做事，踏踏实实做学问”，并希望以此影响更多的同行者。

2004 年 9 月，华理成立药学院，蒋华良应邀担任院长。他没有选择做简单的“挂名”院长，而是搭上自己的休息时间，尽心尽力为学院发展出谋划策。只用了 10 年时间，华理药学院便拥有了一级学科博士点、上海市重点学科、上海高校一流学科以及两个博士后科研流动站，年均发表 SCI 收录论文 100 余篇，取得国家科学技术进步奖二等奖、上海市自然科学奖一等奖等多项成果。按规定，学校每年给他 6 万元的特殊岗位津贴。蒋华良说:“我不要拿津贴，既然答应当这个院长，我一定会尽最大努力将学院办好。”随后，他用全部岗位津贴设立奖学金，近 300 名学生因此受益。

其实，蒋华良自掏腰包奖励学生的事已不是第一次。10 多年前，他就用万元奖金在上海药物所设立优秀论文奖，每年奖励两名发表重要论文的学生。蒋华良希冀学生“为所崇尚的科学而努力”，因为“对科学的研究和探索是需要代代相继的”。

也是 10 年前，上海药物所在研究抗糖尿病药物时，需要大量用到根皮苷。根皮苷最早从苹果皮中被分离，但含量只有万分之一；而其在甜茶中含量则达 5%以上。科研人员从装甜茶的蛇皮袋里发现了一张名片，蒋华良便认识了这位湖南芷江的茶农胡应祥。

胡应祥经营当地一种名叫甜茶的野山茶，学名木姜叶柯，具有抗病毒和抗糖尿病等功效。蒋华良先是请上海药物所同事与老胡合作，进行有效成分分离和抗糖尿病活性成分筛选研究。甜茶要想在全国销售，必须向国家卫生和计划生育委员会（简称国家卫生计生委）申请“新食品原料”许可。胡应祥从 2011 年 3 月开始申报，但他没有钱做安全性毒理评价，蒋华良和朋友就借给他 20 万元。他只有小学文化，上海药物所科研与新药推进处为他做智囊团，还陪同他一起答辩。经过 6 年艰苦努力，甜茶终于在去年 5 月 30 日获得了批复。

63 岁的胡应祥闻讯后，趴在办公桌上大哭了一场。他第一个想要分享喜悦的人就是蒋华良。然而蒋华良总是说：“其实，我从湖南芷江的一名茶农身上学到了很多。”如今，芷江县规划用四五年的时间把甜茶基地由 3100 余亩土地扩大到 5 万亩。

在此过程中，蒋华良还留意到当地的教育问题。他发动身边的朋友共同筹集 50 万元，由芷江县委、县政府联合社会各界共同耗资 200 万元，于 2012 年 6 月在大树坳中学竣工建成“同心 · 民盟烛光教学楼”。教学楼总建筑面积 2000 平方米，共 4 层，有 22 间教室、7 个多媒体功能室，是一栋现代化的教学楼。据悉，该校的升学率已进入全县前 5 名。

没有科学诚信，做出的是假药，会贻害百姓，最终自己身败名裂

从 2014 年至今，作为上海药物所所长的蒋华良已经连续 5 年选取一个字作为毕业典礼致辞的主题，分别为“爱”“情”“缘”“志”“信”。用蒋华良的话来说就是“谈情说爱话缘言志讲信”。5 年 5 次，他总是娓娓道来，充满着对毕业生们的无限关爱和美好祝福。特别是今年 6 月 30 日，他以“信”为主题，让 2018 届研究生们为之动容。

蒋华良说：“诚信对做科学研究非常重要，现在还有一个专门的词语叫‘科学诚信’。科学诚信的内涵就是‘提倡科学道德，维护科学精神，发扬优良学风’。最容易犯的科学诚信问题是数据造假、论文剽窃和重复发表。一旦犯了这样的错误，你的科研生涯就此结束。我们做导师的，最不希望学生犯这样的错误。”

蒋华良在致辞中，举了一个他亲身经历的例子：“2001 年，我的一位研

究生写了一篇论文，投稿 *Journal of Molecular Biology*。由于我当时把关不严，没有发现他在论文的引言部分抄了一小段德国马普生物物理研究所一位教授发表在 *Science* 上的论文的内容。虽然所有的数据均是我的研究生做的，其他地方均是自己写的，但剽窃行为已经发生。果然，审稿意见返回时，我看到主编的意见是：‘该论文存在剽窃现象，因而不能在我们的刊物上发表’。我仔细检查了论文，发现了抄袭的内容，当即分别给主编和德国的教授写了真诚的道歉信。德国教授立即给我回信，表示他是这篇论文的审稿人之一，除了抄袭的内容以外，论文的结果和整体写作均非常好，并建议我们修改后投稿 *Biophysical Journal*，最终这篇论文在 *Biophysical Journal* 发表。我与这位德国教授还建立了良好的合作关系，共同培养研究生，合作发表了两篇论文。”

“这件事情对我的那位研究生教育意义也很大，他把这篇论文第一次投稿的原稿贴在他办公桌边，引以为戒。他工作做得很出色，提前一年获得博士学位，到美国耶鲁大学又重新攻读生物统计博士学位，并顺利完成博士后研究，在 *Nature* 等杂志发表论文，现在美国一所大学做教授。这件事情也说明，犯了错误如能及时改正，也是一种诚信。”蒋华良说。

“我们制药人尤其要遵循‘科学诚信’，没有科学诚信，临床前和临床数据不真实，做出的是假药，会贻害百姓，最终自己身败名裂。今年毕业的所有研究生，均没有犯科学诚信的错误。你们是好样的，我为你们感到骄傲和自豪。希望你们牢记‘诚信’两字，在今后的学习或工作岗位上保持道德底线，继续做诚信之人。”蒋华良告诫学生说。

“与诚信密切相关的是‘信誉’。作为科技工作者，你们将用一生的时间来建立自己优良的信誉。在这方面，我们所老一辈科学家为我们树立了光辉的榜样。86 年来，上海药物所的科研成果和声望享誉国内外。这是几代人的艰苦努力和团结奋斗的结果，希望同学们带着上海药物所的信誉奔向你们的前程，用自己的信誉做药物所声誉的维护者和继承者。”蒋华良最后如是说。

发表时间：2018-09-28
来源：《健康报》

年轻就要坚持自己的信念和理想（节选）

郭　颖

新科院士蒋华良寄语青年：不要害怕失败，成功是“拼”出来的，年轻就要坚持自己的信念和理想。

当年最喜欢物理学和化学完全是“误打误撞”

当选院士后，原本就低调的蒋华良更加惜墨如金。但是，在近日上海交通大学（简称上海交大）医学院举行的“新科院士面对面”活动中，他向大学生敞开了心扉，从学术态度到婚姻爱情，蒋院士的幽默风趣，圈粉无数。

1987 年毕业于南大化学系，1992 年于华东师大获硕士学位，1995 年于上海药物所获博士学位，蒋华良的求学之路还算一帆风顺。可是，有谁知道，他学化学却属于“误打误撞”。

“我小时候的理想就是当科学家。小学时正值‘文革’时期，宣扬的是‘读书无用论’。我的两个姐姐都比我大 10 多岁，一直教育我要好好读书。”蒋华良从小在外婆家长大，外婆家在宜兴，宜兴是江南的鱼米之乡，自古崇尚教育，有教授之乡的美誉，出了很多名教授和院士，爱读书的姐姐和表姐对蒋华良的影响很大。

蒋华良回忆道，粉碎“四人帮”后，一切走上正轨。蒋华良的数学、物理比较好，经常参加数学竞赛，于是被推荐到南大。这时，班主任悄悄帮他把志愿改了，把数学改成了化学。改志愿的理由，也颇为有趣：班主任觉得学数学今后顶多当个数学老师，但是学化学的话，化工厂奖金比较高。就是这么一个朴素的理由，却改变了蒋华良的一生。

“其实我当时对化学一点兴趣也没有，但那时不能换专业，我只能硬着头皮读下去。”蒋华良坦言，这个时候，就需要找到兴趣和学科的平衡点。幸亏有理论化学、计算化学，将化学跟他的数理兴趣“交叉”起来。

“我一直觉得天才型脑袋的人才能当院士，自己天资一般，成功靠的是坚持。做药失败率很高，不断会有挫折感，要不怕失败，成功后才有成就感。做药的人专业知识要强，不能光懂设计，也要懂医学。”时至今日，蒋华良说非常感谢替自己改志愿的班主任。

感恩当年遇到好老师，如今拿出津贴资助贫困大学生

在家乡江苏省武高，蒋华良已然是大家的骄傲。

蒋华良与高三时的班主任兼物理老师沈烈毅一直保持着联系。在当选院士的消息公布后，他第一时间就给沈烈毅老师发去感谢信息：“万分感谢母校老师的辛勤教育，下个月我回常州时一定来看望各位老师。”沈烈毅说，蒋华良一直心系母校，毕业这么多年，每逢过年过节，他总会收到蒋华良发来的祝福信息。

蒋华良当年的数学老师周亚瑜在听闻蒋华良入围准院士时，通过微信祝贺他“寒门学子，艰难困苦，玉汝于成”。当年，蒋华良一个月伙食费 4.5 元，每天才 0.15 元，理发基本上是语文老师毛健林承担。蒋华良生活上艰苦朴素，但是为人淳朴，对待老师和同学热心、热情。

在省武高 70 周年校庆时，校长谢建伟见到了蒋华良本人。白色的衬衫、打皱的牛仔裤，乡音未改、待人热忱，拉着老师的手嘘寒问暖。“淳朴真实的品质在这位科学大家的身上打下了深深的烙印，这对他从事科研工作始终坚持忠厚善良、谨言慎独不无影响，难怪他对自己的职业要求始终是‘研究老百姓吃得起的好药’!”谢建伟说。

在蒋华良曾经的英语老师尹韵红的记忆中，他并不是死读书，他“花头”很多，玩起来很“起劲”，喜欢打篮球，而且打得不错，但是一旦学习起来，真正是“做一行、爱一行、钻一行”，就是练写字也绝不打折扣，所以他的一手字也相当出色。

周亚瑜老师则认为，蒋华良很勤奋，但更是执着，常常为了解出一道题目思考很久，一旦找到突破就能深刻领悟、触类旁通；蒋华良高一物理老师黄仁澜更是盛赞他学习上的“倔劲”与“专注”，说他写字总是保证工整、解题一定要求规范、不懂定会多问……这就是老师心目中优秀学生的学习品质。

而好老师的言行，亦影响着蒋华良，不断鞭策他，成为一个好老师。

担任上海药物所副所长、国家重点基础研究发展计划（973 计划）项目首席科学家、863 计划“生物和医药技术领域”专家组成员的时候，蒋华良曾受聘于华理药学院院长一职。在庆祝华理药学院周岁的生日庆祝大会上，15 位学生拿到了院长蒋华良的岗位津贴。学生们激动地说：“院长把岗位津贴给了我们”，“拿着用老师津贴设立的奖学金，我很感动，我会更加发奋努力，不辜负蒋老师的深情厚意……”原来，按规定学校为蒋华良申请了院长岗位津贴。但是几年来，他不但没领一分钱的工资，还拒绝领取学校按规定给他的每年 6 万元特殊岗位津贴。争执不下，蒋华良就决定把 6 万元的津贴拿出来，奖励给家境贫寒、学习优秀的大学生。

寄语青年：成就不是从天而降，而是“拼”来的

从小学到高中，从本科的南大有机化学专业到华东师大物理化学专业研究生，再到上海药物所师从嵇汝运院士和陈凯先院士进行药物研究，“勤奋”二字始终伴随着蒋华良。

1995 年，在上海药物所获得理学博士学位后，蒋华良留在了上海药物所工作，历任副研究员、研究员、博士生导师、DDDC 主任、所学术委员会副主任、副所长等职。他是国家杰出青年科学基金获得者、973 计划项目首席科学家、863 计划“生物和医药技术领域”专家组成员、国家重大科学研究

计划“蛋白质研究”专家组成员、国家自然科学基金委员会重大研究计划“基于化学小分子探针的信号转导过程研究”专家组成员，兼任国际药学杂志《药物化学杂志》（*Journal of Medicinal Chemistry*）亚洲编辑以及《药物化学》（*ChemMedChem*）等 5 个国际杂志的编委……

这一切成就，不是从天而降，而是蒋华良“拼”来的。

1993 年，上海药物所实验室的计算机设备安装后，为了延长工作时间，蒋华良索性晚上睡在实验室。这一睡就是 5 年，直到 1997 年底他的爱人从常州调到上海。攻读博士期间，蒋华良没有节假日，经常通宵达旦地工作。辛勤的劳动终于换来了收获。博士毕业时，蒋华良发表了十余篇论文，博士论文被评为中国科学院优秀论文。

2003 年初，突如其来的 SARS 病毒严重危害了人民的生命与健康，全国上下众志成城，抗击 SARS。在这紧要关头，蒋华良领导实验室的研究人员全面投入到寻找抗 SARS 药物的研究中。从 4 月 20 日到 6 月 10 日，蒋华良没有睡过一个安稳觉，带领科研人员夜以继日进行抗 SARS 药物研究。为了获得抗 SARS 药物研究的样品，蒋华良与同事沈旭一起在 12 小时内往返于上海和南京；为了较快获得 SARS 重要蛋白质，蒋华良、沈旭和学生一起在实验室连续工作三昼夜……

如今，功夫不负有心人。蒋华良目前已申请了 135 项专利，获得授权专利 68 项，并有 5 项成果转让。蒋华良认为，制药人首先要有一个“胸怀”。要做“中国老百姓吃得起的好药”，既要让人“吃得起”，又要“好”，必然得从源头上做起。

“孔子说五十知天命，因为那时的人寿命比较短。现在，医学发达了，五十知天命要改一改，七八十岁才知天命。”蒋华良笑着告诉大学生：“我也是五十岁了，但我还不知道天命是什么。我还要努力，我还年轻，义无反顾，坚持自己的信念和理想，这就是我的‘五十知天命’。”

发表日期：2018-01-02

来源：《青年报》

积淀再深，都要随时勇于跨界

许琦敏

为研制老百姓吃得起的好药，蒋华良不断探索新理论、新方法和新技术，积淀再深，都要随时勇于跨界。

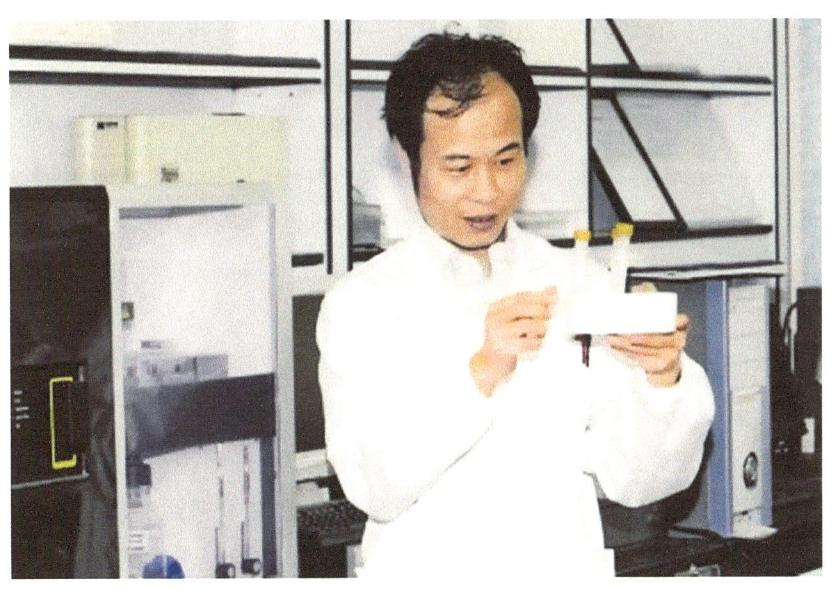

图 1　蒋华良在实验室查看实验情况

创新感言

在任何一个领域，哪怕积淀再深厚，都要随时有跨出去的勇气，不能故步自封。研制老百姓吃得起的好药，是我此生最大的心愿。要达成这个心愿，必须促进多学科交叉融合，发展新药研发新理论、新方法和新技术，亦要为新药转化的市场环境铺路。这是一条艰难的路，我将为之不懈努力。

刚在北京参加完新增院士座谈会，蒋华良就飞到广州，为广州市成立生物医药基金和生物产业联盟出谋划策。身为上海药物所所长，研制老百姓吃得起的好药，是他此生最大的心愿。

“可以说，药物所的历任所长，都以此为己任。但它的确已经融入我的信念之中。”蒋华良说。他是在“药物科学”这个新兴与交叉学科领域的第一位院士。

大学志愿“阴差阳错”成就跨界人生

耗时15年到20年，花费20多亿美元——这是对新药研发行业“高风险、高收益、长周期”的形象描述。仅仅在10年前，这组数字还只是“10年，10亿美元”，可见新药研发的难度一直在不断增加。

不过，就在这10年间，新药研发也已从小分子药物向生物技术药物发展，向寡糖、多糖等复杂性药物延伸的趋势也日益明显。“在任何一个领域，哪怕积淀再深厚，都要随时有跨出去的勇气，不能故步自封。”蒋华良说，自己人生中的许多“阴差阳错”，早就让他习惯于跨界。

在蒋华良的中学时代，对于填报大学志愿，老师有很大的话语权。1983年，原本填报了数学、理论物理学专业的蒋华良，居然收到了南大化学系的录取通知书。原来，他的班主任认为，“读化学，将来可以去化工厂，工资待遇好”，出于对这个绩优生的偏爱，他帮蒋华良更改了志愿。

对化学没兴趣，又不能转系，蒋华良只好自学数学和物理学课程。不过，没多久，他就看中了理论化学、物理化学方向——因为涉及自己喜欢的数学和物理学。一般学生视为畏途的结构化学，蒋华良靠自学考了第一。

“这反而成就了我更宽广的知识基础，先去华东师范大学攻读量子化学硕士，再到药物所从事药物设计，我喜欢跨界做科研的感觉。”他说，在1992年，用计算机来模拟分子结构，进行药物设计，还是一个十分冷僻的领域，同时需要化学、生物学、数学和计算机的功底。

当时计算机速度慢，蒋华良常常睡在实验室，“烂泥萝卜擦一段吃一段”地摸索着做研究。“我总感觉自己的力量太小，就联合北京大学、华东理工大学的师生一起做项目，后来又找到大连理工大学力学系教授，共同来发展药物设计新方法。”他说，最后这种联合形成了一个全国药物分子设计的联盟，发展起来的软件工具拥有了包括大型制药公司在内的两万多个用户。

做药需要更多战略思维和前瞻眼光

要研制老百姓吃得起的好药，就必须针对中国人的疾病谱，做中国缺少的原创新药。

这些年，针对肺动脉高压、精神分裂症和阿尔茨海默病等国内目前尚无自主知识产权新药的重大疾病，蒋华良与合作者一起进行新药研发，目前已有数个候选新药进入临床研究或获得临床批件。

在蒋华良看来，做药需要极大耐心，更需要前瞻性的战略思维——基础研究的发展，往往蕴藏着新药研发的新机遇，必须提前布局。上海药物所在GPCR领域的崛起，就是一个成功案例。

2007年，当一直被视为结构生物学领域发展瓶颈的人体GPCR三维结构第一次被成功解析，蒋华良就敏锐感受到，这或许是新药研发的下一个突破口，因为世界上有近40%的药物是以GPCR家族成员作为靶点的。

一旦看准，蒋华良就马上着手引进领军人才，同时整合所里20多个相关课题组投入到这个中心，为GPCR的研究搭建起从结构生物学到新药研发的“绿色通道”。很快，在这个平台上，一篇篇GPCR研究的高水平论文频频登上《细胞》(*Cell*)、《自然》(*Nature*)、《科学》(*Science*)[①]等国际顶尖学术期刊。与此同时，这些成果迅速被用于新药研发。经过数年发展，上海科技

① 后文CNS论文和CNS文章中的CNS是指这三个期刊。

大学 iHuman 研究所、复旦大学药学院、浙江大学，以及位于张江药谷的多家制药公司，陆续加入平台，形成了一个贯通产学研的 GPCR 研发联盟。迄今，该联盟所发表的 GPCR 高清结构，占全球所有发表结构的近 1/4。

未来，大数据、人工智能也将进入药物设计方法和应用的研究。蒋华良已经在思考如何从云计算、大数据、机器学习等底层开始，组建研究队伍，为新药研发的未来发展布局。

做好药，仅靠科研还远远不够

“其实，做好药，只靠科研还远远不够。”蒋华良觉得，研发出药物，还只是第一步，必须为药物的成果转化、培育良好的市场环境铺平道路。

作为全国政协委员，蒋华良的很多提案都是围绕药物来展开的。“廉价药物不能随便降价”就是他的提案之一。蒋华良说，还是要让厂家保持合理的利润，这样才有人愿意生产，不然很多救命药就断货了。作为一个药物研发者，他也希望任何一个患者都能用得起药，不过药物生产还是得依靠市场机制，找到一个合理的平衡点，这十分考验政策制定者的智慧。

新药的成果转化，是牵动蒋华良心的又一件大事，上海药物所作为科技成果转化“三权下放”试点单位，做了不少探索。又如成果转化的收益，按国家《中华人民共和国促进科技成果转化法》规定，研发人员可以至少获得50%的提成，但科学家需要缴纳的个税很高，蒋华良再次提案建议，希望能降低相关税收。

“药物科学是一门交叉学科，交叉的不仅仅有自然科学，还有不少社会科学。”蒋华良说，他还将不断跨界，不断学习新知识和技能，做好“药物科学”这一新兴与交叉学科的院士。

发表日期：2017-12-05

来源：《文汇报》

对科学的研究和探索需要代代相继

周红梅

2017 年 11 月 28 日，蒋华良当选中国科学院院士。

笔者想要立即致电了解这位新晋院士的最新感受，熟悉他的人立马反应：“他人还在北京，非常忙，怕是没有时间接受采访。”

“蒋华良很忙。”了解蒋华良的人几乎都这么说。身为上海药物所所长，蒋华良在今年 4 月当选为民盟上海市第十五届委员会副主委，12 月当选为民盟中央常委；同时，他曾任 863 计划“生物和医药技术领域”专家组成员、国家自然科学基金委员会重大研究计划“基于化学小分子探针的信号转导过程研究”专家组成员，现任国家自然科学基金委员会重大研究计划“生物大分子动态修饰与化学干预”专家组组长等，还担任国际著名药物化学杂志《药物化学杂志》副主编和其他 5 种国际学术刊物的编委。

勤奋刻苦　奠定发展基石

“要我用一个词来形容他，只有‘拼命三郎’四个字。”蒋华良的一位同事说。他的“拼命”来自他的成长经历，也来自他的个性。

从江苏武进乡间走出来的少年，从小在外婆家长大。外婆家在宜兴，宜兴是江南鱼米之乡，自古崇尚教育，有教授之乡的美誉，出了很多名教授和院士。爱读书的姐姐和表姐对其也不无影响。

从小学到高中，从本科的南大化学系有机化学专业到华东师大物理化学专业研究生，再到上海药物所师从嵇汝运院士和陈凯先院士进行药物分子设计研究，“勤奋”二字一直伴随着他的生活。

1993 年，上海药物所实验室的计算机设备安装后，为了延长工作时间，蒋华良索性晚上睡在实验室。这一睡就是 5 年，直到 1997 年年底他的爱人从常州调到上海。攻读博士期间，蒋华良没有节假日，经常通宵达旦工作。博士毕业时，蒋华良已发表了十余篇论文，博士论文被评为中国科学院优秀论文。

蒋华良的家离上海药物所不远。几乎每天，他 7 点半就到所里开始工作，以实验室为家，经常工作至深夜。

2003 年年初，全国上下众志成城，抗击 SARS。在危急关头，蒋华良领导实验室的研究人员全面投入到寻找抗 SARS 药物的研究中。从 4 月 20 日到 6 月 10 日，蒋华良没有睡过一个安稳觉，带领科研人员夜以继日进行抗 SARS 药物研究。为了获得抗 SARS 药物研究的蛋白质样品，蒋华良与同事在 12 小时内往返于上海和南京；为了较快获得 SARS 重要蛋白质，蒋华良和同事、学生一起在实验室连续工作三昼夜。当年，蒋华良和其团队率先在国际上成功表达了 SARS 重要蛋白，标记了一条可能的 SARS 感染途径，并获得了一批有效的 SARS 病毒化合物。

在 2007 年度国家科学技术奖励大会上，蒋华良和他的研究小组以“重要药理作用的靶标动力学行为与功能关系研究及其药物设计”获得国家自然科学奖二等奖。

虽工作繁忙，但他一直谨记 2015 年过世的父亲对他说的最多的话是：“你是国家的人，应全心全意为国家做事。”也因此，他的心态特别好：“天天泡在实验室里，陪着我的唯有一盏盏白炽灯，但我从不后悔自己的选择。能用自己的知识、专业和努力，为人类的健康而奋斗，再苦再累都值得。”

兼容并蓄　开展专业研究

“蒋华良很开朗，他给我们讲笑话，我们都笑得不行了，他却是最后一个笑的人，有点冷幽默。”“蒋华良会用英语唱沪剧、越剧、锡剧，一点也没有我们想象中的科研人员的拘谨、沉闷或学究气。”“写散文，练书法，研究美食，有时还自己下厨，他可是多才多艺。”几位同事对蒋华良的描述，也从侧面佐证蒋华良对自己从事的专业研究并不故步自封，而是以海纳百川的胸襟，对各个有利于学科发展的专业兼收并蓄。

这，也与蒋华良的求学之路有些关联。读初一时，蒋华良阅读了许多科学家的传记。华罗庚自学成才的经历、居里夫人在艰苦条件下忘我工作的情景，给蒋华良留下深刻的印象。特别是读了徐迟发表在《人民文学》上介绍数学家陈景润的报告文学《哥德巴赫猜想》后，蒋华良感受到数学的美。陈景润在 6 平方米的亭子间里“十年磨一剑”、最终摘取“数学皇冠”的情景，深深地烙在蒋华良的脑海里。年仅 12 岁的蒋华良立志要当数学家，并开始自学数学，计划能到大学学习数学或理论物理学。

1983 年，蒋华良参加高考。虽然当时学生填写志愿的就业导向性没有现在严重，但是一心想学数学或理论物理学的蒋华良，还是被中学班主任改填了南大化学系有机化学专业，此举改变了蒋华良的人生历程。不过，从小爱好数学和物理也给蒋华良的科学研究带来很大帮助。

在蒋华良看来，“新药研究是一个系统工程化的科技创新活动，需要化学、生物学、数理科学、计算机科学的交叉融合，也是学科新生长点的源泉”。进入上海药物所后，蒋华良根据需要，学习药物化学、生物化学、生物物理和分子生物学的有关知识。他应用多种学科交叉的方法和技术，开展药物设计、药物靶标结构-功能关系、药物新靶标发现等研究，取得了系统性创新成果。

蒋华良还清楚地意识到，在当今科学迅速发展的时代，必须整合优势队伍，打破学科界限。他领导的研究群体由计算化学、计算生物学、化学合成、分子生物学和结构生物学研究人员组成，建立了适应现代科技发展新趋势的新药研究模式。他还与所内十余个课题组在合作中组成创新团队，并开展有关研究。

2017 年 5 月，由上海药物所设计研发的抗阿尔茨海默病 1 类新药氟诺哌齐获得国家食品药品监督管理总局颁发的临床试验批件。其中，蒋华良团队精确计算并测定相关药物作用机制，提出与乙酰胆碱酯酶“快结合、慢解离”

的抑制剂可能会有较好的治疗效果。氟诺哌齐正是基于这一新作用机制而设计的新一代乙酰胆碱酯酶抑制剂。此药上市后将会极大满足现在临床抗阿尔茨海默病药物短缺的紧迫临床需求。

B 型 GPCR 是人体内最大的膜受体蛋白家族，在细胞信号转导中发挥重要作用。它与人类疾病关系密切，是最大的药物靶标蛋白家族，目前 40%以上的上市药物以 GPCR 为靶点。其中，GCGR 参与调节体内血糖稳态，是治疗 2 型糖尿病的重要靶点。由于其结构信息的缺失，不仅限制了人们对 GCGR 与其天然配体和小分子拮抗剂相互作用机制的理解，也影响了靶向该受体的药物研发。2015 年，蒋华良和同事王明伟课题组等采用计算机模拟、冷冻电镜、定点突变、氢氘交换质谱、二硫键交联以及生物质谱等多种技术，对全长 GCGR 处于不同功能状态下的三维构象开展系统研究，迈出了阐明 B 型 GPCR 全长分子结构和动态构象的关键一步。2017 年，蒋华良和民盟盟员吴蓓丽及同事王明伟 3 个课题组紧密合作，首次测定 GCGR 全长蛋白的三维结构，并揭示了该受体不同结构域对其活化的调控机制。这项成果有助于为 2 型糖尿病治疗新药的研发提供新的思路。相关研究论文在《自然》上以长文形式发表。

在成绩面前，蒋华良从来没有表现过一丝满足。“勇于探索，不断创新”是蒋华良开展科学研究的座右铭，他认为“成绩属于过去，科学家努力工作，才有未来”。

率先垂范　当好领路人

连续 4 年，在上海药物所研究生毕业典礼上，蒋华良自己撰文，围绕“爱”“情”“缘”“志”一字主题作临别赠言，对学生的殷殷之情溢于言表。

蒋华良说：“做科研要耐得住寂寞，不要害怕坐冷板凳。我们在前面为年轻人铺路，摇旗呐喊，希望能有越来越多的人参与进来，为中国科研发展献计献力、奉献一生。”也因此，他在致辞中强调：“人的一生，如果不能追求卓越，一定要拒绝平庸。”他也承认，做到这一点非常不容易，特别是在当今变化太快、诱惑太多的时代。但“如果我们每一个人都拒绝平庸，我们的民族一定是伟大的民族，我们的国家一定是伟大的国家”。

蒋华良还以上海药物所创始人赵承嘏先生的故事勉励学生。赵先生 1914 年就在日内瓦大学取得了博士学位，是中国历史上第一个化学博士，他创立了世界上第一个专业化的药物研究所，是用现代化学方法研究中药的开拓者。赵先生当年弃文从理去欧洲留学的目的就是科学救国，创立药物所的出发点是“创制良药，解除百姓病痛”。蒋华良说：“这种伟大而又平凡的情怀，是我们全体药物所人的情怀。我希望同学们离开药物所时，带着这种情怀走向远方。”

在追求卓越的路上，他要求自己“清清白白做人，认认真真做事，踏踏实实做学问”，并希望以此影响更多的同行者。

2004 年 9 月，华理成立药学院，蒋华良应邀担任院长。他没有选择做简单的“挂名”院长，而是搭上自己的休息时间，尽心尽力为学院发展出谋划策。10 年来，华理药学院拥有了一级学科博士点、上海市重点学科、上海高校一流学科以及两个博士后科研流动站；年均发表 SCI 收录论文 100 余篇，取得国家科学技术进步奖二等奖、上海市自然科学奖一等奖等多项成果。按规定，学校每年给他 6 万元的特殊岗位津贴。蒋华良说：“我不要拿津贴，既然答应当这个院长，我一定会尽最大努力将学院办好。”随后，他用全部岗位津贴设立奖学金，近 300 名学生因此受益。

蒋华良自掏腰包奖励学生的事已不是第一次。十多年前，他就用万元奖金在上海药物所设立优秀论文奖，每年奖励两名发表重要论文的学生。蒋华良希冀学生“为所崇尚的科学而努力”，因为“对科学的研究和探索是需要代代相继的”。

但“科技工作再忙，也不要忘了生活和家庭，家庭是我们科技工作者避风的港湾。工作再忙，我也时不时给夫人写点情书或情诗，以宽慰她为家庭的操劳和付出”。蒋华良在致辞中展现他真性情的一面。他以言传身教诠释做人、做事、做学问简单却深刻的寓意。

饮水思源　不忘回馈社会

朋友赠送蒋华良一只红茶杯，他对此非常珍爱，每日用来泡茶。有一天，他发现茶杯有个裂缝，为此难过了许久。直到上海药物所打扫卫生的阿姨忐忑不安地向他致歉，承认是她不小心打破了茶杯。蒋华良听后反而释然。他在《红茶杯》一文中说："农村人到城里来打工不容易，他们为城市建设作过巨大贡献，现在又承担起家政服务。我们所谓的城里人（我也来自农村）应该平等对待他们，千万不要看轻他们。红茶杯碎了，我把它包好珍藏，这是朋友情谊，也是对徐阿姨这样为我们服务的打工者的尊重。"

《红茶杯》在朋友圈发布后，感动了很多人。有一位朋友主动联系蒋华良，找人帮他修好了这只茶杯。

2008 年，一个偶然的机会，蒋华良认识了湖南芷江的一名茶农，名叫胡应祥。老胡经营当地一种名叫甜茶的野山茶，学名木姜叶柯，具有抗病毒和抗糖尿病等功效。蒋华良先是请上海药物所同事与老胡合作，进行有效成分分离和抗糖尿病活性成分筛选研究。甜茶要想在全国销售，必须向国家卫生计生委申请"新食品原料"许可。蒋华良与老胡一起经过 6 年艰苦努力，终于获得国家卫生计生委新食品原料批复。甜茶新食品原料获批，在蒋华良看来，受益的不仅仅是老胡一个人，而是全国所有经营甜茶的企业或个人。他对自己的这点帮助能带来这么巨大的回报，成就感满满。

在此过程中，蒋华良还留意到当地的教育问题。他发动身边的朋友共同筹集 50 万元，由芷江县委、县政府联合社会各界共同耗资 200 万元，历时半年，于 2012 年 6 月在大树坳中学竣工建成"同心・民盟烛光教学楼"。教学楼总建筑面积 2000 平方米，共 4 层，有 22 间教室、7 个多媒体功能室，是一栋现代化的教学楼。

2008 年，蒋华良担任全国政协委员。他把参政议政重点落在"合理规划科普基础设施"上，呼吁重视青少年群体科学素质提高的独特性需求，加强西部和少数民族等地区科技类博物馆的建设，使其成为青少年接受科技教育的"第二课堂"。他希望"培养青少年群体的科学素质，让他们通过接受科学教育进而热爱科学并愿意为之努力"。多年来，这位"大忙人"时常挤出时间和精力用于科普宣传。他多次参加各类科普论坛，撰写多篇科普文章。其中，《红烧肉中的美拉德反应》介绍了不用酱油烧红烧肉和焦糖的制作方法，发布之初即有十多万人点击。此篇文章曾被上海市科委制作成微视频，在地铁和公交车上播放，该微视频获得 2016 年全国优秀科普微视频和中国科学院十大优秀科普微视频。

2013 年，蒋华良建议建立人才基金，统筹协调各种人才计划，严格把关，采取能进能出的策略。在他看来，“健全的人才体系、健康的人才培养制度与政策，是建设创新型国家的保证”。

12 月初，蒋华良作为上海代表之一，赴京参加中国民主同盟第十二次全国代表大会。作为一名科技工作者，他提出，今后 5 年是科技创新领域向原始型创新转型的关键 5 年，科技创新要有中国方案、中国策略，要有好的顶层设计、重大项目要做好布局，科研人员应该将更多精力投入到创造性的研究或研发中去。

发表时间：2017-12-21

来源：《联合时报》

为中国科普事业鼓与呼

周红梅　寇光裕

2008 年，43 岁的蒋华良有了一个新的身份：全国政协委员。这一年，他把参政议政的目光落到了“合理规划科普基础设施”上。

在相关提案中，蒋华良写出了他对于科普工作的忧虑——目前我国包括科技类博物馆在内的科普基础设施缺乏发展规划、地区间不平衡、模式单一、设施陈旧，偏重基础知识和传统常识的传播，而对前沿科学和创新成果的传播不够及时，对受众缺乏吸引力。

“在功能建设上，尤其要重视青少年群体科学素质提高的独特性需求，加强西部和少数民族等地区科技类博物馆的建设，使其成为青少年接受科技教育的‘第二课堂’。”蒋华良建议，在机制建设与运行上，要将高校、科研机构的成果用于科普教育，推动优秀项目的联动；同时，通过分展区、分会场等形式，提高展馆利用率，与教育系统建立“三固定”（人员、时间、内容）协作联系，吸引学校安排学生来博物馆上课，搭建探究式学习和素质教育的平台。

“培养青少年群体的科学素质，是想让他们通过接受科学教育进而热爱科学、崇尚科学并愿意为之努力。”蒋华良如是说。如是说，亦如是做。几年来，蒋华良一直在为中国科普工作鼓与呼，这位在同行和媒体记者眼里的“大忙人”，竟愿意挤出个人时间和精力，放在科普宣传工作上。

今年 12 月 10 日，蒋华良应上海市科学技术协会邀请，参加了“解读科学类诺贝尔奖”科普报告会化学奖专场活动。在会上，蒋华良首先介绍了 2013 年诺贝尔化学奖三位获奖者，随后让听众们以简易的形式了解到近期化学的发展和传承，紧接着重点介绍了诺贝尔化学奖得主的经历和故事。许多听众在听完报告后说，他们了解到化学书本中抽象公式之外看不到的生动故事，并且被蒋华良讲述的化学世界吸引。

听到听众们的反馈，蒋华良感到十分欣慰。但是他又强调说：“科研路是一条清寂的路，听上去美好，坚持做下去是一件不易之事。做科研就要耐得住寂寞，不要害怕坐冷板凳。我们在前面为年轻人铺路，摇旗呐喊，希望能有越来越多的人参与进来，为中国科研发展献计献力、奉献一生。”

（摘自《蒋华良：为所崇尚的科学而努力》）

发表时间：2014-02-13

来源：《中国政协》杂志

我与主委面对面：科学与艺术如何碰撞出别样火花（节选）

谢言潜　朱洪恩

第一轮“我与主委面对面”时，民盟市委副主委、中国科学院院士蒋华良提出，科技界和文艺界盟员要加强交流。11 月 7 日，这一设想在上海越剧院“落地”，蒋华良副主委带领科研工作者们来到这里，观摩盟员参演的“中宣部百年百部展演”重点剧目之一《山海情深》的排练，并与盟员艺术家们深入沟通。来自中国科学院、中国农业科学院、上海交大、上海市精神卫生中心以及上海越剧院、上海昆剧团和上海沪剧院的 18 位盟员，跨界“碰撞”。

怎样将老一辈艺术家的音像资料转化成数字，结合人工智能模型，促进经典艺术传承创新？

能否将戏曲引入精神卫生中心和养老院，通过艺术手段治疗精神疾病？

如何在游戏中植入戏曲元素，向年轻人推广传统文化？

科研工作者怎样从艺术领域汲取丰富营养、反哺科研？

……

两个多小时的头脑风暴，“激荡”出了一连串的好想法、金点子。

座谈会上，上海越剧院院长梁弘钧对蒋华良副主委率队到来表示欢迎。他指出，艺术工作者要了解科技进步，顺应时代潮流，对社会各领域有更多认知。希望今后能通过艺术手段塑造经典的科学家形象，并与科学界有更多、更紧密的交流合作。

令不少与会者意外的是，长期从事药物研究的蒋华良院士，谈起戏曲历史滔滔不绝："戏曲演员解放前生活艰苦、地位低下。新中国成立后，在党的领导下，特别是 1954 年华东地区戏曲文艺汇演后，戏曲工作者才真正成为人民艺术家，戏曲艺术迎来了繁荣发展的新时期……"他希望当代艺术家们用优秀作品去表现伟大建党精神，弘扬勇于攀登的科学家精神，以此展现时代特色、体现中国文化自信。

"懂一些戏曲，对我的科研很有好处。"作为资深戏迷的蒋华良还透露了自己的"抗压秘籍"："去年在武汉抗疫两个半月，我晚上就在宾馆里听戏、唱戏来缓解压力、激发灵感。有时候还把音频发给上海越剧院副院长钱惠丽，请她给予专业指导。"一旁在座的钱惠丽听后，频频点头，对这位手机里的"学生"表达了赞许。

在欢快的气氛中，大家都打开了话匣子，畅所欲言，分享感悟。

……

"科学与艺术是一家。"蒋华良在总结中表示，戏曲工作者要提高文化素质，注重文化积淀，加强文化底蕴，不仅仅专注于自己的专业剧种，还要借鉴其他剧种的优点长处，同时善于积累、从科学知识中学习借鉴。他也对科研工作者提出，要多欣赏优秀艺术作品，丰富精神生活，从艺术作品中汲取营养，拓展思维、跳出常规。"科学也需要异想天开，这样或许能有意外收获。"

在大家的邀请下，蒋华良现场演绎了《为你打开一扇窗》《蝶恋花答李淑一》《春香传》等曲目的精彩片段，为"面对面"画上了精彩的句号。

发表时间：2021-11-09
来源：上海民盟

当院士结缘大山里的茶农

丁　佳　黄　辛

蒋华良的简历上，写着中国科学院院士、民盟中央常委、上海药物所所长、国家杰出青年科学基金获得者、863 计划专家组成员、973 计划专家组成员、国家自然科学基金委员会重大研究计划专家组组长等一系列头衔，他在国际期刊上以通讯作者身份发表论文近 200 篇，授权专利数十项，4 项技术实现成果转化，参与研发的多个新药进入临床研究，曾获得国家自然科学奖二等奖等多项奖励。

但这样一位大科学家，却常常说，自己在一个湖南农民身上“学到了很多”。

蒋华良与湖南芷江大树坳乡茶农胡应祥之间，究竟因什么而结缘？他和“老胡”之间，又发生了什么样的故事？这一切，还要从多年前的一件小事说起。

编织袋里的降糖“神药”

多年来，上海药物所一直在瞄准国际生命科学发展的前沿领域以及药物研究的重要科学问题，开展创新药物基础和应用基础研究，发展药物研究新理论、新方法和新技术。

“我们药物所一直在恶性肿瘤、心脑血管系统疾病、神经精神系统疾病、代谢性疾病、自身免疫性疾病及感染性疾病等疾病的新药研发上深耕不辍，并加强现代中药的研发。”蒋华良说。抗糖尿病药物是上海药物所的重点研发领域之一，10 年前，上海药物所科研人员在实验中，瞄准了一种叫作根皮苷的化学物质。

根皮苷是苹果树内的一种酚类物质，可以从苹果皮中分离得到。国内外临床研究表明，这种物质在治疗糖尿病方面有很好的疗效。许多科学家在研究糖尿病的发病机理及探索治疗糖尿病的方法时，都会大量使用根皮苷。

“可遗憾的是，根皮苷在苹果皮里的含量非常低，只有万分之一。”蒋华良说。

正在科研人员为寻找根皮苷来源一筹莫展的时候，上海药物所研究员赵维民、蒋华良等偶然注意到，一种叫作木姜叶柯的植物叶子中，根皮苷含量很高，可以达到 5%以上。

木姜叶柯主要分布在我国秦岭以南，它的叶子有甜味，长江以南的山区老百姓有时会摘来泡水喝，作为茶叶的替代品，俗称“甜茶”。

可是，药物化学家无法漫山遍野地寻找甜茶，只能到处打听，有没有专门生产这种茶叶的农户。随后，他们发现湖南芷江有甜茶供应，立即向供应商订货。甜茶寄到后，赵维民想检查下甜茶的质量，伸手一掏，从装着甜茶的编织袋里翻出来一张名片，上面印着湖南芷江侗族自治县大树坳乡小思乐村村委会主任胡应祥的名字。

蒋华良感到，他可能比实验室里的科学家更了解甜茶的习性，于是立刻联系胡应祥，并邀请这位茶农来上海药物所做客。

科技这根“救命稻草”

其实，彼时的胡应祥，也恰好正为家乡的茶叶产业发着愁。

1997 年，乡里的领导给胡应祥布置了一项任务——盘活濒临倒闭的乡茶场。

但是，在芷江这个地处偏远的国家贫困县，这项工作谈何容易。尽管胡应祥一连几年吃住在茶场，且他种植的绿茶获得了湖南当地的金奖，但茶叶的销路依然是个问题。

甜茶也好不到哪去。2001 年，胡应祥曾试图将野生木姜叶柯采摘下来进行加工，但由于没有食品安全生产许可证，他在附近的怀化市开了 3 次甜茶店，都宣告失败。

“那时候，我感觉前途渺茫，最难的是年关，我不得不出门躲债。”胡应祥坦言。

这时，来自上海的一个电话，让他的心中燃起了新的希望之火。“口感甘甜的甜茶还能降血糖？”在与蒋华良的初次接触中听说甜茶具有这样的奇效，胡应祥简直不敢相信自己的耳朵，但同时又感到非常兴奋——科学家的到来，会是家乡脱贫致富的“救命稻草”吗？

“中药有效成分是中草药发挥功效的物质基础，目前一些活性单体已被广泛用于临床。在这些活性成分的基础上进行结构修饰，深入进行构效关系等方面的研究，是发现具有自主知识产权新药的一条有效途径。”赵维民说。

赵维民课题组一直致力于从传统中药和民间药物中寻找新的生物活性成分，阐明天然药物的活性作用和物质基础，研究开发具有科学依据的现代天然药物，并为创新药物研究发现先导化合物。他是胡应祥的主要合作者之一。

但要对活性成分进行研究，单靠采摘野生甜茶，一是量少、不方便，二是无法达到药物化学实验所需要的严格标准。

在蒋华良的建议下，胡应祥带着老乡，开始按照中药标准种甜茶。每个月，他都会把甜茶样品寄给赵维民等人，后者负责进行活性成分提取和降糖药物活性成分筛选研究。

“在帮助乡亲们脱贫致富这条路上，老胡可以说非常执着。”蒋华良说。胡应祥在当地征集了 8 个乡镇 393 户贫困农民的 3100 余亩土地，开始大面积种植甜茶。通过不断摸索，胡应祥硬是将人工种植甜茶的存活率从 10%提升到了 80%。

原料的来源已经解决，这对组合面临的下一个挑战是，甜茶能否作为合法的食品原料进入市场。

甜茶的致富路

2017 年，当时的国家卫生计生委公告发布了 10 种通过安全性评估审查的新食品原料，老胡申报的木姜叶柯位列其中。

这小小的一步，却是蒋华良和胡应祥用 6 年努力换来的成果。“甜茶跟一般的茶叶不同，饮用它的人，只在湖南芷江附近很小的范围内。”蒋华良坦言，如果想把这种植物作为食品或保健品在全国销售，就必须要先拿到国家卫生计生委的“新食品原料”许可。

对一个只有小学文化水平的茶农来说，安全性毒理评价、申报、答辩，这些工作几乎无从下手，同时安全性毒理评价也需要一笔不小的资金。蒋华良与几个朋友自掏腰包，凑了 20 万元，给胡应祥做毒理学评估，上海药物所科研与新药推进处还帮助他整理材料，陪他一起参加答辩。最终在 2017 年 5 月底，木姜叶柯作为新食品原料，拿到了国家“证书”。

63 岁的胡应祥，终于在这次创业中“活”了下来，他的“富农”甜茶公司，如今每年能产 50～60 吨甜茶，每亩地每年能为当地农民带去超过 7000 元的收入。他计划着在未来几年把甜茶基地扩大到 5 万亩，让更多老乡受益。

“为了‘富农’，老胡可是矢志不渝。他的刻苦工作促进了当地经济的发展，让近 400 户农民脱贫。我从老胡这样一位普通农民身上学到了很多。”蒋华良认为，甜茶获批新食品原料，受益的不仅仅是老胡一个人，还有全国经营甜茶的人。“我们作为科研人员，给老胡提供一些帮助，就能带来这么多的社会效益，我们也感到很有成就感。”

这次“双赢”的合作，让上海药物所也受了益。科研人员用胡应祥种出的甜茶作为原料进行抗糖尿病药物的研发，动物实验表明，粗提物的降糖作用非常显著。此外，他们正与老胡合作，进行甜茶质量标准研究、抗糖尿病保健品和药物的研发，希望不久的将来，这一合作成果能让更多的茶农富起来，让更多的糖尿病患者健康起来。

坐着拖拉机，踩着烂泥巴，听着泉水叮咚，科学家和大山里的茶农，走出了一条科技致富的路。

发表日期：2018-04-10

来源：《中国科学报》

第二篇

深切缅怀，精神永存

编　者　按

蒋华良院士的溘然辞世在科技界和社会上引起极大的震动，各界人士通过各种方式深切地悼念他、缅怀他，为这样一位才华横溢、年富力强的优秀科学家英年早逝感到无比痛惜。他的事迹影响之广、他的逝世在社会各界中引起的悲痛之深，在科技界是超乎寻常的。

本篇章“深切缅怀，精神永存”收录了蒋华良院士逝世后，社会各界及媒体悼念、追忆他的文章（部分文章略有删减或改动），深切缅怀和追思蒋院士对推动中国药物科学基础研究和新药发现事业发展的重大贡献，并从不同层面展现出他的高尚品格和科学精神。

生命最后一刻，他仍在科研一线奔跑

李泓冰 黄晓慧

著名药学家、中国科学院院士、民盟盟员、上海药物所原所长蒋华良走了！

2022年12月23日15点54分，因突发心脏骤停抢救无效，蒋华良在上海逝世，终年57岁。

噩耗，让科技圈一片惊恸。

身为战略科学家，直到生命最后一刻，他仍在科研一线“奔跑”。

“AI制药发展日新月异，让我们有跟不上的感觉，要尽力去做。”12月13日，在首届生命科学院士高峰论坛上，蒋华良院士在题为《AI赋能药物研发》的演讲中，介绍他带领团队研发的计算机模型TransformerCPI，能基于蛋白质序列信息预测药物的靶标作用，这是当前全球借助人工智能研发创新药的前沿技术。

没想到，这是57岁的蒋华良留给世人最后的定格。

本来，24日是蒋华良院士作为专家组组长推动的化学生物学重大专项汇报会。噩耗传来，大家决意取消，以寄哀思。北京大学张礼和院士发朋友圈寄托哀思：沉痛悼念我国卓越的药物化学家蒋华良院士英年早逝，蒋华良院士为我国药物化学和化学生物学的发展都作出了杰出贡献，他的逝世是我国药学界和化学界的重大损失。

自2010年始，蒋华良院士力推化学生物学学科建设，通过国家自然科学基金委员会化学生物学重大研究计划，将一批从事化学、生物学、医学与药学的学者凝聚在一起，为了人民生命健康攻坚克难。该专项在第一阶段以优秀结题，毫无异议地进入新阶段。国家自然科学基金委员会化学科学部原常务副主任、现交叉学科部常务副主任陈拥军教授说："蒋老师对此付出大量心血，惠及整个科研群体。逝者已矣，给我们留下无尽的悲伤与思念。"

据陈拥军回忆，蒋华良是国家自然科学基金委员会"十一五"启动的首批（2006 年）重大研究计划"基于化学小分子探针的信号转导过程研究"专家组成员，也是该计划最初设想的作者之一。该计划的实施倾注了他巨大的心血，历经 8 年以优异成绩在 2015 年结题后，蒋华良又马不停蹄作为新启动的"十三五"重大研究计划"生物大分子动态修饰与化学干预"专家组组长，开始了推动化学生物学向更高层次发展的新征程。正由于两个重大研究计划的实施，国家自然科学基金委员会正式在 2016 年建制成立化学生物学交叉学科。

"蒋先生是一位战略科学家，他总是站在国家整个医药战略的高度，为医药产业谋篇布局，对于科技前沿的新动态和新发现，他总是敏锐地捕捉并能很快找到切入点开展研究。"对于在创新药研究领域深耕几十年的上海药物所研究员柳红而言，和蒋华良院士一起做研究的场景历历在目。"做人、做事、做学问。这是嵇汝运先生、陈凯先院士、蒋华良院士，几位导师经常教导我的，也是我反复对我的学生们说的。"

在科研生涯中，他一直在探索世界前沿、倾力推动我国原创新药研发能力提升。"2013 年至今，全球获批上市的原创药有 175 个，中国只有 6 个。"为了改变和突破，直到生命最后一刻，他仍在科研一线"奔跑"，拼尽最后的力气。

他的离去，让很多同行扼腕痛惜，说得最多的是，"难以置信，无法接受"。

睡在实验室

在上海药物所，蒋华良有个雅号"睡在实验室的'拼命三郎'"。这位从江苏武进乡间走过来的赤足少年，“勤奋”是镌刻在他生命里的烙印。12 岁时，他从《人民文学》上读到介绍数学家陈景润的文章，陈景润在 6 平方米的亭子间里“十年磨一剑”、摘取“数学皇冠”的情景，“数学之美”“追求科学皇冠上的明珠”深深地震撼和影响了蒋华良，他立志要当数学家，并自学数学，希望高考能考上数学或理论物理学专业。

1983 年，蒋华良在中学老师的劝说下改报南大化学系有机化学专业，走入了另一片奇妙世界。从小对探索自然的痴爱，让蒋华良的科研大受裨益。

1993 年，上海药物所实验室的计算机设备安装后，珍贵的机时让蒋华良废寝忘食。为了“获取”更多的机时投入科研，蒋华良索性晚上就睡在实验室，且一睡就是 5 年，直到 1997 年底他的爱人从常州调到上海。他没有节假日，经常通宵达旦地工作。博士毕业时，蒋华良已发表了十余篇论文，博士论文被评为中国科学院优秀论文。

以实验室、计算机机房为家的蒋华良在 1995 年获得了博士学位并留在了上海药物所。每天，他 7 点半就到所里开始工作，这个习惯一直保持。

“他是我的知音和事业导师，有血性、有情怀、才华横溢的科学家。”上海药物所研究员徐华强至今难以接受噩耗，“清清白白做人，认认真真做事，踏踏实实做学问，这是蒋院士的人生座右铭！”

2003 年初，SARS 病毒肆虐。蒋华良带领上海药物所实验室研究人员全情投入到寻找抗 SARS 药物的研究中。从 4 月 20 日到 6 月 10 日，蒋华良没睡过一个安稳觉。为了获得研究样品，蒋华良与同事沈旭在 12 小时内往返于上海和南京；为了较快获得 SARS 重要蛋白质，他俩和学生在实验室连续奋战三昼夜。

2020 年初，新冠病毒再次汹涌来袭，蒋华良立刻组织团队于 1 月 19 日成立抗疫攻关小组，300 多位科研人员放弃假期，与实验室为伴。他第一时间给科技部和中国科学院写了建议。在科技部、中国科学院和中国工程院的支持下，蒋华良与饶子和院士合作，领导由上海药物所、上科大和中国科学院武汉病毒研究所（简称武汉病毒所）组成的联合攻关组，进行抗新冠肺炎药物研发攻关。

“17 年来，饶子和院士团队和上海药物所团队针对 SARS、MERS 等相关冠状病毒的药物研究一直未停，在较短时间取得一系列成果。”1 月 26 日，上海科技大学免疫化学研究所（简称上科大免化所）和上海药物所抗2019-nCoV冠状病毒感染联合应急攻关团队宣布：联合课题组已测定新型冠状病毒3CL水解酶（Mpro）高分辨率晶体结构。

蒋华良与饶子和院士领导的攻关团队，将研究成果毫无保留地向世界公开，希望能在全球范围内集中更多力量，共同应对这次人类公共卫生危机。上海药物所在新药研发、老药筛选、病毒蛋白质结构解析、治疗方案等领域作出突出贡献。2020年9月，蒋华良院士荣获“全国抗击新冠肺炎疫情先进个人”。

精力充沛、激情满满的蒋华良，长期超负荷工作，面对“老相”的调侃，他笑说：“天天泡在实验室，陪我的唯有一盏盏白炽灯，‘灯照催人老’。但我不后悔，为人类健康而奋斗，再苦再累都值得。”

图1　2014年，蒋华良在图书馆

开放包容，多才多艺，会用英语唱沪剧、越剧

蒋院士严谨求实的治学精神和谦和厚道的人品，有口皆碑。

中国科学院院士、上海交通大学医学院（简称上海交大医学院）教授陈国强回忆，早在 2002 年，蒋华良就甘于做“老二”，协助他牵头 973 计划，开展药物靶标研究，后又将他引入化学生物学领域。他力荐几位优秀学生加盟上海交大医学院。如今，这几位学生都成了国家杰出青年科学基金或优秀青年科学基金人才。2017 年 12 月，蒋华良当选中国科学院院士后，上海交大医学院院长陈国强，邀请三位新科院士与医学生面对面。学生问：“蒋老师，您之前多次申报院士没成功，是什么令您坚持的？”他淡然一笑：不气馁，并不是为了“院士”这个帽子，而是为了祖国的创新药事业，“年轻人，要学会接受挫折。如果不当院士，我依然如故，鞠躬尽瘁！”

科研之路上，蒋华良很“新潮”。他的研究团队由计算化学、计算生物学、化学合成、分子生物学和结构生物学研究人员组成，建立了适应“基因组时代”科技发展新趋势的新药研究模式。他与所内十余个课题组在合作中组成创新团队开展有关研究，并获得了国家自然科学基金委员会创新研究群体项目的资助，向更高的目标进军。当人工智能辅助创新药研发的技术革命到来时，业界判断这将为中国创新药研发添加腾飞之翼，他敏锐地捕捉到机遇，在国内率先组建团队攻关这项世界前沿技术。

多年来，蒋华良的科研硕果累累、诸多荣誉加身——国家杰出青年科学基金获得者、973 计划项目首席科学家、863 计划“生物和医药技术领域”专家组成员、国家自然科学奖二等奖、上海市第八届十大科技精英、药明康德生命化学研究奖一等奖……面对这些荣誉，他保持着科学家应有的谦逊、理性、严谨：“成绩是过去的，科学家努力工作才有未来，才有更加美好的祖国。”

蒋华良拥有医者仁心、侠骨柔肠。

“清晰记得，我的病人服用您的药后出现好转，您是那么欣喜；10 年前，常州老家的病人来上海治疗，我们会一起商量方案，病人健康地生活至今，您却……”上海交通大学医学院附属瑞金医院（简称瑞金医院）副院长沈柏在朋友圈追忆：太突然！太震惊了！我希望这一切只是我做了一个梦，梦醒

来一切还是原样……

“蒋院士爱讲笑话，我们笑得不行了，他却是最后一个笑的，很冷幽默。”

“蒋院士会用英语唱沪剧、越剧，毫无拘谨、沉闷或学究气。”

斯人已逝，在师友学生的追思中，“另一个”蒋华良活灵活现。

爱惜人才，奖掖后学，科学的研究和探索代代相继

2002 年，旅美 14 年的结构生物学家徐华强，在一个国际会议上结识了蒋华良。两人一见如故。“年轻有为，意气风发，幽默感十足。”蒋华良给徐华强留下深刻印象，应他的热情邀约，徐华强到上海讲学交流。2009 年，在徐华强的穿针引线下，上海药物所与美国文安德研究所签订合作协议，共建联合实验室。2019 年，徐华强索性关闭了在美国的实验室，回国全职工作。

“蒋老师是我的知音和事业导师，他有血性、有情怀，才华横溢。他给我无私的支持，所里为我提供充足的场地、经费和人员配置，生活上的关怀也无微不至，让我心无旁骛、专心科研，我在药物所取得的科研成果是之前在美国实验室的两倍多，既能做基础又能做创新药研发。宽松的学术氛围、勤勉的学生、充足的科研经费，这里是我科研事业最好的归宿。”徐华强说。

在上海药物所年轻人眼里，蒋华良传承了嵇先生的风骨，对年轻后辈的提携不遗余力。在他的带动和影响下，一批青年才俊获得国家和上海市的专项科研支持，在自己的研究领域崭露头角、捷报频传。在 2020 年度上海市科学技术奖授奖名单中，吴蓓丽、赵强等凭借“G 蛋白偶联受体的结构与功能研究及药物发现”荣获自然科学奖一等奖，柳红等凭借“药物设计新策略的建立及其在创新药物发现中的应用”荣获科技进步奖一等奖。

“刚回国挺茫然，好在有蒋老师。”上海药物所研究员吴蓓丽对蒋华良充满感激。“在国外读书做研究，只要管好自己，回国组建自己的研究团队就完全不一样了，蒋老师给我和我先生赵强的帮助巨大，药物所就像一个大家庭。”23 日晚，记者联系上海药物所副所长赵强，他悲痛万分地回复：“心乱如麻，可否稍候。”

蒋华良留下一段“不惜一切为人才砸钱”佳话

2005 年初，华理一名学生在 BBS 上发帖：“蒋华良院长开始砸钱了！”原来在 2004 年下半年，华理成立药学院，蒋华良应邀担任院长。按规定，学校每年给他 6 万元的特殊岗位津贴。他却坚持不拿津贴，而是请学院批准用这笔岗位津贴成立“蒋华良奖学金”，奖励学业突出或家庭贫困但积极向上的学生。如此“砸钱”的理由，蒋华良归因于“对科学的研究和探索需要代代相继”。

2008 年，蒋华良有了一个新的身份：全国政协委员。这一年，他把参政议政的目光落到了“合理规划科普基础设施”上，一直在为中国科普工作鼓与呼。这位脚不沾地的“大忙人”，愿意为了科普挤出时间和精力，尤其重视向青少年讲述生动有趣的科学。他撰写的很多科普文章，阅读量都在 10 万以上。

“为祖国未来撒播科技人才的火种，和做好科研同样重要。”蒋华良说：“科研路是一条清寂的路，听上去美好，坚持做下去是一件不易之事。做科研就要耐得住寂寞，不要害怕坐冷板凳。我们在前面为年轻人铺路，摇旗呐喊，希望能有越来越多的人参与进来，为中国科研发展献计献力、奉献一生。”

中国工程院院士、瑞金医院院长宁光在朋友圈悲恸地写下一段话，道出同道心声：至暗的冬至，将来的圣诞，我总隐隐地感觉会失去什么，没想到是华良！您，怎么舍得了这五彩的世界？华良，想你……

众多知名人士表达哀思

据第一财经，蒋华良最后一次公开活动上露面，是在 12 月 13 日举办的首届生命科学院士高峰论坛上，他在会上发表了主题演讲。

在武汉新冠疫情暴发后，蒋华良做了关于中药疗法的临床研究。根据微信公众号“上海科协”2020 年 4 月的报道，蒋华良谈及从西医角度来做中药临床研究的体会时说道：“中医药完全可以按照循证医学的方法进行临床试验，可以按照现代科技的方法来进行临床研究。中医药和西医药研究相辅相成。

有了临床线索再回到基础研究。这样的循环往复能够促进中医药的发展，反过来也促进生命科学和现代医学的发展。”

2020 年 9 月 8 日，全国抗击新冠肺炎疫情表彰大会在北京人民大会堂隆重举行。蒋华良荣获“全国抗击新冠肺炎疫情先进个人”称号。对于这个沉甸甸的荣誉，蒋华良显得很是平静。“其实我也没想到自己会获得这一无上光荣的国家荣誉称号，但这份荣誉并不属于我个人，而是属于所有参与联合攻关的团队。”在他看来，疫情仍未结束，加紧药物研究，尽快研发对抗病毒的特效药才是他当下最关心的事。

医药界、科研界和临床医学界的众多知名人士都对蒋华良表达哀思。12 月 24 日一早，上海某大型医院的知名医生在朋友圈中写道：“我们一起为常州老乡商量治疗的事情，已经快 10 年了，老乡还依然健康地活着。还清晰记得一起吃饭，吃到开心处，您会唱老家的地方戏。”

一位中国科学院分子细胞科学卓越创新中心研究员在朋友圈中写道：“蒋老师多才多艺、真性情，是非常有 vision（远见）的科学家和师长！蒋老师也是一个对弱势群体和地区有大悲悯的学者。”

睡在实验室的“拼命三郎”

微信公众号“上海民盟”24 日发布文章，缅怀蒋华良先生，文中写道：“要我用一个词来形容他，只有四个字：‘拼命三郎’。”

他的拼命，来自他的成长经历，也来自他的个性。1993 年，上海药物所实验室的计算机设备安装后，蒋华良刻苦地进行课题研究。为了延长工作时间，蒋华良索性晚上睡在实验室。这一睡就是 5 年，直到 1997 年年底，他的爱人从常州调到上海。攻读博士期间，蒋华良没有节假日，经常通宵达旦地工作。辛勤的劳动终于换来了收获，博士毕业时，蒋华良发表了十余篇论文，博士论文被评为中国科学院优秀论文。

以实验室、计算机机房为家的蒋华良在 1995 年获得了博士学位并留在了上海药物所。几乎每天，他 7 点半就到所里开始工作，这个习惯一直保持到现在。

从个性而言，蒋华良不仅是个勤奋之人，还是个认真负责的人，无论对自己的行政工作还是业务工作都是认真对待，一丝不苟。“清清白白做人，认认真真做事，踏踏实实做学问”是他的人生座右铭。

发表时间：2022-12-27

来源：人民日报中央厨房-大江东工作室

生前好友：他是一个大写的人

王艾冰　侯佳欣

“我听到这个消息的时候，完全不敢相信，我们没有一个朋友相信他真的走了，听说华良兄昨天上午还在家里开线上会。”微芯生物董事长鲁先平在2022年前回到中国创业时，便认识了当时还是教授的蒋华良，提到蒋院士的逝世，鲁先平惊诧又不舍。

12月23日晚，上海药物所发布讣告，著名药学家、中国科学院院士、民盟盟员、上海药物所原所长、研究员蒋华良先生因病医治无效，于2022年12月23日15点54分在上海逝世，终年57岁。

工作中是一个真正的科学家

“华良兄是一个非常有远见的人，他在20多年前就提出了很多和药物研发相关的、开放性、前瞻性的策略，这在当时的意义非常大，而且他从来不考虑自己的利益，首先考虑的永远是国家和科学的利益，是一个真正的科学家。”鲁先平告诉人民日报健康客户端记者。

12月24日，蒋华良先生治丧工作小组成员告诉人民日报健康客户端记者，“不少与蒋院士有过接触的人都在缅怀和悼念他，很多人打来电话咨询，昨天到今天，自己的手机里的来电几乎没有停下来过。”

蒋华良院士的讣告中这样写道："蒋华良先生治学严谨、学识渊博、肩负重任、攻艰克难，把全部精力奉献于药物科学基础研究和新药发现，积极推动中国药物科学发展。他一生潜心科学、求实创新、奖掖后学，为创新药物研发和药学事业发展作出了不可磨灭的杰出贡献。"

从小学到高中，从南大有机化学专业到华东师大物理化学专业，再到上海药物所，蒋华良师从嵇汝运院士和陈凯先院士进行药物研究，"勤奋"二字一直伴随着他的生活。

1993年，上海药物所实验室的计算机设备安装后，蒋华良刻苦地进行课题研究。为了延长工作时间，蒋华良索性晚上睡在实验室。这一睡就是5年，直到1997年底他的爱人从常州调到上海。

生活中是一个大写的人

"华良兄就是一个大写的人，他非常真实，非常热爱生活。3年前的一次会议结束后，华良兄还开玩笑说他可以原地跳好远，在生活中完全不像一个院士，他喜欢唱沪剧、越剧，写诗，脑洞非常大，平时也很喜欢和我们开玩笑。"鲁先平回忆，蒋院士心脏一直不太好，而且他太负责了，总是让工作充满自己的生活。

另一位熟悉蒋华良的同事说："要我用一个词来形容他，只有四个字——拼命三郎。"但在很多朋友眼里，拼命三郎的蒋华良院士非常热爱生活。

"蒋华良很开朗，他给我们讲笑话，我们都笑得不行了，他却是最后一个笑的人，有点冷幽默。"

"蒋华良会用英语唱沪剧、越剧、锡剧，一点也没有我们想象中的科研人员的拘谨、沉闷或学究气。"

这是几位曾与其相处过的同事对蒋华良的描述。他对自己从事的专业研究并不故步自封，而是以宽广的胸襟，对各个有利于学科发展的专业兼收并蓄。

"昨天上午9点到11点，我们还和蒋院士一起开会，是一个新冠口服药的讨论会，当时蒋院士的精神状态还很好，对于上海药物所等研究所与企业合作研发的一款口服抗新冠病毒药物，每一次开会蒋院士都有很多期待。”一位昨天上午还和蒋华良院士开会的业内人士告诉人民日报健康客户端记者：“据我们了解，蒋院士并没有感染新冠，而是突发心脏疾病。”

鲁先平说：“在我们心里，华良兄一直像一个有点调皮又才华横溢的小弟弟，这是中国药学界的损失，希望华良兄在另一个世界继续他的新药梦想。”

复星国际执行董事、联席CEO也写道：“昨夜惊闻华良院士噩耗，震惊，悲痛，难以置信，彻夜难眠。天忌英才。华良院士亦师亦友，年轻人中的长者，长者中的年轻人，最睿智、敏思、文艺的药学家，良知的科学大家。沉痛悼念蒋华良院士。”

发表日期：2022-12-24

来源：人民日报健康客户端

“他是侠之大者”，离世当天还参加了创新药物研究会议

黄海华

“蒋华良院士走得太突然了！”著名药学家、中国科学院院士、上海药物所原所长蒋华良先生因突发心脏骤停，医治无效，于2022年12月23日15点54分在上海逝世，终年57岁。

“直到现在我都有点懵。”第一时间闻讯的蒋华良学生、华理教授李洪林告诉解放日报·上观新闻记者，12月23日下午，原定有一个蒋华良需要参加的线上会议，但久等不来。“我们觉得诧异，因为蒋老师特别守时，我们赶紧联系家属，后来得知他突发心脏骤停，当时正好家里没有人。”

他有个雅号“拼命三郎”，没有黑夜与白昼

家国情怀，这是采访中被提及的高频词。

“华良离世的当天上午，还在参加抗新冠病毒候选新药VV116会议。这几年他为这件事消耗了太多心力，每次我碰到他都忍不住说：你太累了。”上海药物所研究员徐华强告诉解放日报·上观新闻记者。据介绍，该新药已获得乌兹别克斯坦卫生部的上市批准。在国内，该新药已完成1

项三期临床试验，并正在开展2项临床试验。

“我和华良认识20年，虽然他比我小一岁，但我经常说他是我事业的导师、人生的挚友。记得第一次见面，他意气风发，讲话很幽默。”徐华强说。2008年，上海药物所副所长蒋华良一直力邀他到所里建立药靶中心，提升原创新药研发能力。当时，徐华强在美国的实验室处于上升势头，但他被蒋华良的诚意感动，决定每年到上海工作半年。“华良竭尽全力创造科研平台，使得我可以心无旁骛。”徐华强如今已全职加入上海药物所。

“不论是禽流感还是新冠疫情，他都第一时间组织科研攻关，以此为己任，鞠躬尽瘁。”上海药物所研究员柳红告诉解放日报·上观新闻记者，她与蒋华良团队合作，研发的另一款抗新冠病毒候选新药，已在国内启动临床二、三期试验。

图1　2008年3月14日，陈凯先（左）和蒋华良（右）参加全国两会回沪

“蒋老师曾经说过不为良相，便为良医。在我眼里，他是侠之大者。酷爱科学，可以用来形容蒋老师，他有个雅号‘拼命三郎’，在他的研究中是没有黑夜与白昼的。我也很拼，所有人都觉得我很像他，那都是受他对科学研究

的热爱所影响。”李洪林说，他们两个都喜欢熬夜工作，只要一有好东西，比如最新科研进展，就忍不住半夜给对方发微信。

他的口头禅是“名徒出高师”，帮年轻人修改 PPT

“听到消息后，我们大家都悲痛万分！真的不敢相信、不愿相信！”电话那头，柳红嗓子嘶哑，昨晚一夜未眠。

蒋华良平时很忙，但只要有青年科学家来找他帮忙，他都会抽出时间。“很多青年学者申报项目或做展示的 PPT 都太专业，蒋老师经常以大同行角度帮着修改，真的是不遗余力、细致入微。”柳红说。蒋华良一直走在科技前沿，总鼓励大家抓住科学的春天，“这么多年我跟着他学了很多东西，终身受益”。

都说“名师出高徒”，但蒋华良的口头禅是“名徒出高师”，他认为学生成就了老师，他也非常关注每个学生的发展，对学生的情况如数家珍。

2004 年 9 月，蒋华良担任华理药学院首任院长。“我博士后出站本来打算去药企工作，但蒋老师举贤不避亲，推荐直接聘任我为教授建设药学院。因为被蒋老师执着科学的精神感动，2008 年我接受了这一教职。入职两年后，帮助学院申请到了上海市新药设计重点实验室。”李洪林说。

“在学生中，蒋老师有着不怒自威的强大气场。接触久了，会发现他是一个性格鲜明的人，为人正派，耿直率真，诚信仁义。”李洪林说，他家在农村，当时在上海购房拿出首付款并不容易，“蒋老师毫不犹豫借钱给我，让我先安家”。就在这个月初，他要出席一次重要会议，蒋华良还特地嘱咐他“记得穿西装，但不要打领带”。他的父亲最近住院，蒋华良还打电话来询问病情。

一碗苏州的面，被他写得活色生香

热爱生活，是采访中出现的另一个高频词。

蒋华良有一个微信公众号“朵朵花开淡墨香”。他经常写一些随笔文章，富有文采。一碗苏州的面，就被他写得活色生香——“君到姑苏见，人家尽枕河”，吃三虾面的意境来哉！走石街、过石桥、穿石弄，游完整个老街，天空中突然下起了蒙蒙细雨，又有了点“烟雨江南”的景致了，为今天的三虾面增添了额外的味道。

他喜欢书法。徐华强的办公室就挂着他的作品，“华强兄，请抓紧时间建立药物靶标结构与功能研究中心，首要的是把 GPCR 之工作做好……真正为祖国的新药事业作贡献。”这是徐华强回国不久，蒋华良写下的书法。去年，有感于这一目标实现，蒋华良再次写下：“衷心希望您带领队伍，取得更大成就。华良顿首 辛丑年中秋节。”

他不仅乒乓球打得好，还特别喜欢研究烧菜，“因为烧菜也是化学反应”。很多学生都受邀去过蒋华良家，吃过他烧的菜。蒋华良有一道拿手好菜——红烧肉，他主创的科普微视频《红烧肉中的美拉德反应》入选“中国科学院十大优秀科普微视频”。“我们华理食堂的红烧肉是出了名的，蒋老师每次来，都要带上好几份与家人分享。”李洪林说。

图 2 蒋华良在微信公众号“朵朵花开淡墨香”晒出他烧的一桌好菜

他多才多艺，有一绝“用英文唱越剧”，而且每次都是即兴表演，临场发挥，听者无不捧腹。

今年9月26日，蒋华良院士转发了解放日报·上观新闻记者撰写的报道《徐华强：为做出原创新药，“不疯魔不成活”》。在那之前数月，他曾和记者相约采访：“好久不见了，疫情过后见面聊聊。”

没想到，如今天人永隔，先生一路走好！

发表日期：2022-12-24

来源：上观新闻

蒋华良院士的战略科学家特质

柯　文

著名药学家、中国科学院院士、上海药物所原所长蒋华良去年 12 月 23 日逝世。噩耗，让国内科技界一片惊恸。许多悼念文章对蒋华良院士的战略科学家特质赞叹有加，因而对他英年早逝感到分外沉痛。

与一般科技领军人才不同的是，战略科学家的重要性更多地在于战略性谋划和布局。在 2021 年 9 月底召开的中央人才工作会议上，习近平总书记就提出，“要大力培养使用战略科学家”，“有意识地发现和培养更多具有战略科学家潜质的高层次复合型人才，形成战略科学家成长梯队”。

擅长在化学生物学新兴学科交叉领域开展战略性谋划和布局，是蒋华良院士的一大特质。自 2010 年始，蒋华良院士力推化学生物学学科建设，通过国家自然科学基金委员会化学生物学重大研究计划，将一批从事化学、生物学、医学与药学的学者凝聚在一起，为了人民生命健康攻坚克难。

“制药领域的高投入、长周期等痛点难以在短时间内有所改善，但 AI 在预测临床候选药物成功率方面将大有可为。”在 2022 年 7 月举办的“理解未来”主题科学论坛上，蒋华良院士在主题报告中展现了面向行业发展未来、面向科技发展前沿、面向产业发展急需的战略视野。

“AI 是未来制药领域不可或缺的关键核心技术之一，如果不掌握 AI 技术，永远无法做出超越。它目前还不能取代人的功能和经验，但若干年以后是有可能的。”在 2022 年 11 月举办的上海国际生物医药产业周开幕式上，蒋华良院士在主题报告中又一次呼吁，为了制药领域的跨越式发展，亟须在 AI 关键核心技术攻关上尽早谋划和布局。

上海全球科技创新中心建设正处于关键跃升期，加快建设创新人才高地为重中之重。创新人才的层次，如一座宝塔，处于顶端的是战略科学家。无疑，上海正处于诞生一批战略科学家的最好历史机遇期；然而，战略科学家的造就依然任重而道远——这也是“蒋华良院士英年早逝是上海科技界重大损失”的一种怀有深沉惋惜感的解读。

发表日期：2023-02-23

来源：《上海科技报》

“这是他留给人间的最后一份礼物”

——新冠口服药 VV116 获批上市背后的故事（节选）

上海民盟

国家药品监督管理局
National Medical Products Administration

索引号	XZXK-2023-127	主题分类	工作动态
标题	国家药监局附条件批准新冠病毒感染治疗药物先诺特韦片/利托那韦片组合包装、氢溴酸氘瑞米德韦片上市		
发布日期	2023-01-29		

国家药监局附条件批准新冠病毒感染治疗药物先诺特韦片/利托那韦片组合包装、氢溴酸氘瑞米德韦片上市

近日，国家药监局根据《药品管理法》相关规定，按照药品特别审批程序，进行应急审评审批，附条件批准海南先声药业有限公司申报的1类创新药先诺特韦片/利托那韦片组合包装（商品名称：先诺欣）、上海旺实生物医药科技有限公司申报的1类创新药氢溴酸氘瑞米德韦片（商品名称：民得维）上市。

上述两款药物均为口服小分子新冠病毒感染治疗药物，用于治疗轻中度新型冠状病毒感染（COVID-19）的成年患者。患者应在医师指导下严格按说明书用药。

国家药监局要求上市许可持有人继续开展相关研究工作，限期完成附条件的要求，及时提交后续研究结果。

图 1　VV116 上市

昨天，经国家药品监督管理局（简称国家药监局）应急审评审批，1 类创新药 VV116 附条件获批上市了！在这款上海自主研发的口服小分子新冠病毒感染治疗药物背后，是以蒋华良院士为代表的一批科研工作团队三年接力、呕心沥血的成果。

今天，人民日报中央厨房-大江东工作室刊发报道，讲述这粒新药从上海的实验室走向全国医院的过程中，难以言说的艰辛付出。就让我们通过文字，走近沪产新药和它背后的团队，寄托我们对蒋华良院士的崇高敬意和深切哀思。

走过三年艰辛，一朝终获首肯

走过三年艰辛，一朝终获首肯——1 月 29 日，由上海药物所、上海君实生物医药科技股份有限公司等联合研发，上海旺实生物医药科技有限公司持有，由上海迪赛诺医药集团股份有限公司作受托生产的 VV116 附条件获批上市了。这意味着，轻中度新型冠状病毒感染的成年患者，药箱里又多了一款“上海造”。

自 2022 年 12 月 29 日，VV116 与帕罗韦德“头对头”对比试验成果登顶医学界顶尖学刊《新英格兰医学杂志》（*The New England Journal of Medicine*，*NEJM*）以来，这款国产自研新药何时能用于临床救治新冠患者，一直备受瞩目。人民日报中央厨房-大江东工作室始终关注研发和审批进展，1 月 29 日采访了相关的专家及其团队。

抗疫药物一直是必争领域

“这是国产自研的机制清楚、药效明显、安全性明确的抗新冠病毒药物。感谢临床团队的努力和高效率。感念蒋华良院士为抗疫鞠躬尽瘁，这是他留给人间的最后一份礼物！”蒋院士生前好友、从美国归来参与 VV116 开发的结构生物学家徐华强闻讯后很动感情。

抗疫药物一直是各科技大国抗疫的有力武器，是挽救生命、赢得国际声望的必争领域。基于自主研发药物在全球抗疫中的重要地位，毕生致力于中国原创药研究的第十一届、第十二届全国政协委员，著名药学家、中国科学院院士蒋华良 3 年来带领 300 名科研人员日夜攻关，就在 2022 年 12 月 23

日上午，他还开了两个小时的紧张的线上协调会，筹备国产抗新冠药物 VV116 药品上市许可申报事宜。下午他在极度疲劳状态下猝然离世。

日夜奋战终得成果

据徐华强回忆，2020 年新冠疫情暴发后，蒋华良院士召集所里的课题组，请大家把手头的课题都先放一放，一起攻关这一关乎全世界人民健康的紧急难题。1 月 19 日，上海药物所成立抗疫攻关小组，300 多位科研人员放弃假期，发挥各自科研优势，联手攻关。

一周后，蒋华良院士与清华大学饶子和院士领导的攻关团队在全世界率先测定新冠病毒 3CL 水解酶（Mpro）高分辨率晶体结构，并将这一结构毫无保留地向世界公开。

知道病毒长什么样了，下一步就要搞清楚它是如何复制的，如何突破人体的免疫防线的，以及怎样才能限制它的复制。“我们在研究中发现，RNA 复制酶作为新冠病毒转录复制的核心组件，其功能在病毒变异中高度保守，如果能把病毒的 RNA 复制酶限制住，活性降低了，那么不管它怎么变异，都很难在人体内复制、存活。我们发现，具有抗病毒活性的核苷类药物，在抑制新冠 RNA 复制酶上同样有效。”徐华强说。

经过 46 天日夜奋战，徐华强团队成功解析新冠病毒 RNA 复制酶单独结构以及结合 RNA 和抑制剂瑞德西韦复合物的冷冻电镜结构，阐述瑞德西韦等核苷类药物抗病毒的精细机制，该成果 2020 年 5 月发表于国际顶刊《科学》上。

VV116 从启动试验到上市的历程

2021 年 11 月，VV116 获批在国内启动临床试验，并于 2022 年 1 月 23 日完成了一期临床试验，结果表明 VV116 不良事件发生率与安慰剂组相当，这意味着 VV116 具有良好的安全性和耐受性。而在乌兹别克斯坦完成的二期临床试验，比较了 VV116 和当地批准的标准治疗（法匹拉韦）的疗效和安全性。结果证明 VV116 可以显著降低进展为危重型或全因死亡的风险，保护率为 92%。基于此，VV116 于 2021 年 12 月在乌兹别克斯坦获批上市。

在大上海保卫战期间，由瑞金医院院长宁光院士与赵任教授牵头，上海 7 家新冠治疗定点医院共同完成了 VV116 与帕罗韦德“头对头”对比试验。其结果表明，对于有高危因素的轻中度新冠成人患者，在至持续临床康复时间方面，国产新冠药物 VV116 是 4 天，帕罗韦德是 5 天，服用 VV116 恢复更快，且 VV116 的不良事件更少。

诸多专家的共识是，国家在和病毒打一场生死之仗，我们手头有了“弹药”紧急使用，有助于有效应对新冠病毒变异株，守护人民健康。

全力以赴 完成研究

新药研发，极其不易，素有耗时十年、耗资十亿元的说法。VV116 能在三年里顺利破壳出鞘，得到了来自全国医学科研力量的支持。

自 2022 年 10 月起，由浙江大学传染病诊治国家重点实验室主任李兰娟院士牵头的一项多中心、双盲、随机、安慰剂对照的三期临床研究，开始紧锣密鼓地推进。这项研究旨在评价 VV116 在伴或不伴有进展为重症高风险因素的轻中度 COVID-19 患者中的有效性和安全性。李兰娟院士表示，VV116 的上市，能让更多新型冠状病毒感染者得到有效的抗病毒治疗，降低疫情传播风险，并在一定程度上减少重症发生，最大限度保护人民群众生命安全。

另一项由国家传染病医学中心（上海）主任、复旦大学附属华山医院感染科主任张文宏教授领衔的临床试验也正在进行中，主要入组有高风险因素（肥胖、高血压、慢性肺病等）的轻型和普通型新冠患者，研究也将为该药物保护脆弱人群进一步提供全面的数据。张文宏教授表示，“这些研究结果显示，VV116 对新冠肺炎疗效确切，安全性更具优势，对我国感染者也更具可及性。它的上市将在新冠疫情的第二、第三波来袭时发挥作用，为可能向重症转化的风险人群提供了有力武器。”

“正是所有同道全力以赴，我们才能顺利完成这项研究。”宁光院士说，“我们瑞金医院的医者始终相信，我们每一次的成功，哪怕再微小，也是向战胜病毒又跨出一步。科学方法不断进步，科学精神永远不变，即在批判和质疑中追求科学真谛；在实践和实证中获得科学灵感；在定量和定性分析中建立科学方法；在独立和包容中扩展科学内涵；在孤独和献身中坚持科学精神；在欣喜和静谧中享受科学快乐”。

发表时间：2023-01-31

来源：人民日报客户端

华东师大杰出校友蒋华良院士

陈　颖

2022年12月23日，年仅57岁的著名药学家、中国科学院院士蒋华良校友突发急症，医治无效，在上海骤然离世，至暗时刻令各界震动。而至今14天已去，蒋华良院士身边的很多人至今仍无法接受斯人已逝的残酷事实。

哀思长寄，人们敬仰他站在国家战略的高度为人民生命健康攻坚克难的气魄和胆识，怀念他仁德仗义、才华横溢的品格与情怀。在萧瑟冬日，这位杰出科学家校友的离去，带给母校的除了痛失良才的无限悲戚，还有师生们对这位学长慈药济世不朽功绩的深深感佩。

蒋华良校友长期致力于药物科学基础研究和新药发现，始终走在学科前沿。他是我国药物设计学科的开拓者和药物化学学科的引领者之一，也是我国化学生物学学科建设的重要倡导者，为我国这些学科的快速发展作出了不可磨灭的重要贡献。

天资聪颖　勤奋好学

时光回到1987年，22岁的蒋华良从南大化学系本科毕业，在常州化工研究所工作。约一年半后，蒋华良决定要走理论化学的专研之路。

他不断探索兴趣方向，选择攻读华东师大的物理化学专业。已选好专业，备考对于天资聪颖、勤奋好学，且有着扎实数理基础的“少年天才”来说，没有太大难度。

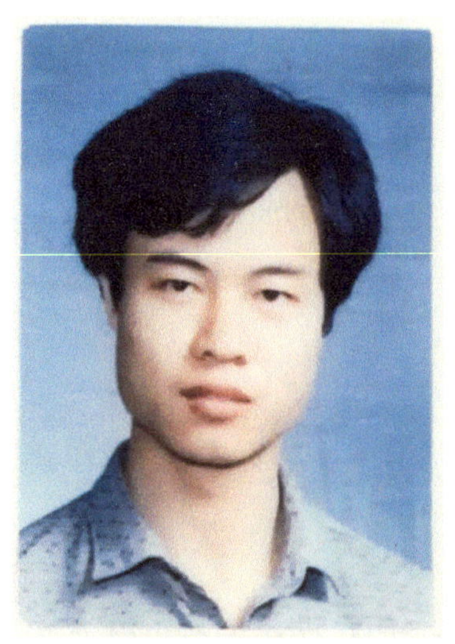

图 1　蒋华良在华东师大的学籍照

1989 年春节大雪纷飞，蒋华良一人闭门在单位宿舍复习。5 月底成绩出来，他以总分第一的成绩进入复试并顺利被华东师大录取。

“总分第一，华良考出了 403.5 分的最高分，他确实是天才型的，我们专业课非常难！”华东师大副校长戴立益到今天还赞叹不已。1989 年 9 月开学，戴立益和蒋华良分在同间宿舍，都成为潘道皑先生的关门弟子。

“华良既擅长理论研究，同时又长于实验，动手能力很强。他多才多艺、乐于助人，有极天才的一面，但也能一头扎进实验室一连好多天，付出超越常人的努力。”戴立益说。

硕士毕业论文以“有机氟化合物化学键性质的量子化学从头计算研究”为题，1992 年获得学校研究生学术成果奖，论文成果发表在《化学学报》。

“当时潘先生鼓励研究生们自己去参加学术会议。”1990 年深秋，蒋华良、戴立益都坐上去济南的火车，参加全国量子化学会议，“那次真是大开眼界，开会的都是专业领域顶尖的传奇人物，像唐敖庆先生和他的八位弟子……”

会后活动，他俩在泰山上，再次遇到了著名药物化学家嵇汝运院士。这一番交谈，燃起了蒋华良新的志向。回校之后，戴立益隐隐感觉到，这位同窗愈发争分夺秒了。

“突然之间有了终身奋斗的目标：将自己所学到的有机化学和理论化学知识用于药物研究。”多年后，蒋华良在《国之所需　吾志所向》一文中这样描述这段泰山上的经历。

仁者乐山。戴立益仍怀念起，读书时一次到南大交流，活动结束天尚早，蒋华良拉着他去梅花山，“那天空山无人水流花开，梅花山的静美，相信华良也一定不会忘记”。

才华横溢 拼命三郎

扎进实验室，不出成果不罢休。这种拼劲一直伴随着蒋华良离开母校后三十余载的科研生涯。

“上世纪九十年代早期，我们相识，他常常临时睡在实验室……头上的毛发卷曲着像鸡窝，这就是学问和实践所在。”华东师大校长钱旭红院士对读博时的蒋华良有深刻印象。

在上海药物所，蒋华良师从化学合成泰斗嵇汝运院士和陈凯先院士。“我们分处两个实验室，有不少合作，化学合成的分子由我们进行药理学鉴定，通过药理学的数据反馈，再由华良他们进行量子化学计算和结构优化。”邹灵龙说。邹灵龙和蒋华良在华东师大同届硕士毕业，两人又成为上海药物所1992级博士同班同学。

12 月 24 日凌晨，远在海外的邹灵龙从微信同学群得知噩耗。这些毕业后天各一方的同学们，近年来也经常看到已担任所长的华良同学在“朵朵花开淡墨香”的个人微信公众号发表的诗文书法、美食心得，还有他清唱的越剧等，见识了工作之外的老同学，也让同学之间的联系更加紧密。“华良同学离开了……”同学群一片扼腕痛惜。

邹灵龙硕士就读于华东师大生物系专业，和蒋华良相识于母校的“搏击训练班”。相隔多年，在他的记忆中，才华横溢、兴趣广泛的蒋华良还是“强身健体去拼一番事业”的少年模样，“此消息恍如晴天霹雳，让人错愕”。

与邹灵龙毕业后赴美深造不同，1995 年，博士毕业的蒋华良在出国留学还是留所工作的两难选择中，选择了后者，并开始了以实验室为家，通宵达旦拼命工作的日子。他博士毕业两年后获得国家杰出青年科学基金资助，这在当时和现在都是不可想象的奇迹。

从 2001 年起，蒋华良分别担任 863 计划、973 计划、国家自然科学基金委员会重大研究计划等科学计划的专家组成员，参与多种生命医药国家战略规划的研究和制定，深刻地体会到国家生物医药的落后，立志要为生命医药发展作出应有的贡献。

瞄准“出新药”的战略目标，他推动团队协同、学科交叉和体制创新，通过化学、生物学、数理科学、计算机和信息科学等多学科的交叉，在我国率先建立了一批功能先进的理论计算技术和药物设计平台，发展了多项药物发现研究新技术与新方法；他深入开展药物靶标调控机制、先导化合物发现和优化等研究，作为主要发明人之一发现的多个抗阿尔茨海默病、抗新冠、抗肺动脉高压、抗前列腺增生、抗糖尿病和降血脂等候选药物已进入临床试验的不同阶段。

当人工智能辅助创新药研发的技术革命到来之时，他又大力倡导、推动并积极投身基于大数据和人工智能的新药研究，是我国人工智能药物设计领域的先驱者和该学科方向的建设者。

他始终将“国之所需，吾志所向”的家国情怀矗立于心。

在抗 SARS 期间，他带领团队全面投入到药物研发科研项目攻关中，被评为“全国防治非典型肺炎优秀科技工作者”。在新冠疫情暴发伊始，他牵头组建了抗疫联合攻关团队，全力开展抗新型冠状病毒药物研发，悄悄留下遗书，先后两次逆行武汉抗疫一线。

他带领团队发现了一批抗新冠病毒的活性分子和中成药，是我国抗新冠病毒 1 类候选新药 VV116、SSD8432 和 FB2001 等的主要发明人之一。

“华良院士专业精深、兴趣广博和为人坦诚，尽管是硕士同届同学，我们还是几年前因对接国家脑计划等科研工作，才熟识起来。新冠疫情以来，华良院士更忙了，几次见面都匆匆而过。”华东师大校党委书记梅兵回忆道，他满怀责任与使命感，去年 9 月的一天，华良院士约梅兵书记和钱旭红校长下班后等他一等，那晚他畅谈新药创制人才队伍建设和人才培养的想法。之后，蒋华良院士给梅兵书记发来他写的党史学习文章《蝶恋花——诗词中蕴含的血雨腥风和艰难困苦》，并接受邀约，择时来母校给大学生们讲一讲，“未曾想，约未践、人已逝！华良千古！”

“华夏脊梁振兴科学慈药济世慧极而伤 哭我界痛失昆仑，良才肝胆诲育后辈至诚待人情深不寿 盼他世永传风范”，这是陈国强院士和钱旭红院士等共同撰写的挽联。

“他走得那么突然，所有人都无所准备；他走得那么坦然，似乎一切都有所准备……”钱旭红院士深夜写下悼文泣别这位多年来相知相助的亲密挚友。

责任担当 无私奉献

这几天，蒋华良的学生、华东师大人工智能新药创智中心主任李洪林教授，悲痛之余还在抓紧研读老师留在临港实验室的课题设计和工作日志。

“我用最快速度把老师的实验室建设思路、布局框架整理出来，已经基本完成。”李洪林的担当和决断力，源于20年来师生间的交流默契。

“蒋老师始终站在科学最前沿，他对科学的热爱最让我感动。”李洪林自2008年离开上海药物所至今，所获成绩卓著，已独立搭建起多个新药研究实验室和科研团队，其中包括华东师大人工智能新药创智中心。

十多年来，李洪林虽不在导师身边工作，但老师指导、学术交流、科研进展分享和无私支持没有间断，这种教学相长的关系，蒋华良曾笑称是“高徒出名师”。蒋老师希望学生们要有“狼性”，就是要独立，要积极向上、勇于担当，“到外面及各领域交叉合作，开疆拓土”。

作为华东师大人工智能新药创智中心的创建者，李洪林谈到中心的建设思路时果敢而坚定，和蒋老师的风范一脉相承：“华东师大在计算机、软件、化学、生命科学领域学科门类齐全、基础扎实，加之去年成功申请药学一级学科博士点和生物与医药工程博士点，药学必将有大发展。”其中倾注了蒋华良校友对母校学科建设的心血。

积极谋划顶层设计，全力推动药学和医学领域的布局和新突破，是近年来蒋华良校友对母校转型发展的重要支持之一。他受聘为华东师大医学与健康研究院专家咨询委员会委员，坦诚直率，担当学校发展的好参谋。

另一位弟子、华东师大生命科学学院教授阳怀宇，跟随蒋老师多年，老师主持学科发展的成功案例历历在目。很多人以为蒋老师很严厉，在阳怀宇看来，导师一直在默默支持学生们自由探索，基于新的研究方向搭建实验室和自主组织团队，他了解每一位学生的特点。

“蒋老师往往把学科发展和人的发展统一得非常好。他尽力帮助青年人才发展，青年人一旦崭露头角，就自然能建立起一个个新优势学科。”

图 2　连续五年寄语历届研究生毕业生

在担任上海药物所所长期间，蒋华良院士曾连续五年分别以“爱”“情”“缘”“志”“信”为主题寄语历届研究生毕业生，赠予学子共勉。已留所工作的阳怀宇也铭记在心，“他说最想送给大家的是爱。他给我们的就是无私的爱，一直照耀着我们前进”。

蒋华良在提携青年人才上真正体现了“大爱”，并不局限于帮自己的学生，也不局限于帮助某些特定单位，他考虑的都是国家利益和科学进步。

2016年，当阳怀宇离开上海药物所调至华东师大工作时，蒋华良很支持他“出去闯”，反复叮嘱的两点：到了大学一是要做挑战大的研究工作；二是要把教学看重。

卓越育人 传承发展

蒋华良校友曾说：“为祖国未来撒播科技人才的火种，和做好科研同样重要。”今天我们共同缅怀，除了感念蒋华良校友对母校发展的支持帮助，还要从他的传奇的人生经历中思考，如何能培养出更多像蒋华良校友这样的领军型卓越英才。

“卓越育人、卓越治理其中很重要的一点，就是如何培养这样的奇才、天才，并使用好、保护好，这是民族和文明的财富、国家立于不败之地的竞争力。”钱旭红校长说：“学校要培养和汇聚天才、全才、专才、偏才、怪才、鬼才等各式各样、不可替代的人。”

“实现科技自立自强，我们需要更多这样的奇才。”华东师大校长助理、人才发展战略研究院院长吴瑞君说，“关键是识别优秀人才的理念要多元化，标准要按实践导向。”在这一点上，吴瑞君认为，中国古代的“奇才之道”值得借鉴，即“山不厌高，水不厌深”的天才管理思想、“求之于势，不责于人”的偏才管理思想和“脱颖而出”的怪才管理思想。

近年来，华东师大正致力于建设成为新人才、新科技、新学术的策源地，以学生“自由而全面的发展”为目标，确立卓越育人新范式；以加强“战略导向、学科交叉、团队协同、冷门绝学”研究为重点，打造科学技术和文化传承创新的蝶变之地。通过探索卓越学术融合卓越育人的有效路径，促进科研的教育性与教学的学术性的有机融合，推动重大研究成果直接转化为育人资源和专业教学内容，构建师生共进的学术共同体、育人共同体。

蒋华良校友的人生经历和治学轨迹可以看做是学校追求卓越之路上的明灯，这或许才是最好的怀念与传承。

发表日期：2023-01-07
来源：华东师大

一位有趣的科学家，VV116 是他留下的最后礼物

邹佳雯

“你印象中的蒋华良是什么样的？”

话筒递到沈敬山手中，10 秒钟，他没有出声。席上众人向那异样的沉默看去，发现沈敬山虽极力克制，但已是泣不成声。

小雨淅沥，是缅怀故人的时节。2022 年 12 月 23 日 15 点 54 分，著名药学家、中国科学院院士、民盟盟员、上海药物所原所长、研究员蒋华良因病医治无效逝世，终年 57 岁。

2023 年 2 月 9 日，在蒋华良逝世的“七七”，一场“蒋华良校友追思会暨个人档案捐赠仪式”在华东师大校友之家举行。蒋华良的一众亲友、同事等围坐一屋，一起讲述他们记忆中的蒋华良；一些蒋华良的墨宝等，也在现场被其家人慷慨捐出。

在室友兼多年老友戴立益看来，蒋华良是一个真实、丰富而又不一般的人，科研、烧菜、书法，样样专研；在学生兼同事许叶春看来，他极具家国情怀，在 2003 年 SARS 和 2020 年新冠疫情中，都二话不说冲上了一线；在学生李洪林眼里，蒋华良是朋友、严父、后盾、榜样、大男孩；对夫人徐岭，蒋华良则每隔十年郑重其事为其写下贺岁书法作品，“结发为夫妻，恩爱两不

疑”……在众人的描述中，逝去的蒋华良变得清晰而具体。

逝世当日上午仍在参会

蒋华良不幸辞世的消息一出，四座皆惊。这样正当年的突出的科学家英年早逝，令人扼腕。

蒋华良，1965 年 1 月出生于江苏常州，1987 年毕业于南大化学系，1992 年获华东师大理学硕士学位，1995 年从上海药物所博士毕业后留所工作。1997 年获得国家杰出青年科学基金资助，2004 年担任华理药学院首任院长，2013～2019 年担任上海药物所所长。2017 年当选中国科学院院士。

图 1　年轻时期的蒋华良

蒋华良主要从事药物科学基础研究和新药发现，曾获得国家自然科学奖二等奖、何梁何利科技进步奖等奖项。他系统发展了药物作用的靶标发现和药物设计理论计算的新方法，被国际同行高度重视和应用，推动我国该领域研究水平进入国际前沿；同时发展了能预测化合物药效的理论计算方法，解决了药物设计领域的重大难题，并针对多种重要靶标，发现了数十个新结构类型的先导化合物。

而据业内人士透露，在蒋华良去世当天上午，他还参加了两个小时的 VV116 药物研讨会。2023 年 1 月 29 日，经国家药监局应急审评审批，1 类创新药 VV116 附条件获批上市，用于治疗轻中度新型冠状病毒感染的成年患者，这是我国自主研发的靶向新冠病毒 RNA 依赖的 RNA 聚合酶（RdRp）的抗新冠病毒口服药物。在 VV116 研发落地的这几年中，蒋华良协调、研究，付出良多。这款上市新药，也被认为是蒋华良留给世界的最后一份“礼物”。

同为药物研发而攻坚克难，沈敬山现为上海药物所研究员，亦即蒋华良的同事，“这段时间，我极力不去想华良，但今天，我十分想他”。发言时，沈敬山语速很慢，“其实我后来想过，如果他那天上午没开那个会，事情会变得不一样吗？”

现场，沈敬山念了一首他模仿写就的作品《长相思 · 讯来诉与君》。

长相思 · 讯来诉与君

雨风淫，岁还春。春进千家送疫瘟，共期万木新。
望晴云，恨悠深。难忍追昔泪满襟，讯来诉与君。

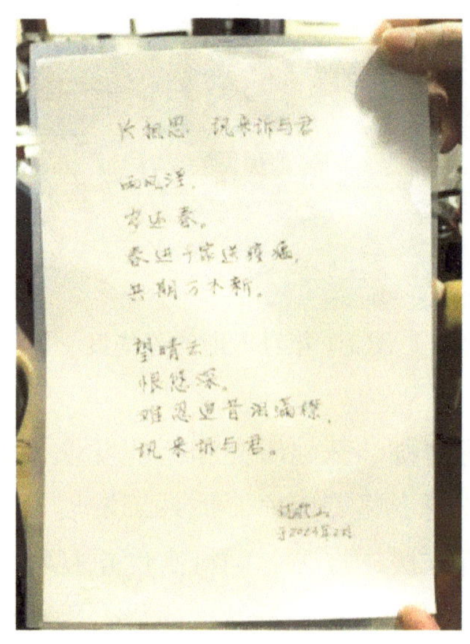
长相思 · 讯来诉与君
雨风淫，
岁还春。
春进千家送疫瘟，
共期万木新。
望晴云，
恨悠深。
难忍追昔泪满襟，
讯来诉与君。

图 2　沈敬山写给蒋华良的诗作

天才型的学生，又有超越常人的努力

“那时考研 500 分满分，一般能考到 360、370 分已经很不得了了，但华良居然考出了 403.5 分的最高分，几乎全校最高。”华东师大副校长戴立益，与蒋华良恰是昔日的同窗好友，“他确实是天才型的。”

“华良既擅长理论研究，同时又长于实验，动手能力很强。他有极天才的一面，但也能付出超越常人的努力。”戴立益记得，那时候蒋华良会带上一些方便面、面包、淡馒头等，一头扎进实验室一连好多天。

研究生期间，戴立益和蒋华良一同去参加了全国量子化学会议，遇见了诸多专业领域顶尖的传奇人物，像唐敖庆先生和他的八位弟子；后来，他们又在爬泰山的时候遇到了著名药物化学家嵇汝运院士。“突然之间有了终身奋斗的目标：将自己所学到的有机化学和理论化学知识用于药物研究。”多年后，蒋华良在《国之所需　吾志所向》一文中这样描述这段泰山上的经历。

蒋华良的学生许叶春和同事段文虎，不约而同地聊到了蒋华良的这种家国担当，“1993 年到药物所认识他，科研上，他非常有担当，从‘非典’到禽流感等，都是当夜组成研究小组，他来分配我们连夜分工推进。在国家有需求的时候，他说要第一时间冲上去”。

在抗击 SARS 期间，蒋华良带领团队全面投入到药物研发科研项目攻关中，被评为“全国防治非典型肺炎优秀科技工作者”。在新冠疫情暴发伊始，他牵头组建了抗疫联合攻关团队，全力开展抗新型冠状病毒药物研发，悄悄留下遗书，先后两次逆行武汉抗疫一线。

蒋华良带领团队发现了一批抗新冠病毒的活性分子和中成药，是我国抗新冠病毒 1 类候选新药 VV116、SSD8432 和 FB2001 等的主要发明人之一。

“爱”“情”“缘”“志”“信”，连续五年的毕业寄语

华东师大介绍，积极谋划顶层设计，全力推动药学和医学领域的布局和新突破，是近年来蒋华良对华东师大转型发展的重要支持之一。他受聘为华东师大医学与健康研究院专家咨询委员会委员，担当学校发展的

好参谋。

华东师大生命科学学院教授阳怀宇，跟随蒋华良多年，蒋华良主持学科发展的成功案例历历在目。很多人以为蒋华良很严厉，在阳怀宇看来，导师一直在默默支持学生们自由探索，基于新的研究方向搭建实验室和自主组织团队，他了解每一位学生的特点。

“蒋老师往往把学科发展和人的发展统一得非常好。他尽力帮助青年人才发展，青年人一旦崭露头角，就自然能建立起一个个新优势学科。”阳怀宇说。

在担任上海药物所所长期间，蒋华良院士曾连续五年分别以“爱”“情”“缘”“志”“信”为主题寄语历届研究生毕业生，五年的发言主题连在一起，即“谈情说爱话缘言志讲信”。已留所工作的阳怀宇也铭记在心，“他说最想送给大家的是爱。他给我们的就是无私的爱，一直照耀着我们前进”。

做菜、唱歌、书法……——一位有趣的科学家

席间，不少人谈到了蒋华良身上的生活气和有趣——在很多人的刻板印象中，这似乎与科研人员形象有悖。

“从个人来说，他的去世，让我失去一个有趣的朋友。在单位他会骂人，但不会记仇，他很率真，但生活上的乐趣很多。”上海药物所研究员段文虎说，“但他的志向是在骨子里的。有一次我们吹牛，幻想如果中一张大彩票怎么办，有人说去晒太阳，华良说，那他就不去申请基金，躺在床上就可以做科研了。”

华东师大校长钱旭红记得，2004 年 12 月 31 日，他与蒋华良在三亚的一处酒店落脚，等待第二天的学术研讨会。不料在那个跨年夜，蒋华良竟在酒店大厅跟着演出人员跳起舞来，更妙的是，当晚和第二日在他的带领下，现场围观的上百人一起融入了舞蹈，“1 月 1 日开会时，投上屏幕的照片就是华良带着大家跳舞”，钱旭红忍不住笑了。

现场更多人也分享了这位院士更多的“宝藏”面一想过要写本扬州园

林的书，做得一手好菜，尤其是狮子头、红烧肉这些，对诗词歌赋有研究，写得一手好字，会唱越剧，还会在聚餐的时候表演近段时间学来的新歌。

蒋华良曾写过一篇名为《红烧肉中的美拉德反应》的科普文章。他在文中介绍："做红烧肉时通常要加白糖和料酒（黄酒），一般认为氨基酸与乙醇发生酯化反应，生成氨基酸乙酯，这一反应显示了料酒去腥的作用，红烧肉的香味主要也是氨基酸乙酯的功劳。"他还向读者介绍了一种不用酱油，而用糖饴（焦糖）上色红烧肉的做法。

图3　徐岭将蒋华良书法作品捐赠给华东师大

来自华东师大档案馆的李炜菁向记者介绍，为了更好缅怀和感念蒋华良，华东师大也于日前发起了征集蒋华良校友档案和实物的活动，获得了家属和他的学生等的全力支持，并将部分展品向师生展出。当日，蒋华良夫人徐岭将一幅蒋华良书写的《惠风和畅》和一卷《道德经》书法作品，捐赠给了华东师大。徐岭还提出，后期准备整理先生的词、散文、书法，想委托华东师大出版。

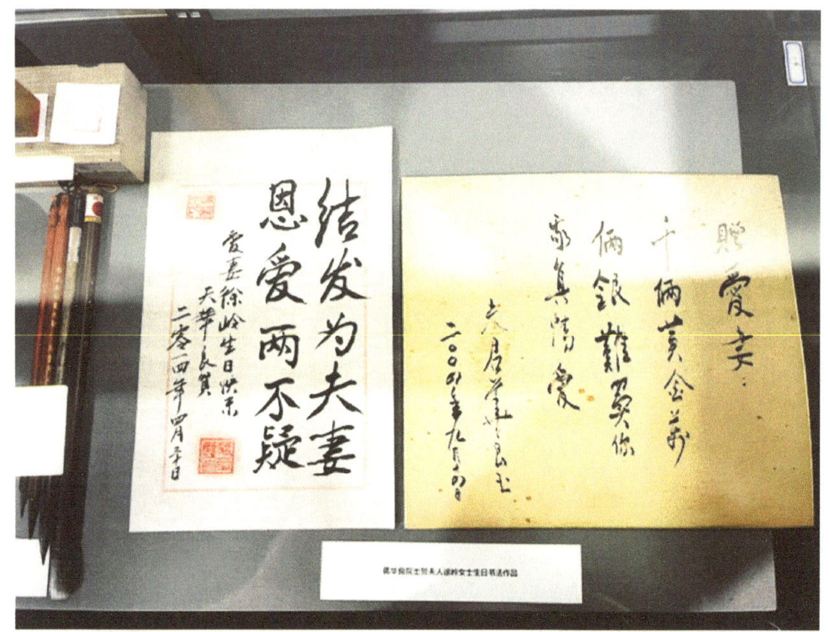

图 4　蒋华良贺夫人徐岭生日书法作品

“这场活动不仅是追思会，我想也是卓越科学家培养研讨会。”仪式的最后，钱旭红谈到，当下很多人只了解自己一个小专业的一小部分，而蒋华良有很好的数学、物理、化学的全面的基础，这对大家理解未来什么是突出科学家有帮助；此外，蒋华良是多方面发展的，在散文、诗歌、书法等方面都很有造诣，别样的思维方式烘托了他，这也有助于大家思考如何培养有创造力的科学家。

“我们要呵护培养更多的卓越科学家，倡导科学家精神，为他们提供更好的舞台，蒋华良校友没有完成的使命，我们一代代人一起去完成。”钱旭红说。

发表日期：2023-02-10
来源：澎湃新闻

病故 49 天，他牵头研发的“民得维”救了严重感染新冠院士

徐瑞哲

这个冬天，一位牵头研发国产新冠肺炎治疗药物的著名药学家，于 12 月 23 日因病医治无效，结束了他 57 岁的人生。他，就是上海药物所原所长蒋华良院士。

今天（2 月 9 日），蒋华良病故 49 天。通过他和合作者共同创新攻关，一瓶新获国家药监局批准上市的 36 片装“民得维”，出现在华东师大“校友之家”的陈列柜中，药瓶的前面正是他获颁的“全国抗击新冠肺炎疫情先进个人”奖章等功勋。而身边人，曾很多次听他讲起“已经很久没有见到我女儿了”。

良药已出，斯人不再。身为团队核心、同事好友，上海药物所研究员沈敬山忆起这三年自主研发抗新冠候选药物，几度哽咽，饱含热泪，才念完他为蒋华良新作的诗词《长相思·讯来诉与君》。坐在蒋华良妻女徐岭、蒋雨惜身边，沈敬山道：“雨风淫，岁还春。春进千家送疫瘟，共期万木新。望晴云，恨悠深。难忍追昔泪满襟，讯来诉与君。”

“我在一个多月前，华良骤然离世噩耗的打击下，染疫高烧 39 到 40 摄氏度三天，试验了所有的药，均不见效”，华东师大校长钱旭红不由想起当时试

用了蒋华良等发明的新药，仅仅服用三顿，效果明显，迅速恢复正常。“感谢华良和他的同事们！我相信这是华良在苍天之灵为我送来了救命之丹。”钱旭红院士动情追思。

作为同届入校和毕业的老同学，华东师大副校长戴立益至今清楚记得，蒋华良 1989 年 9 月考入华东师大物理化学专业的总分第一成绩：403.5 分。那 3 年他攻读硕士，是潘道皑先生的关门弟子，硕士毕业论文获得学校研究生学术成果奖。“他带着馒头和泡面进实验室，一进就好几天不出来……”

戴立益教授还记得，蒋华良身体很好，读研期间一起爬泰山，别人到半山腰时，他已快到山顶。在师友眼中，“他是一个真实、丰富、不一般的人”。解放日报 · 上观新闻记者了解到，后来，蒋华良在上海药物所师从药学泰斗嵇汝运院士及陈凯先院士，博士毕业两年后就获得国家杰出青年科学基金项目的资助，这被同行认为在当时和现在都是不可想象的奇迹。

不过，人们未必知道，从评弹越剧到美食烹调，蒋华良多才多艺，尤其诗书俱佳。钱旭红想起 2021 年时蒋华良用他那优美的书法手写了母校所核的《道德经》，并赠送给自己。“他还谦虚地和我说，这次匆忙，写得尚不够满意，等到有空时，将再次认认真真地重写一遍”，当时也正默默筹备写一本有关老子之书的钱旭红叹道：“未曾想，这已永远不可能！”

好在学校发起征集蒋华良校友档案资料活动，得到了蒋夫人和女儿以及他生前好友的全力支持。当日，她们在校友之家捐赠蒋华良未完成的《道德经》长卷书法册页，以及一幅他一年前所写的书法作品《惠风和畅》等一批档案和实物。同时，其诗词散文也委托华东师大整理出版。

“清清白白做人，认认真真做事，踏踏实实做学问”是蒋华良的座右铭，他特别喜欢的两句话则是“忠言逆耳、良药苦口”。在担任上海药物所所长期间，蒋华良曾连续 5 年分别以“爱”“情”“缘”“志”“信”为主题寄语历届研究生毕业生，赠予学子共勉。他说：“为祖国未来撒播科技人才的火种，和做好科研同样重要。”

钱旭红同样依然不忘，2022 年中，蒋华良来访华东师大，还曾和他约定，退休后将回到母校继续工作，并一起去他江苏武进的家乡看风花雪月、世外桃源。钱旭红直言：“这一切已经成为无法实现的遗憾，好在迟早我们会在另一世界相见。”

令人欣慰的是，蒋华良不仅是我国抗新冠病毒 1 类候选新药民得维等的主要发明人之一，其作为主要发明人之一发现的多个抗阿尔茨海默病、抗肺动脉高压、抗前列腺增生、抗糖尿病和降血脂等候选药物，已进入临床试验不同阶段。“为众人抱薪者，不可使其冻逝于风雪；为世界辟路者，不可使其困顿于荆棘。”钱旭红期望对蒋华良一生的研究挖掘，成为对这位校友最好的怀念与传承。

发表日期：2023-02-09

来源：上观新闻

沉痛悼念并深切缅怀药学院首任院长蒋华良院士

华东理工大学药学院

著名药学家、中国科学院院士、民盟盟员、华理药学院首任院长、上海药物所原所长、研究员蒋华良先生因病医治无效，于 2022 年 12 月 23 日 15 点 54 分在上海逝世，终年 57 岁。

蒋华良先生治学严谨、学识渊博、肩负重任、攻艰克难，把全部精力奉献于药物科学基础研究和新药发现，积极推动中国药物科学发展。他一生潜心科学、求实创新、奖掖后学，为创新药物研发和药学事业发展作出了不可磨灭的杰出贡献。作为药学院首任院长，他带领全院师生风雨兼程，开拓进取，为药学院的建立与发展作出了不可磨灭的历史性贡献!

学院缔造者

2004 年 9 月，华理成立药学院，上海药物所副所长、973 计划项目首席科学家蒋华良教授应邀担任首任院长。

先生高屋建瓴，全球视野，顶层设计，亲自确定院训为“良药苦口、忠言逆耳”，并手书在院训墙上，以此激励学院全体师生奋发向上。2005 年初，先生带领学院骨干制定了学院2005～2007年三年行动纲要，为学院发展打下坚实基础。先生组建了一支高水平的以老带新的人才梯队，以药物设计引领药物研发全过程，并积极推进药学学科平台建设。短短四年，学院药学学科在2008年的教育部第二轮评估中，位列全国第十。在先生的言传身教、悉心栽培下，建院之初的一批年轻学者，有的已经成长为我国药物研发领域的杰出人才和生力军。

在先生的领导下，学院学科建设发展迅速。2005年获批设立药学本科专业，2006年获批药学一级学科硕士学位授予权，同时获得药物化学二级学科博士学位授予权，2009年获批设立药学一级学科博士后科研流动站，2011年获批药学一级学科博士点，短短几年快速建立了从本科专业到博士后科研流动站的药学完整学科链。2006年，先生牵头组织申报了高等学校学科创新引智计划（即111计划），亲自到北京答辩，该计划顺利获批，由此建立了我校第一个创新引智基地；2007年，先生组织国外专家来校，召开了项目启动研讨会，2011年又亲自到北京参加验收答辩，为引智基地的顺利建设倾尽全力。2011年，学院获批上海市新药设计重点实验室，先生兼任重点实验室首任主任，重点实验室于2013年10月通过专家验收，并在评估中取得了优良的成绩。先生虽于2015年4月重点实验室学术委员会一届三次会议上卸任主任一职，但仍一直关注着重点实验室的建设。

率先垂范者

多年来，先生为学校培养了大批的研究生。2005年1月，根据先生的再三要求，学校同意以他全部院长津贴设立“蒋华良奖学金”，旨在鼓励学生树立优良学风，立志献身药学事业，助力学生早日实现成才梦、华理梦和报国梦，真正做到了传道、授业、解惑。每次颁奖，他都亲自到场，并亲切地与同学们交流座谈，勉励同学们好好学习，勇攀科研高峰。问起为什么不取酬，先生说：“国家培养我们不容易，要知恩图报。”

先生的眼中只有事业和学生，他瞄准的是药学院的发展，他更想为中国医药事业的发展作出贡献。他说：“大学生、研究生是国家的栋梁之材，是国家发展希望之所在，国家培养一个大学生、培养一个研究生非常不容易，希望这个奖学金的设立可以帮助和鼓励立志为我们国家的富强而努力拼搏的学生们。”

生涯领航者

先生曾亲笔题写了药学院的院训——“良药苦口、忠言逆耳”。他对学生解释说：“药”是药学院的映射，而这“苦”字不仅仅是在说药的口感，还想要大家知道药物研发的困难与艰辛。每一种药的开发，往往需要十几甚至几十年，其中每一步都可能存在着失败风险。不仅仅是在新药的研制过程，在治学与科研，甚至人生的道路上亦是如此。同时，先生还将“苦”引申为“苦学”，他说人一生苦点、累点不要紧，关键是要有志气，做任何事情都要吃苦，能从中获得乐趣才是真正的快乐。

如今，华理药学院已逐渐发展壮大。人才培养质量稳步提升，药学与制药工程本科专业进入首批国家一流专业建设行列，生物医药工科试验班已招收三届学生，研究生教育规模、质量进一步提高。师资队伍建设成效显著，引育结合激发教师活力。学科实力和影响力不断增强，其中农药学为上海市重点学科，药学为上海高校一流学科（B类）。科研实力和社会服务水平快速增长，承担重大科研任务能力与成果转化社会服务能力显著提高；国际交流与合作稳步推进……这一切，都离不开先生的无私奉献与倾力支持！

春华秋实，种得桃李满天下；良师益友，心唯大我育英才。我们沉痛悼念并深切缅怀药学院首任院长蒋华良先生，学院全体师生将化悲痛为力量，继承先生的遗志，积极进取、敢为人先，造精品专业，办名牌学院，创品质良药，为学校和社会的发展贡献力量。

蒋华良先生，一路走好！

您永远活在我们心中！

发表时间：2022-12-24

来源：微信公众号“谈百草”

潜心科学、求实创新，发乎于心、炽燃于胸（节选）

周圣斌　李芳菲

您悄悄地走了
如您悄悄地来了
唯有您的丝丝温暖
留在这个寒冷的冬夜
萦绕进师生朋友的回忆

12 月 23 日，注定是一个不眠之夜。我们敬爱的蒋华良老师与世长辞，永远地离开了我们。学院师生为之震惊、悲恸、哀伤……我们难以置信他就此离开，前两天他还在鼓励学院师生继续努力，那谆谆教导一直萦绕耳边，久久未能散去。

在科研上：潜心科学、求实创新、奖掖后学

蒋华良先生治学严谨、学识渊博、肩负重任、攻艰克难，把全部精力奉献于药物科学基础研究和新药发现，积极推动中国药物科学发展。他一生潜

心科学、求实创新、奖掖后学，为创新药物研发和药学事业发展作出了不可磨灭的杰出贡献。

蒋华良老师长期致力药学基础研究和新药研发，他通过生物学、化学和计算科学等多学科的交叉，开展原创药物研究新策略与新方法、先导化合物发现和优化、药物靶标调控机制等研究。他发展了一系列靶标发现和药物设计新方法，被国际同行高度重视和应用，推动我国该领域研究水平进入国际前沿。他发展了能预测化合物药效的理论计算方法，并解决了药物设计领域的重大难题。他针对多种重要靶标发现了数十个新结构类型的先导化合物，其中一个抗勃起功能障碍候选药物已进入临床。

蒋老师还是一位优秀的战略科学家，长期参与 863 计划、973 计划，是国家自然科学基金委员会重大研究计划专家组成员，曾承担科技部、国家自然科学基金委员会和中国科学院多项战略研究任务，相关成果被纳入国家中长期发展规划、国家自然科学基金委员会重大研究计划和中国科学院“创新 2020”计划等。试验中的五个抗 2 型糖尿病等疾病的候选新药正处于临床前研究。

在教学上：拳拳真心，发乎于心，炽燃于胸

国科大杭州高等研究院药学院（简称杭高院药学院）筹建于 2019 年，蒋院士作为杭高院药学院院长筚路蓝缕为药学院的发展谋划布局，殚精竭虑引领药学院快速蓬勃成长。三年来，蒋院士对杭高院药学院的发展和建设倾注了无数心血。蒋老师每年研究生毕业典礼都会用一个字做主题，连在一起便是“谈情说爱话缘言志讲信”。蒋老师对科学事业的执着追求精神、创新为民的家国情怀、无私奉献的科学精神，已经成为我们药学院全体师生投身世界科技强国建设的宝贵财富，是我们院广大科研人员和师生的榜样。

我们是何其有幸，能在蒋老师的带领下科研创新；我们又是何其不幸，这么早就失去了蒋老师。蒋老师捧着一颗心来，不带一棵草去，拼尽岁月繁华，书香纸墨年华，几十载青春白发，润物无声，药学院必将传承下去！先生风骨，万古长青！您的精神风范永远激励药学院全体师生继续奋斗！

今天，蒋老师的离去留给了我们所有人无限的感念，天堂路远，请带上我们的哀思上路。如果有来生，我们希望您健健康康，平平安安；如果有来生，我们希望药学院还在您的带领下发扬光大。蒋老师，您一路走好！

发表时间：2022-12-25

来源：国科大杭州高等研究院药学院

怀念杰出校友蒋华良院士（节选）

陈雯宇

2022 年 12 月 23 日，著名药学家、中国科学院院士、省武高 1983 届杰出校友蒋华良突发急症，医治无效，在上海骤然离世，享年 57 岁。噩耗传来，师生震惊。时至今日，已有 21 天，许多昔日师友依然沉浸在哀痛之中；许多师生谈及蒋院士的逝去依旧恍然，不敢置信。

蒋华良院士是省武高永远的骄傲，他与母校之间深厚的情谊也感人至深。

斯人已逝，可有些情境历历在目，有些话语铭刻肺腑。

少年学霸：勤奋执着

几乎在所有的老师眼中，高中时代的蒋院士就是个地地道道的学霸。生活上艰苦朴素、兴趣广泛；在同学中有影响力、号召力；学习上勤奋、执着，“做一行、爱一行、钻一行”。他高一时的数学老师薛凤秀说：“有时一道数学题老师讲解一两种方法就过去了，他却会把前后知识联系起来，拿出七八种做法来问老师，老师被他问完问题常常都是一身汗。”1983 年，他以优异的成绩被保送南大。

走出校园：情系武高

对于母校省武高，蒋华良院士有着深厚的感情。

2001 年底，学校举行 55 周年庆，当时他正在以色列魏茨曼科学研究所（Weizmann Institute of Science）做访问教授，未能到学校参加校庆，但他回忆高中的点滴，写成《母校往事》，刊登在了 2001 年 12 月 28 日的《武进日报》上。

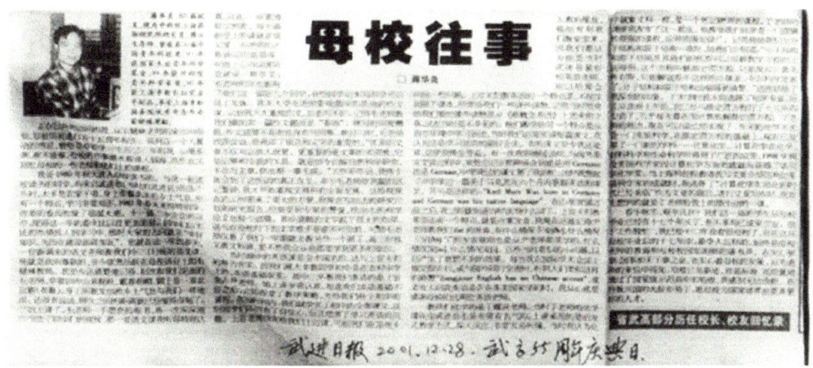

母校往事

□ 蒋华良

省武高部分历任校长、校友回忆录

武进日报 2001.12.28. 武高55周年庆典日

图 1　蒋华良撰写文章《母校往事》

2006 年，就在建校 60 周年之际，他带着陈凯先、嵇汝运、裴钢等院士再次回到母校。这次，他泼墨挥毫写下了“爱我母校”四个大字。这一年，他又积极筹划，召集近 500 名在上海工作的校友，在上海药物所召开了省武高上海校友会成立大会。

2016 年，学校举行 70 周年校庆，他再回母校，并代表校友发言。

图 2　蒋华良发言

当选院士：感恩谦和

2017 年 11 月 28 日，蒋华良当选中国科学院院士，消息传回母校，全校沸腾。11 月 29 日上午 9 点 30 分，蒋华良院士当年的班主任沈烈毅等省武高退休老教师齐聚学校，畅谈蒋华良院士及 1983 届校友的高中往事。面对来自母校和往日老师的祝贺，他满怀感谢感恩。

面对媒体的采访，他深情写道："在我的简历上永远写着'江苏常州武进人'，我永远不忘家乡人民对我的养育之恩，永远不忘母校武进高级中学对我的教育之恩。"

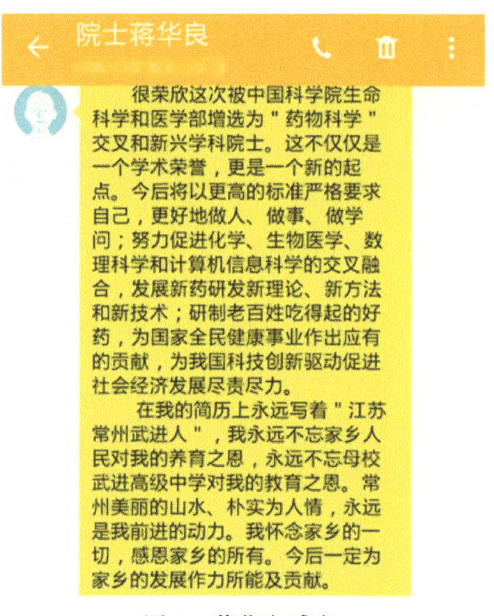

图 3　蒋华良感言

2019 年 5 月，学校部分优秀学生来到上海药物所研学。作为东道主的蒋院士忙前忙后，接待师生、开设讲座。

2019 年 9 月 30 日，蒋华良院士再次回到母校。他与 200 多位学生代表面对面，以学长的身份为同学们答疑解惑，告诉同学们要相信自己、相信省武高，夯实基础，修养品德，树立远大理想，立志奉献社会。

这一天，昔日的老师们也受邀前来。回到母校校园，面对昔日师长，身为科学家、中国科学院院士的他又成了“学生”。他与老师们畅谈往事、合影留念，他俯身聆听昔日老师的“教诲”；他拿起手机，记录着母校的点点滴滴。

2019年9月30日，
时间定格在这充满欢声笑语的一天。
谁也不相信，
这一次
是他最后一次回到母校——省武高！
2023年
是蒋华良院士从省武高毕业的第40年。
原本，
同学们相约再回新武高走走看看。
可是……

发表日期：2023-01-13
来源：江苏省武进高级中学

种下“振兴树” 发展正当时

杨卫星 唐先彬

在怀化市芷江沙湾村乐甜甜茶基地，漫山遍野的甜茶树，或高或低，或疏或密，清风徐徐，裹着阵阵甜茶香扑鼻而来。近些年芷江政企通力协作，大力推广“公司+基地+农户”模式，芷江甜茶逐步成为县域主导特色农业产业，真正成为周边民众发家致富的“振兴树”，却鲜少有人知道，为芷江人民种下“振兴树”的蒋华良院士。

图 1 甜茶公园

2022 年 12 月 23 日，上海药物所原所长蒋华良院士因病医治无效，于上海逝世，终年 57 岁。为纪念蒋华良院士为人类药物界、为芷江甜茶的科研发展作出的卓越贡献，特发表此文以表缅怀和敬意。

相识于山野间，蜕变于微末时

2008 年 5 月的一天，蒋华良院士带着他的研究团队来到芷江。彼时的芷江甜茶集民间偏方、糖、茶于一体，是侗族百姓必不可少的治病良药，也被称为“观音茶”，被侗乡人民誉为观音菩萨赐给侗族百姓的“神茶”。

可是在蒋院士来芷之前，芷江甜茶树扎根于深山之中，穷困于田野之间，功效虽好，却是明珠蒙尘，只能算作民间偏方，流传于芷江一隅之地，登不上大雅之堂。机缘巧合之下，蒋华良院士知道了芷江甜茶的存在，并且对其产生了极大的研究兴趣。

茶能治病？首先要做的就是研究其成分，是否存在其他隐患，而这正是蒋华良院士及其团队所擅长的。经过多年研究，蒋院士最终确定“似茶非茶”的芷江甜茶学名为木姜叶柯，与普通茶不属于同一类，但冲泡后却有茶的清爽芳香，色泽透亮，细品过后甘醇润喉，无糖自甜。最重要的是，芷江甜茶所含的三叶苷、根皮苷和 3-羟基根皮苷等成分，的确具有三降三抗（降血压、降血糖、降血脂；抗氧化、抗肿瘤、抗衰老）及疏通软化心脑血管的作用，尤其对咽炎患者有辅助治疗功能。

为侗族“神茶”正名，为产业振兴赋能

蒋华良院士研究认定后，2017 年，国家卫生计生委公告发布了 10 种通过安全性评估审查的新食品原料，而木姜叶柯位列其中。芷江甜茶终于拿到了国家“证书”，摘掉了“民间偏方”的帽子。自此之后，芷江县委和县政府将芷江甜茶作为 10 亿元级特色产业进行培育，在蒋院士的指导下，在政府、企业与百姓十几年的艰辛探索后，如今，甜茶的人工驯化及产品加工等技术瓶颈早已取得突破。

2018 年，芷江甜茶公园作为芷江招商引资重点项目，也是极具代表性的农业产业化项目和乡村振兴项目，受到广泛关注。同年 11 月 18 日，在蒋华良院士的见证下，芷江与良甜生物医药科技（江苏）有限公司签署了《芷江甜茶（木姜叶柯）合作开发协议》，这标志着一条成熟的甜茶产业链在芷江正式建立。

图 2　蒋华良为芷江甜茶园题字

截至目前，甜茶公园已建设完成甜茶苗种繁育基地 20 亩 15000 株、种植基地 300 亩 90000 株、母本基地 100 亩 12000 株，完成了多种花卉观光区的花卉种植，实现了生态融合、茶旅融合；并且直接带动基地周边农户 124 户 456 人从事甜茶种植、加工等，年人均增收 5000 元以上，助力芷江产业振兴发展。

下一步，芷江将通过“公司+基地+农户”模式，推动芷江甜茶发展成为县域主导特色农业产业，实现一、二、三产业融合发展，计划带动 3000 户农户种植甜茶 20000 亩以上。

斯人驾鹤去，茶香满人间

2022 年 7 月 13 日到 21 日，是蒋华良院士最后一次来到芷江，也是停留时间最长的一次。他在芷江甜茶园里做菜、散步、练书法、唱锡剧等，真正把芷江当成了他的第二故乡。其夫人徐岭曾说过：“在芷江的这几天，是他近年来最幸福的时光。”

2022 年 12 月 23 日，年仅 57 岁的蒋华良院士驾鹤西去，彻底地离开了我们。蒋院士的离开，让人扼腕，让人痛惜。蒋华良院士作为芷江甜茶（木姜叶柯）药物价值的发现者和领头推动者，多次来到芷江调研指导芷江甜茶产业发展工作，正是因为有了他的指导和推介，芷江甜茶才得以走出深山，让茶香溢满人间。

图 3 蒋华良与夫人徐岭在芷江甜茶园合影

最后，奉上蒋院士在芷江甜茶园写下的《甜茶园记》，与诸君共同缅怀蒋华良院士。

甜茶园记

芷江之美，美在山水之间。㵲水之流穿城而过，水之清凉，到者无不欲泳也。其西南诸峰，林壑尤美，望之而蔚然深秀者，鸡庵山也。

山行四五里，渐见梯田成行，田中茶树茂盛，修竹成林。峰回路转，亭台楼阁，临于山峰之间，此乃甜茶园也。江南布衣携妻度假于此，减压抒怀，岂不快哉。

暮色未尽，彩霞已起。东方明月一轮，与亭上之灯交辉。月照灯，灯映月，灯光月色两分明。是夜也，入住观山楼，室内酒菜香，窗外竹影舞。

清晨蝉鸣，红日徐升，山色秀丽，群山青峰一望无际。满山甜茶，喜迎新客。午后阵雨，涤尽风尘，白云绕身，气象万千，此心喜气洋者矣。

居山数日，畅怀舒谷，漫步山林，见鸡鸭成群，果香菜鲜，塘中鱼翔。每餐自己动手，佳肴即成。

此仍甜茶园之胜景也。好友德良，扶贫乐善，富民振乡，岂不善哉。

华良作并书，壬寅之夏。

发表日期：2023-07-21

来源：微信公众号“天下芷江”

恺思俱乐部痛失一位领路人

毛　萍

惊闻蒋华良院士于 2022 年 12 月 23 日突然病逝的消息，大家无不震惊，难以置信，悲痛万分！

蒋华良先生治学严谨、学识渊博、肩负重任、攻艰克难，把全部精力奉献于药物科学基础研究和新药发现，积极推动中国药物科学发展。他一生潜心科学、求实创新、奖掖后学，为创新药物研发和药学事业发展作出了不可磨灭的杰出贡献。

校友们纷纷表示蒋老师敢爱敢恨，敢作敢为，潜心科学，才华横溢，英年早逝，沉痛哀悼！

蒋老师是恺思成立和发展过程的领路人。恺思俱乐部于 2016 年 1 月 17 日成立，那时小伙伴斗胆邀请蒋老师出席，蒋老师毫不犹豫答应了，虽然因为临时出差北京，但还是在百忙之中在酒店中给我们写下了题词，鼓励助力校友发展。

恺思俱乐部一直秉承“分享思辨，传承创新，凝聚校友，服务校友”的理念，“传承”的宗旨来源于对上海药物所老先生科学家精神的继承和发扬，蒋老师也一直鼎力支持。

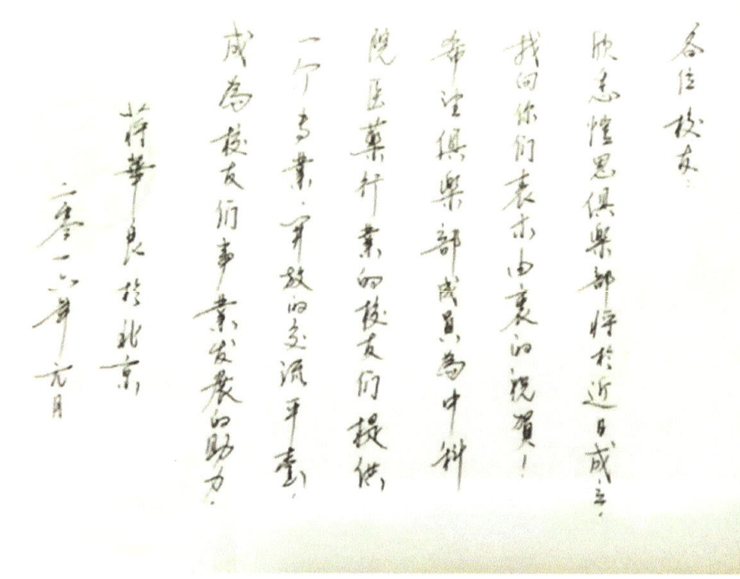
各位校友：

欣悉恺思俱乐部将于近日成立，我向你们表示由衷的祝贺！希望俱乐部成员为中科院医药行业的校友们提供一个专业、开放的交流平台，成为校友们事业发展的助力。

蒋华良 于北京

二〇一六年九月

图 1　恺思俱乐部成立蒋华良题词

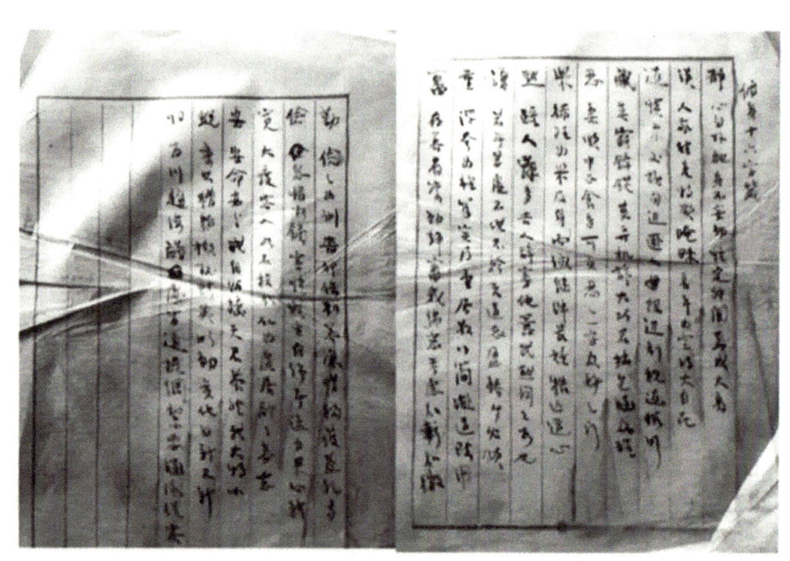

修身十六字箴：静 淡 远 藏 忍 乐 默 谦

重 审 勤 俭 宽 安 蜕 归

图 2　蒋华良提供嵇汝运修身十六字箴

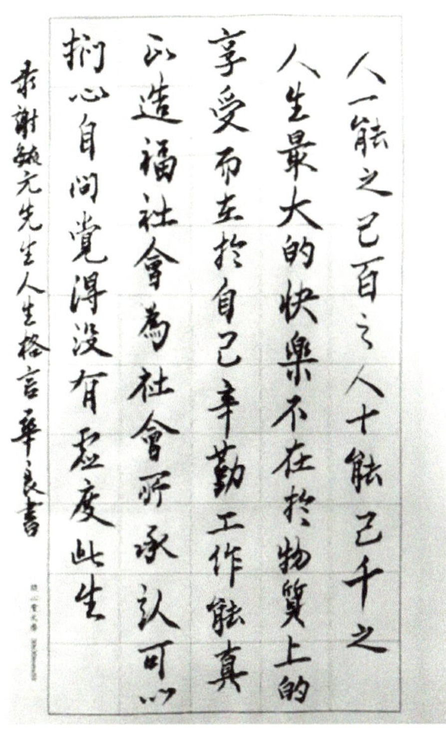

图 3　蒋华良纪念谢毓元题字

蒋老师的指引将历久弥新，贯穿始终。恺思俱乐部谨以此词悼念蒋老师，愿先生一路走好，万古长青！

惊闻贤人仙逝，
校友一片哗然，
未想从此隔世，
悲痛刻骨不断。
恺思启蒙未止，
先生之风常在。
吾辈有幸追寻，
嵇先生之高山，
谢先生之丰盈，
蒋先生之流水。

创药事业未尽，
唯有继承当下。

发表日期：2022-12-24
来源：恺思俱乐部

In Memory of Professor Hualiang Jiang

It is with great sadness that we announce the sudden and untimely passing of Professor Hualiang Jiang, who served as associate editor for the *Journal of Medicinal Chemistry* from 2009 to 2019. Pro. Jiang was 57 years old.

Prof. Jiang was the first ever associate editor of the *Journal of Medicinal Chemistry* in China, and played a critical role in building the connection between the American Chemical Society and the Chinese medicinal chemistry community.

Prof. Jiang served as a distinguished professor and the director general of the Shanghai Institute of Materia Medica (SIMM), Chinese Academy of Sciences (CAS). He was internationally recognized for his outstanding scientific contributions to innovative computational method development for target identification, protein function prediction, and rational drug design. The methods developed by Prof. Jiang and his group, ranging from drug-target interaction prediction based on large-scale molecular dynamics simulation, *in silico* "target fishing" approach for potential drug target identification, and computational method based on drug-target binding kinetics to guide novel drug design and efficacy evaluation, have been widely applied in global pharmaceutical companies and the academic community. Additionally, Prof. Jiang also discovered the druggable properties of a series of proteins, and developed a number of drug candidates for multiple human diseases, including pulmonary hypertension, schizophrenia, type 2 diabetes, erectile disorder, and Alzheimer's disease. Several of these drug candidates have already been approved or are in active clinical trials.

Over his career, Prof. Jiang published 604 research papers in prestigious journals, including *Science*, *Proceedings of the National Academy of Sciences*, *Journal of the American Chemical Society*, and the *Journal of Medicinal Chemistry*, and served as the corresponding author in 233 of these papers. Prof. Jiang also published 8 books, as well as translated several English books into Chinese. Prof. Jiang was awarded numerous prizes for his pioneering and significant contributions to the fields of computer-aided drug design and artificial intelligence-aided drug design (AIDD) in China, including the National Natural Science Award, the State Technological Invention Award, and the Prize for Scientific and Technological Progress of the Ho Leung Ho Lee Foundation. Prof. Jiang was elected as an academician of the Chinese Academy of Sciences in 2017, the highest scientific honor in China.

Prof. Jiang was highly regarded for his commitment to teaching and mentoring. He has taught 3 pharmaceutical courses for more than 25 years at several universities, trained more than 100 PhD students, and was loved for his passionate dedication to science. Over the years, he has helped hundreds of young scientists and accomplished researchers from China and overseas in their scientific research through mentorship. Under his mentorship and through his timeless guidance and spiritual inspiration, many of his students are now leaders and stars in international pharmaceutical companies or research institutions in China and around the world.

Prof. Jiang was a devoted family man with deep respect for traditional Chinese family values. He was a talented poet and master of Chinese calligraphy, and enjoyed a wonderful life perfused with both sciences and arts. Prof. Jiang was an unbelievable artist in cooking that allowed him to inspiringly present the "essence" of a dish to those fortunate enough to enjoy his creations, and he was loved by millions of people for his cooking art from the blogs he shared.

Prof. Jiang will be remembered as a talented scientist, devoted educator, innovator, and a man with many talents, and will be sorely missed and remembered with great fondness. We offer our deepest sympathies and sincerest condolences to his family and friends.

Sincerely,

Ke Ding, PhD, Associate Editor of the Journal of Medicinal Chemistry, Shanghai Institute of Organic Chemistry and Jinan University, China

Shaomeng Wang, PhD, Former Co-Editor-in-Chief of the Journal of Medicinal Chemistry, University of Michigan, USA

Gunda I. Georg, PhD, Former Co-Editor-in-Chief of the Journal of Medicinal Chemistry, University of Minnesota, USA

Philip Portoghese, PhD, Former Editor-in-Chief of the Journal of Medicinal Chemistry, University of Minnesota, USA

Craig W. Lindsay, PhD, Editor-in-Chief of the Journal of Medicinal Chemistry, Vanderbilt University, USA

第三篇

怀瑾握瑜，贤拥士随

编 者 按

在大家心中，蒋华良院士一直是一个“大写”的“人”，他为国为民、有情有义、热爱科研、至诚待人，讲真话、办实事，懂感恩。

他的精神丰富而璀璨。为实现中华民族伟大复兴而努力的报国之情、义无反顾投身科研的执着之心、为年轻人铺路架梯的举托之力、感恩家乡的反哺之情、深厚广博的美食之论……都在“华良精神”中熠熠生辉。

本篇章“怀瑾握瑜，贤拥士随”收录了蒋华良院士逝世后他的恩师同门、挚友同道等撰写的悼念文章，按挽联、诗歌、短文、长文等体裁格式分类展现，深切缅怀蒋华良院士。

振兴科学，永传风范

陈国强　钱旭红

沉痛悼念蒋华良院士

华夏脊梁振兴科学慈药济世慧极而伤　哭我界痛失昆仑

良才肝胆诲育后辈至诚待人情深不寿　盼他世永传风范

作者简介：

陈国强，男，1963 年生，湖南攸县人，中国科学院院士，中国医学科学院学部委员，肿瘤系统医学全国重点实验室主任，海南医科大学校长，上海交通大学医学院原院长。

钱旭红，男，1962 年生，江苏宝应人，中国工程院院士，华东师范大学校长，华东理工大学原校长。

无 悔 人 生

全小林

无悔人生

搞研究造福患者疗效第一无论中药西药只做好药

做学问兴趣所在终极追问不管东方西方但求经世

作者简介：全小林，男，1956 年生，中国科学院院士，国家中西医结合医学中心主任，中国中医科学院首席研究员，中国中医科学院广安门医院代谢病研究所所长。

良药华曲天上有

裴　钢

相知不易别亦难，
同道何止谈笑间。
化学为师药与酒，
模创成家曲中仙。

图 1　2017 年，去黄山途中，五生有幸
（左起：裴钢、蒋华良、果德安、丁健）

修于 2024 年 1 月 18 日

注：1. 原题“悼华良”，同者众多，故改写杜甫“此曲只应天上有”；

2. 与华良等同道组织 2011 年 GPCR Consortium 时谈到 GPCR 是“Good Projects for China Research”。

作者简介：裴钢，中国科学院院士，同济大学教授，中国科学院分子细胞科学卓越创新中心研究员，与蒋华良院士同事多年，在工作生活中交往颇多，往事历历在目，栩栩如生，并不如烟。

追忆挚友华良

李　松　钟　武

荒草何茫茫，
白杨亦潇潇。
严霜十二月，
送君返碧霄。
得失不复知，
是非安能觉？
仰天长悲歌，
风自为萧条。
贤达无奈何，
托体同山阿。

作者简介：
李松，男，1963 年生，辽宁本溪人，中国工程院院士，军事科学院军事医学研究院研究员。
钟武，男，1972 年生，湖南衡阳人，军事科学院军事医学研究院研究员。

摊破浣溪沙·悼蒋华良院士

陆焕衡

噩耗惊闻腑似烧，苍天何故夺英豪。
琼阁莫非也患疫，把君招。
时疫将平君却去，科研未竟恨难消。
多少遗忧多少泪，雨潇潇。

作者简介：陆焕衡，男，1940 年生，江苏宜兴人，省武高退休教师，中华诗词学会会员，武进南风词社常务副社长，蒋华良院士高中物理老师。

纪念蒋华良院士诗词三首

送华良兄

沈敬山

挥墨扬文采，
吟杯悯莽苍。
躬勤千木秀，
风正百花香。

2022 年 12 月 25 日
（2023 年 3 月 12 日修改）

作者简介：沈敬山，男，1962 年生，山东蒙阴人，中国科学院上海药物研究所研究员、课题组长、博士生导师。

长相思　讯来诉与君

沈敬山

2023 年 1 月 29 日，在蒋院士指导并亲自参与的多个抗新冠病毒候选药物项目中，有两个同日获国家药监局附条件批准上市。勇于担当、殚精竭虑，终有果成，而斯人已去。悲哉！痛哉！

雨风淫，岁还春。
春进千家送疫瘟，共期万木新。

望晴云，恨悠深。
难忍追昔泪满襟，讯来诉与君。

报 国 梅

沈敬山

2023 年 8 月 29 日，上海药物所与武汉病毒所在武汉所新址同植“报国梅”，缅怀蒋华良院士。

泱泱华夏，多少仁士豪杰。士有不遇者，尚能执“香如故”；其在位者，敢不倾心尽力乎！“功成不必在我”，纵使入土，依然化泥护花，笑隐丛中。报国如是。

时值癸卯秋初，晴云流连，“极目楚天舒”。王李二所率众会于江夏，“不以物喜，不以己悲”，怀昔抚今，砥砺再行。植梅以纪念，赋诗以记之。

浦汉相逢话本源，阖家共叙艳阳天。
梅香为有春泥护，志道和合花满园。

图 1　共植“报国梅”

冬夜里的温暖

吴家睿

你悄悄地走了
如你悄悄地来了
唯有你的丝丝温暖
留在这个寒冷的冬夜
萦绕进亲人朋友的回忆

你快乐地歌唱
如你快乐地做饭
借着你的篇篇美文
播下热爱生活的春花
消融了凡间俗世的平淡

你热烈地思想
如你热烈地神侃
存下你的字字珠玑
指点随风飘舞的秋叶
寻找出人生过往的由来

你匆匆地离开
如你匆匆地到来
留住你的片片微笑
化做温暖心灵的夏日
抵御住寒风冷雨的吹洒

写于 2022 年 12 月 24 晨

作者简介：吴家睿，男，1956 年生，现为中国科学院上海高等研究院国家蛋白质科学研究（上海）设施主任，中国科学院系统生物学重点实验室主任，上海交通大学主动健康战略与发展研究院执行院长。Journal of Molecular Cell Biology 主编，BMC Systems Biology 副主编；《生命的化学》副主编，《医学与哲学》副主编。上海市科普作家协会理事长。

悲痛药学失国士

蒋澄宇

民盟全会连当选，
转瞬惊闻噩耗言。
悲痛药学失国士，
悼哀亲友殒良缘。
创新计算新方法，
AI 先驱善馔餐。
精艺多才携后进，
华佗再世仰高山。

作者简介：蒋澄宇，女，1964 年生，北京市人，中国医学科学院基础医学研究所原副所（院）长，中国医学科学院基础医学研究所研究员，民盟中央委员。

灼灼其华，厚德淳良

江绵恒

我们纪念蒋华良院士的奋斗人生，缅怀他的科研精神、育人情怀和艺术才华，传承和弘扬他的科学家精神。

华良院士是我国药物设计学科的开拓者和药物化学学科的引领者之一，也是我国化学生物学学科建设的重要倡导者。他不仅是位杰出的科学家，更是一位笃行致远的教育家。在担任上科大科道书院院长期间，华良院士以身作则，躬耕力行立德树人的根本任务，为丰富学校的“学院+书院”培养模式做出了积极努力。同时，华良院士是一位将科学与艺术完美融合的代表人物，他对音乐艺术有着独特的见解，书法造诣深厚，喜爱文艺，烹饪技艺高超。他用乐观的心态感染身边的每一个人，他用自己的人生探索诠释着科学艺术与生活的完美结合。

灼灼其华，厚德淳良，斯人已逝，精神长存。

作者简介：江绵恒，男，1951 年生，上海科技大学校长，中国科学院原副院长。

激情与勇气

洪国藩

每每与蒋华良院士相遇，我总能感受到，也值得我们学习的是：他对科学研究始终有着一股无法抑制的激情及为创新不怕困难的勇气。我很难过，失去了一位真诚的朋友。

2023 年 11 月 27 日

作者简介：洪国藩，男，1938 年生，浙江宁波人，中国科学院院士，第三世界科学院院士，中国科学院上海生命科学研究院研究员。

回忆与蒋华良院士过往点滴

林国强

2001 年在云南大理，我与日本的 M. Isobe 教授、中国科学院上海有机化学研究所的姚祝军教授、北京大学的果德安教授和上海药物所的蒋华良教授一起讨论设立“亚洲前沿有机化学”国际研讨会，希望以此推动亚洲国家和地区的学者交流，诺贝尔化学奖得主野依良治教授也有类似提议。之后，韩国的 S. Kim 教授、泰国的 S. Ruchirawat 教授也参与讨论，并于 2005 年正式启动研讨会。迄今，研讨会已累计召开 16 次，对有机化学学科的发展，青年学者代际交流，提升中国的学术水平等，均具有极大的促进作用。

作者简介：林国强，男，1943 年生，生于上海，福建福清人，中国科学院院士，中国中医科学院学部委员，中国科学院上海有机化学研究所研究员，兼任上海中医药大学创新中药研究院院长。

图 1　2020 年 10 月 18 日，在中国科学院上海有机化学研究所所庆 70 周年报告会前，蒋华良将代表上海药物所作嘉宾发言

谨此纪念蒋华良院士。

2023 年 11 月 17 日

始终怀念

林其谁

华良院士知识面广，有许多创新思维，对于分子生物的提高和发展、药学的进步有着卓越的贡献，他承担着分子药学的重大任务，他的去世是我国的一大损失，我们大家都很难过，始终都很怀念。

2023 年 12 月 6 日

作者简介：林其谁，男，1937 年 12 月生，福建莆田人，中国科学院院士，中国科学院分子细胞科学卓越创新中心（生物化学与细胞生物学研究所）研究员。

“最美逆行者”

徐　涛

蒋华良院士是我十分敬仰的一位严谨治学的科学家。

新冠疫情暴发之后，上海药物所积极承担科技部、中国科学院、上海市等重大科研攻关任务。为推进抗疫药物研究，蒋华良院士与左建平研究员在2020年2月和4月两度深入武汉。蒋华良院士在武汉协调临床试验研究工作长达1个月之久，其间我们多次通电话，他求真务实的精神一直激励着我。他与华中科技大学同济医学院附属同济医院（简称同济医院）积极合作，确定临床研究方案，获得伦理批件和相关医院同意，克服重重障碍和困难，积极开展双黄连治疗新冠肺炎的临床研究。研究证明双黄连不仅使临床症状改善，而且能减轻肺部炎症，相关论文发表在国际期刊上。

去时寒风凛冽，回来花开烂漫。蒋华良院士不畏疫情凶险，勇于担当奉献，以坚韧的意志潜心推进研究工作，圆满完成重要科研任务，在武汉这座英雄的城市，留下了“最美逆行者”坚毅的背影。

作者简介：徐涛，男，1970年生，湖北宜昌人，中国科学院院士、发展中国家科学院院士，广州实验室副主任，中国科学院生物物理研究所研究员，广州医科大学生物医学工程学院院长，中国农工民主党第十七届中央委员会副主席，广州市科协主席。

科学与人文的高度融合

樊春海

蒋华良老师是我特别尊敬的一位前辈科学家，他对于科学的热爱、事业的激情都非常值得我们学习。我和蒋老师单独接触并不多，但每次交流都会被蒋老师的激情打动。他对于学科高屋建瓴的认识、他犀利而深刻的语言往往使我获益匪浅；而蒋老师在他的微信朋友圈中展示的又是非常温情而热爱生活的一面，特别是他关于红烧肉的做法和美拉德反应的科普，相信这是蒋老师很多朋友能记念终生的知识。

蒋老师就是这样一位具有鲜明风格、让人印象极其深刻的学者，在他身上体现出了科学与人文的高度融合，永远缅怀蒋老师。

作者简介：樊春海，男，1974 年生，江苏张家港人，第十四届全国政协委员，九三学社第十五届中央委员会委员，中国科学院院士，上海交通大学化学化工学院院长、王宽诚讲席教授、博士生导师。

In Memory of Professor Hualiang Jiang

From: Michael Levitt , Stanford University

I heard this terrible news three days ago from my long-time friend and colleague, Professor Jianpeng Ma.

I first met Hualiang Jiang in 2005 when he and Prof. Ma invited me to Shanghai on my first trip to China. Hualiang was a most wonderful host, and gave me the best possible introduction to a new world. We met again two years later when he organized a meeting for foreign scientists in Shanghai, which included a fabulous post-conference trip to Xizang.

Over the intervening years we lost contact, so I was overjoyed to meet Hualiang three or four times at ShanghaiTech University.

I do hope I can convey my sincerest condolences to Hualiang's family.

My thanks and best regards,
Michael

作者简介：Michael Levitt，男，1947 年生，出生于南非比勒陀利亚，美国籍，2013 年诺贝尔化学奖获得者，美国斯坦福大学终身教授，美国国家科学院院士。

In Memory of Professor Hualiang Jiang

Dear Colleagues:

This news gave a great sadness this morning to all of us. Indeed, the sudden death of Prof. Hualiang Jiang is a great loss for the world science community. Please accept and pass our deepest sadness and condolences to all people of the Chinese scientific community, his family and relatives, and friends.

We will pray for the peace of his soul, and may God award him with a place in Heaven. Amin.

Prof. Ibrokhim Abdurakhmonov, TWAS Fellow
Minister of Innovative Development, Uzbekistan

作者简介：Ibrokhim Abdurakhmonov，男，乌兹别克斯坦创新与发展部部长。

志在真诚，恪守不违

赵自容

读着上海药物所蒋先生的讣告，我很震惊，也很悲痛。几年前，我临时决定去上海药物所看一看我祖父（赵承嘏所长）的雕像。我也没有预约。但蒋所长知道我来后，他从繁忙的工作中抽出时间为我介绍了上海药物所的发展。我一直很感动。蒋所长，我很伤心没有机会与您再见面。您的离开是我们中国药学界的重大损失。您一路走好。

作者简介：赵自容，女，1962 年生，上海市人，营养生物化学博士，疼痛科临床专家。

大爱科学家，激励新药人

耿美玉

蒋华良院士是一个有大爱的科学家，他有恢宏博大的家国情怀，有勇于担当的实干精神。虽然华良院士永远离开了我们，但他对国家和人民的那份挚爱，对新药研究那份真挚的感情，对同事和学生那份真诚的爱，将会永远鼓励我们、激励我们。

作者简介：耿美玉，女，1963 年生，山东青岛人，中国科学院上海药物研究所研究员、课题组长，中国抗癌协会抗癌药物专业委员会候任主任委员，上海市女科技工作者协会理事长。

追忆挚友华良

阿吉艾克拜尔·艾萨

我与蒋华良院士认识近30年，他是我一生的学习楷模和敬重的师长，他为推动民族医药创新发展呕心沥血。

2008年，我带领团队组建了中国科学院干旱区植物资源化学重点实验室，蒋院士义无反顾地担任第一届学术委员会主任，为推动民族药基础研究作出了巨大贡献。2015年，他牵头成立了中国科学院药物创新研究院，又以中国科学院新疆理化技术研究所为依托单位设立了西北分部，推动了系列民族药新药实现成果转化。2018年，中国科学院中亚药物研发中心正式落成，蒋院士为推动中心的高质量发展付出了诸多努力，实现了中药民族药走出国门。2022年除夕之夜，我收到他发来的一幅作品"花事才逢花好日，虎年更有虎威风"，以此庆祝VV116通过中国科学院中亚药物研发中心在乌兹别克斯坦成功上市。

斯人已去犹忆影，海棠花开魂依旧。

作者简介：阿吉艾克拜尔·艾萨，男，1965年生，新疆阿图什人，新疆医科大学党委副书记、校长，中国科学院新疆理化技术研究所特聘研究员，第十四届全国人大代表。

孜孜不倦，执着追求

周　俭

我与蒋华良院士认识时间不算很长，但他平易近人、助人为乐、多才多艺的性格特点，特别是对我国新药研发孜孜不倦的执着追求给我留下了深刻的印象。

自从 2016 年我兼任复旦大学附属中山医院的医联体单位上海市徐汇区中心医院院长以后，与蒋院士交流的重要内容之一，就是如何提升药物一期临床试验的能效。华良院士勇于担当，他领衔的上海药物一期临床暨药物一致性评价工程技术研究中心于 2018 年获批立项，也为此争取到了 2900 平方米的专用场地，目前该中心已成为上海最具规模的健康受试者一期临床试验机构。尤其在新冠疫情暴发的特殊时期，华良院士为国为民所急，担纲组团完成了 VV116 的临床试验，并获得了该药物的上市许可。

追思蒋院士，感谢蒋院士。我们应该秉承蒋院士的教诲，清清白白做人，认认真真做事，踏踏实实做学问。

作者简介：周俭，男，1967 年生，江苏泰兴人，中国医学科学院学部委员，复旦大学附属中山医院副院长、肝外科主任，上海市徐汇区中心医院院长，国家杰出青年科学基金获得者。

高贵的品格

宋瑞霖

我的好友华良院士突然离世，让人无比震惊和悲伤。华良院士小我三岁，是典型的学霸型才子，他对新生事物的执念与钻研非常人所及；在科学上，他治学严谨、追求高远；在生活上，他多才多艺，推陈出新，从评弹到京剧、从烧菜到书法无不求精。他性格耿直、忧国忧民、严于律己、重承守诺、追求完美。这些高贵的品格既成就了他的成功，也使其不堪重负，对身心造成了巨大伤害。

华良的逝世不仅使医药创新界失去了一位引领者，更是我国科学界的重大损失。我们悼念华良，希望他在天国能够好好放松休息，在天宫中得以自在安歇。

作者简介：宋瑞霖，男，1962年生，生于北京，山西平顺人，中国医药创新促进会执行会长。

缅怀蒋华良院士

张礼和

华良院士已经离开了我们，但他的音容笑貌好像还时常在我眼前，特别是每每回想起与他一起工作的点点滴滴，我都非常感动。

我是2000年到国家自然科学基金委员会化学部工作，当时在推动全国的化学生物学工作，因为那时化学界与生物学界对化学生物学的认识是很不一致的，所以我们在2000～2006年组织了一系列的学术研讨会，讨论化学生物学的观念科学问题、发展趋势如何切入。在这个过程中，我与蒋华良院士常有接触。因为火花的碰撞、思想的不统一，需要进行大量的说服工作以及组织汇报等等，蒋华良便负责秘书组的工作，他为这些工作付出了大量的辛勤劳动。一直到2007年，大家达成了共识，国家自然科学基金委员会建立了化学生物学第一个重大研究计划，题目就是基于化学小分子探针的信号转导过程研究。从2007～2013年，这个项目延续了7年，每年都有大量的招标评标，以及中间的汇报和最后的总结，蒋华良都参与其中。2013年，这项工作顺利地通过验收，并且得到了一致的好评，而蒋华良在这项工作中开阔的思路、严密的工作组织能力，以及大量细致的文字工作，都给我留下了非常深刻的印象。

作者简介：张礼和，男，1937年生，江苏扬州人，中国科学院院士，北京大学药学院教授、博士生导师、天然药物及仿生药物国家重点实验室学术委员会名誉主任。

在科学研究方面，蒋华良与我也频有接触。回忆起当时我在做细胞内钙释放的信号传导分子环二磷酸腺苷核糖（cyclic adenosine diphosphate ribose，cADPR）时，希望能够找到 cADPR 的结合蛋白，蒋华良说他可以帮我寻找，他在他的实验室的蛋白质晶体库中用 cADPR 及类似物进行了反向筛选，最后帮助我找到了二十多个可能的结核蛋白，供我做进一步的研究。

虽然蒋华良院士离开了我们，但是通过回忆与追思，我们要留住他的爱国精神，留住他对科学事业的热忱精神，留住他乐于助人、勤奋努力，以及对待事情一丝不苟等的优秀品质。

我们永远怀念他，蒋华良院士千古！

忆蒋华良院士

施蕴渝

蒋华良长期从事药学基础研究和新药研究。他致力于发展药物研究理论计算的新方法，在新药靶标的发现、功能确证、新药研究等方面取得系统性创新成果。他在我国率先建立了药物-靶标互作计算平台，发展了一批原创药物研究新方法；他是我国药物设计学开拓者之一、药物化学引领者之一，也是我国化学生物学建设倡导者之一，并积极投身人工智能新药研究，为这些学科的快速发展作出了不可磨灭的重要贡献！

蒋华良曾获 2002 年中国青年科学家奖、2003 年上海市科技进步奖一等奖、2007 年国家自然科学奖二等奖和何梁何利科技进步奖、2017 年国家技术发明奖二等奖、2020 年“全国抗击新冠肺炎疫情先进个人”称号等一系列奖项。他任上海药物所所长多年，在上海药物所学科发展、实验室建设、人才引进和培养方面作出突出贡献。在新冠疫情期间，蒋华良多次逆行而上，为研究抗病毒药物赴武汉一线。蒋华良的“国之所需，吾志所向”的科学家奉献精神值得我们永远学习和大力弘扬。我认识蒋华良已有半个世纪，他性格开朗，乐于助人。虽然我比他年长许多岁，但我们一直是很好的朋友。他英

作者简介：施蕴渝，女，1942 年生，籍贯崇明，中国科学院院士、第三世界科学院院士，中国科学技术大学教授、博士生导师。

年早逝是中国科学界的重大损失。

谨以此文寄托我深切的哀思。华良，希望你一路走好，家人节哀顺变。

2023 年 12 月 12 日

何其泪洒江南雨，不尽哀思忆华良

陈凯先

蒋华良院士于2022年12月23日不幸逝世。他的逝世在科技界和社会上引起极大的震动。各界人士用各种方式深切悼念他，缅怀他的精神和业绩，为这样一位才华横溢、年富力强的优秀科学家英年早逝感到无比痛惜。我知道，其中许多人其实并不认识华良，而是被他的精神、他的情操和才华所感动。华良的事迹影响之广、他的逝世在社会各界中引起的悲痛之深，可以讲在科技界是多年来罕见的、超乎寻常的。

华良是一位农家子弟，自小经历了许多生活的艰难，这些经历磨炼了他不怕任何困难的坚强性格，也养成了他正直、朴实、直率、急公好义、嫉恶如仇的个性。他从少年时代起，就在农村困难的条件下，努力学习成长，不仅门门学业优秀，而且在文学（包括古典诗词）、艺术（书法和戏曲），甚至在烹饪等许多技艺方面都有很深的造诣，展现出多方面过人的才华，可以讲是一位难得的天才、全才、奇才！

华良于1992年进入上海药物所攻读博士学位，导师是嵇汝运先生和我，1995年完成博士学位学业以后留所工作。我们在同一个专业领域、同一个工作单位共事整整30年，结下了深厚的情谊。我看着他从一个意气风发的青年

作者简介：陈凯先，男，1945年生，重庆市人，中国科学院院士，中国科学院上海药物研究所研究员、课题组长。

学生成长为新一代学科带头人，我们共同经历了上海药物所、中国科学院、上海市和中国药物研究创新发展的许多大事。他成长了起来，担当了国家的重任，我也年事渐高，我把他看作是自己科研工作和学术生涯的延续和寄托。可以想象，他的突然逝世给我带来的打击和悲痛是多么沉重！我一直不能置信，也无法接受华良去世这个严酷的事实。他生前的许多情景、他的音容笑貌常常不由自主地在我眼前浮现，我的手机里保留着我们多年来交流谈心的记录。触景生情，引起无限的悲痛。

华良的同事、朋友和学生已经写了许多纪念他的文章，从各个方面全面展现了他的精神和业绩。我就从我和他接触的一些片段回忆说起吧！

从意气风发的青年学生到优秀的科技领军人才

追溯起来，我第一次见到华良是在 1990 年。那时，我已从法国留学回到上海药物所，和吴吉安同志一起在嵇汝运先生的领导下应用量子化学计算开展药物设计的研究工作。当年秋天，我们一起参加了在济南召开的全国量子化学会议。大会报告后，主持人询问大家有什么问题要提问。当时报告后提问的风气还不普遍，年轻人在这种大会场合更是不敢发声，一时全场肃静。这时只见一位年轻人举手，站起来对报告的内容进行提问，声音很响亮。大家都非常惊讶，私下互问：这个年轻人是谁？我也深感意外，但觉得他问的问题紧扣报告的内容，很有深度，这说明他听懂了，而且有自己的思考。事后，我了解到这个年轻人就是正在华东师大攻读硕士学位的研究生蒋华良。学术基础好，钻研精神强，敢想敢说——这就是蒋华良留给我最初的印象。

第二天，大会利用会议间隙组织大家去登泰山（我因有事没去）。在登山途中，华良邂逅嵇先生和吴吉安，嵇先生和吴吉安向华良介绍了上海药物所正在开展量子化学理论计算、研究药物作用机理和构效关系的情况，引发了华良强烈的兴趣，他萌生了将来到上海药物所攻读博士学位的强烈愿望。

在上海药物所攻读博士研究生阶段，华良就崭露头角，迅速成才。从论文工作的选题、研究到撰写，他都展现出极强的能力，可以说在同学中，他是导师操心最少、最为放心的一位。在开展自己论文研究工作的同时，他也非常热心与其他同学交流讨论，在同学遇到困难时提思路、出主意，帮助释疑解惑。不仅如此，他还非常关心课题组的研究方向、项目申请，展现出超乎一个学生通常眼界的大局观。当时正值 20 世纪 90 年代中后期，研究所的科研经费还相当有限，我们的药物设计研究方向建立的时间还不长，开拓方向、争取项目显得更为紧迫。记得当时，我和华良利用假期，在课题组所在的小平房里埋头苦干了两天，完成了国家自然科学基金和 863 计划项目两个项目申请书的撰写。华良领会思路敏捷，一点即通；文字撰写快速，表达流畅准确，成为完成该项工作非常得力的助手。后来，这两个项目都顺利通过并得到了资助。华良在研究生阶段就表现出来的能力和科研上的成熟，给我留下了深刻的印象。这里我还想附带说一件小事，就在我们完成两个项目的申报材料之后不久，一天下午华良带着一位年轻姑娘走进我们在一栋平房里的实验室，向我介绍说："陈老师，这是我的女朋友徐岭。"我当即高兴地向小徐说："华良非常聪明、非常能干，研究工作做得非常好！"小徐有些不好意思，笑着说："陈老师，你可不要再夸他，再夸他他就要翘尾巴了。"华良也跟着笑起来。一对年轻人，充满朝气活力，心心相印，看着真令人高兴。

获得博士学位后，华良曾先后在香港科技大学周教授、吴云东教授实验室以及以色列魏茨曼科学研究所从事博士后研究。但他始终心向祖国，回所工作后一直扎根祖国大地，把推动中国科技事业发展作为自己毕生追求的人生价值。

2000 年，在研究所的支持下，上海药物所 DDDC 成立，蒋华良担任中心主任。该中心的建立，对推动上海药物所药物设计领域的发展、新一代人才的培养起到了至关重要的作用。其中，我国第一部关于计算机辅助药物设计的学术专著——《计算机辅助药物设计——原理、方法及应用》的出版对于吸引和培养青年人才加入该领域的研究，产生了深远影响。蒋华良是该书的三位主编之一，在其中发挥了重要作用。他还组织课题组同志积极开展运用超级计算机进行大型复杂生物体系计算的研究工作，并编制了在国产超级计算机上运行的多核并行计算程序。该程序和气象预报一起成为我国最早研发的"神威"超级计算机进行计算验证的两个算例。

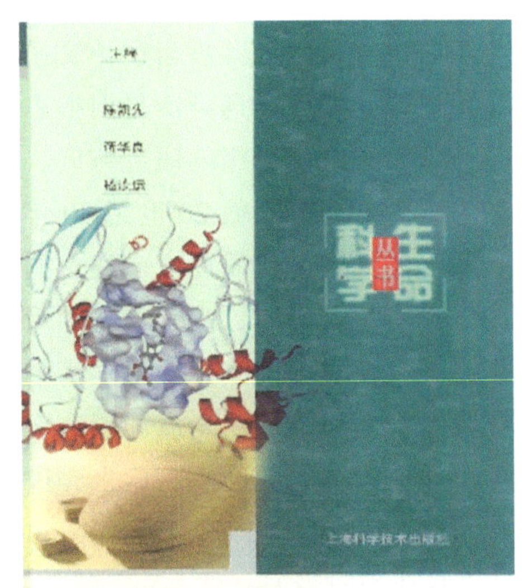

图 1 《计算机辅助药物设计——原理、方法及应用》封面

1997 年，国家开始酝酿实施 973 计划。在中国科学院和上海市的支持下，上海药物所提出了“重要疾病创新药物先导结构的发现和优化”的项目申请。当时全国申请的项目很多，竞争非常激烈。我们竭尽努力，对申报书反复修改，终于通过第一轮评审，从 260 个申报项目中进入前 60 名。第二轮评审要从中遴选出 25 个，作为项目申请的负责人，我深感压力巨大。在申报和答辩过程中，华良一直陪伴在我身边，尽力帮助和支持我。记得第二轮答辩时，华良陪同我参加。专家们提出了各种质询的问题，我自己觉得回答得不够理想。当晚我们在住宿的宾馆吃晚饭，我和华良一人一碗面条，我心情沉重，非常郁闷。华良见状，关切地对我说：“陈老师，今天的答辩还是不错的，你不要太担心，要拿得起也要放得下。”华良的话非常贴心、暖心，给予了我极大的安慰。最后，我们的申请项目顺利通过三轮评审，成为全国首批实施的 10 个 973 计划项目之一。时隔多年，许多事情已经成为遥远的历史，但这一幕我至今仍记忆犹新。

随着科研工作不断发展，华良快速成长为新一代科技领军人才，他先后担任 973 计划项目“基于生物信息学的药物新靶标的发现和功能研究”首席科学家（2003～2008 年），主持国家重大科学研究计划“蛋白质及其复合体动态行为的分子动力学模拟”，担任国家自然科学基金委员会重大研究计划“生物大分子动态修饰与化学干预”专家组组长。

华良在药物设计和新药研究领域辛勤耕耘，推动上海药物所成为我国药物设计研究的重要中心。他通过多学科的交叉，在我国率先建立了药物-生物大分子相互作用的大规模分子动力学模拟等一批功能先进的理论计算技术平台，发展了“靶标垂钓”靶标发现、“快结合、慢解离”新药设计和评价理念等一批原创药物研究新策略与新方法；深入开展药物靶标调控机制、先导化合物发现和优化等研究，发现的抗老年痴呆、慢性阻塞性肺疾病等疾病的多个候选药物已进入临床不同试验阶段。

随着国际科学前沿的快速演进，他又花了巨大的精力来推动新的学科和研究领域发展。他积极参与并协助张礼和院士推动中国化学生物学学科建设的努力，在此过程中发挥了重要的作用。近年来，他又积极开展基于大数据和人工智能的新药研究，带领和组织团队发展多种人工智能药物研发技术，使团队成为走在我国该领域前列、引领发展方向的研究团队。

华良因在科研工作中取得的成就和表现出来的能力，得到了许多德高望重的老一辈科学家的高度赞赏和器重。国家自然科学基金委员会化学科学部的杜灿屏老师告诉我，她有一次见到中国医学科学院药物研究所的黄量先生，黄先生兴奋地对她说：“我发现了一位非常难得的青年人才，上海药物所的蒋华良，你们基金委要大力支持他！”上海药物所的谢毓元先生更是对蒋华良喜爱和推重有加。有一年所里准备推荐谢先生申报何梁何利奖，谢先生对我说：“我都这么大岁数了，还要什么奖啊？你们应该推荐蒋华良，他是真正有作为的年轻人才！”我说蒋华良年纪还轻，可以明年再推荐。但谢先生坚持不要，态度很坚决。所里只好改为推荐蒋华良，当年华良顺利获得了何梁何利奖。

爱党爱国的赤诚之心　牢记使命、勇于担当的家国情怀

华良心里充满了炽烈的爱国主义情怀。有一件小事我一直不能忘怀：1999 年 5 月 7 日，美国悍然轰炸中国驻南斯拉夫大使馆，引起全国人民的强烈愤

慨。上海药物所的研究生集合起来列队到美国驻上海总领事馆前游行示威，华良满腔义愤地参加了这次抗议示威，带领大家发出正义的怒吼。第二天，华良激愤地告诉我，他去乘坐出租车，与司机谈起美国轰炸我国使馆的事情，不料这个司机却说："人家轰炸总有人家的道理。"华良听了怒不可遏："你怎么可以说这种话！你马上停车，我不坐你的车了！"华良下车以后，司机要问他收费，华良怒斥道："像你这种人还配要钱！"这件事情鲜明地反映出：在华良心里，爱国是做人最起码的底线。

2021 年 7 月 1 日是建党 100 周年纪念日。华良满怀深情写下了《水调歌头——庆祝中国共产党百年华诞》：

久有凌云志，民富国家强。中华民族复兴，雄业展宏纲。
百载风云跌宕，何惧腥风血雨？燕舞凯歌扬。
小康已完胜，成就世无双。
干革命，搞建设，促改革。①
理论创建，道路自信向前行。
不忘初心使命，万众一心勠力，无难不能降。
迈进新时代，举锦又开航。

我当即回复他："您发来的新作《水调歌头——庆祝中国共产党百年华诞》，写得很好，有气势、有内涵，词意俱佳，我很欣赏。上、下两片，回顾历史，立足当今，神完气足，言近旨远，与总书记'七一'讲话精神高度吻合，是一篇庆祝建党百年的佳作！'促改革'三字中'革'字不合词律，应不是什么问题，不以词害意，古今多有。我有一个小建议：'促改革'改一字'兴改革'，不知可否。"华良很快回复我："陈老师：感谢对我词的评价！'促改革'可以改为'兴改革'，词意更佳，同时'燕舞'改为'欢舞'更好。"当天，华良又接连给我发来三条信息："'久有凌云志'，引用毛主席《水调歌头·重上井冈山》，毛主席是我党创始人之一、一大代表，开头引用他的词句，表明总书记'七一'讲话首次提的'建党精神'之源。""'举锦又开航'，

① "革"字不符词律，但"改革"是固定词，不能改。

‘锦’代表锦旗，是民主党派人士永远跟党走，送给党的锦旗，并愿在党旗指引下，为实现中华民族伟大复兴一起奋斗，也表明共产党由小小的红船变成巨轮，航程不可逆转。”“陈老师：其实我填词时确实是受总书记‘七一’讲话感染，思考了五天才下笔的。以上是对开头一句和最后一句的解读。华良。”同时，他又将手书该词的书法作品发送给我，我回复他：“开头一句和结尾一句，寓意很好！书法和词作相得益彰！”

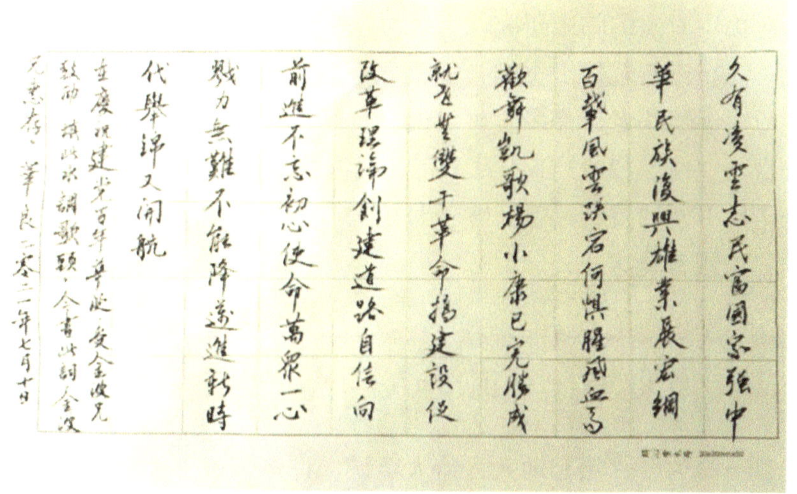

图 2　2021 年 7 月 10 日，蒋华良创作《水调歌头——庆祝中国共产党百年华诞》

华良的爱党爱国之心，不仅表现在言词上，更表现在他的行动上。华良最令人感动的是他身上那种牢记使命、勇于担当，以天下为己任、“国之所需，吾志所向”的精神与情怀。不管是当年抗击 SARS 还是近年抗击新冠疫情期间，他总是挺身而出，主动担责，第一时间组织大家开展研究。2020 年 1 月，新冠疫情突如其来，华良立即意识到问题的紧迫性，在春节期间就组织所内有关同志紧急投入抗击新冠的科学攻关，从“老药新用”的疗效评价到新药的设计和筛选，日夜奋战。他还组织和带领上海药物所团队与上科大及国内其他单位合作开展新冠病毒的结构生物学研究。我清晰记得，在 2020 年 2 月上旬疫情最严峻的时期，所领导班子在会议室讨论上海药物所如何担起抗疫攻关重任、为国家作贡献。当时由于媒体“双黄连”报道引发一场舆情风波，会议室里气氛凝重。华良由于连日劳累，身心疲惫、嗓音嘶哑。他顶住压力，激昂陈词，表示为了国家抗疫大局，他将舍弃任何个人得失的考虑，决定奔赴武汉一线。不久，他就置个人安危于度外，先后两次与左建平研究员逆行而上，赶往武汉开展临床研究，奋战数十天，取得了很有价值的研究成果。在他的组织与指导下，上海药物所的沈敬山、柳红、许叶春等研发的抗新冠药物很快进入临床研究。2022 年上半年，他在上海疫情封城的困难条件下，与瑞金医院院长宁光院士合作，努力推动民得维与国外阳性药帕罗韦德“头对头”对照的临床研究。为了尽快完成这项临床研究，推动民得维早日获批，为抗击新冠作出贡献，华良呕心沥血、殚精竭虑，人消瘦了，头发少了，短短半年苍老了许多。可以说华良是用自己的生命在为国家和人民的利益舍身一“搏”。2023 年 1 月下旬，民得维、先诺特韦片/托那韦片组合包装（先诺欣）两种抗新冠新药终于获批上市，而华良却于 2022 年 12 月 23 日逝世，没能看到这一天。

讲真话，做实事，至诚待人的高尚品德

华良一心为公，热心助人，待人至诚，许多事迹感人至深。

2004 年，华理根据国家发展的需要，拟创办药学院。钱旭红校长与我商量，邀请华良担任首任院长。华良全身心投入，克服困难，挑起创办药学院的重任。从办学方向、课程设置、教师聘任到院风格言，华良都殚精竭虑，精心设计，用心推动。他谢绝了学校给的兼职报酬，并且还把自己获得的奖励捐赠给华理药学院，用于设立奖学金。短短几年，华理药学院从零起步，成长迅速，成绩斐然。华良的贡献功不可没。

华良一生乐于助人，碰到同学、同事、学生需要帮助，他总是毫不犹豫地伸出援手。这样的事例不胜枚举，我这里只举一个小例子：有一年，我们课题组一位研究生赴美留学，当晚就要登机。大家在实验室里七手八脚地帮助这位同学整理行装、收拾物品，突然发现有些重要的东西没有合适的地方放。当时时间已晚，临时出去买包已经来不及了。华良二话不说，拿出自己新买不久的一个包，把里面装的东西统统倒出来，把包递给了这位同学。这

位同学当时感动得说不出话来。这件事情虽小，但给我留下了很深的印象。当时我们课题组许多研究生来自各地，逢年过节我常会把大家请到家里聚一聚，烹调掌勺全靠华良一人忙前忙后，家里地方虽小，但其乐融融。华良就是这样一位豪爽大气、待人至诚、热心助人、热心为大家服务的人。

华良对待师长更是满怀尊敬，充满深厚情谊。他花了许多时间和精力，挖掘、考证上海药物所的早期史料，想办法委托有关同志到日内瓦大学和伯明瀚大学找到并复印了赵承嘏老所长、嵇汝运先生早年在国外留学的博士学位论文原文。他还多次满怀深情，讲述或撰文回顾嵇汝运先生对他的培养和影响，多次回忆他随嵇先生访问新加坡的难忘经历。对于谢毓元先生，他也始终满怀崇敬，经常看望、关心谢先生。谢先生去世后，他和家属一起筹划谢先生纪念展、给谢先生扫墓。周伟良教授是华良在华东师大攻读硕士学位时的导师，他始终不忘周老师的培养之恩，经常看望、关心周老师，直到周老师去世。我和华良相交相知逾 30 年，他对我的关心和照顾更是难以尽述。逢年过节，他总会致以问候，拜访看望，馈赠家乡的特色点心和菜肴。我至今珍藏着他 2022 年春节赠我的条幅“草木向荣春浩荡，山河锦绣日光华。恭祝陈老师、沈老师及家人新春快乐，幸福安康！华良顿拜”。最令我感动的是，就在他不幸逝世前几天，他还专门到我办公室给我送去了几瓶抗新冠病毒新药民得维，后来又专门发来短信，叮嘱我万一感染尽快服用。殷殷之情，令我感动不已。

华良英年早逝，在科技界引起了很大的震动和深切的悲痛。华良逝世当日和次日，我收到陈竺、张礼和、包信和、郝小江、侯凡凡等院士和郑虎教授等 60 余人打来的电话，高福、李景虹院士等专程从北京赶来上海参加追悼会，最后送别华良。追悼大厅弥漫着一片哀思。

华良走了，我沉痛地感到中国失去了一位优秀的科学家和热诚的爱国者，药学界失去了一位杰出的领军人物，上海药物所失去了一位推动研究所发展的栋梁之材，学生们失去了一位敬爱的导师，科技界的同道们失去了一位诚挚的朋友，我失去了一位引以为豪的学生，一位深为敬重的专业同行，一位相交相知几十年、肝胆相照的忘年至交！他的逝世是我们无法弥补的损失，我们内心的悲痛将是永久难以平复的。

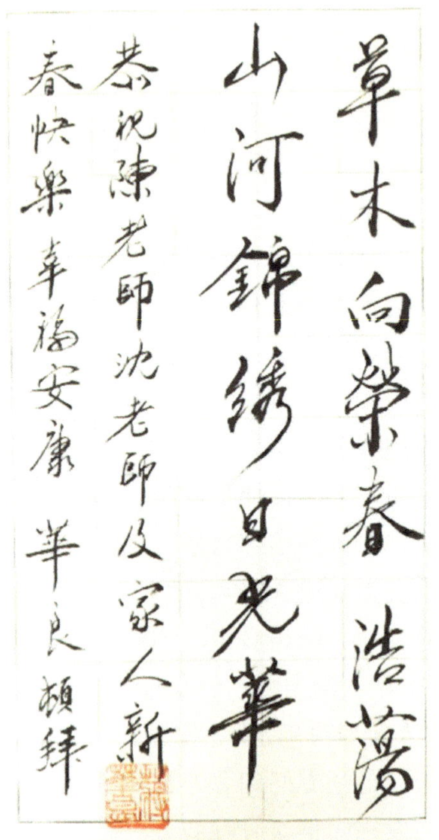

图 3　2022 年春节蒋华良赠陈凯先条幅祝福

昔君来兮，杨柳依依；
今我来思，雨雪霏霏。

华良离开了我们，但他爱党爱国、科学报国的情怀，他终身奋斗不懈的精神，将永不磨灭！在实现中华民族伟大复兴的征程上，在上海药物所不断发展攀登的过程中，华良的精神将始终与我们相伴随。我们将永远缅怀和纪念他，以实际行动完成他未竟的事业，告慰华良的英灵！

蒋华良院士诲人不倦的小故事

孙 燕 陈赛娟

分享陈赛娟课题组的一个小故事，以表达对蒋华良院士的怀念之情。

2022 年 11 月，转化医学国家科学中心（上海）蛋白质互作平台处于初建阶段，课题组在一项抗原与抗体相互作用的实验中遇到了困难。虽然经过多种参数的多次尝试调整，但课题组还是没有获得很好的亲和力拟合结果。就在一筹莫展的时候，我们向在药物作用靶标发现和设计方面造诣极高的蒋华良院士进行了请教。蒋老师治学严谨，重视实验的每一个细节给我们课题组留下了深刻的印象。针对课题组遇到的问题，蒋老师首先查看了实验的原始数据，随后提出了多个关键问题，比如抗原在芯片上的偶联量是多少，抗原和抗体的比例如何，拟合数据与原始数据差异，实验中使用的缓冲液成分，等等。这些关键的细节问题在我们前期的尝试中没有被高度重视。随即我们根据蒋老师的建议优化了实验条件，很快就获得了较好的拟合结果。正当我们欣喜地认为前期的困扰已经迎刃而解的时候，经验丰富的蒋老师又关注到其中一组抗原抗体结合后基本没有解离的问题，建议我们进一步排除其他原

作者简介：

陈赛娟，女，1951 年生，浙江鄞县人，中国工程院院士，转化医学国家重大科技基础设施（上海）首席科学家，上海交通大学医学院附属瑞金医院终身教授、博士生导师，曾任上海市科学技术协会主席。

孙燕，陈赛娟课题组研究人员。

因。经过蒋老师的悉心指导，我们此项抗原与抗体相互作用的实验最终取得了非常好的拟合结果。蒋老师这样进行科研指导的故事举不胜举。

可此次获得实验结果的欢欣惊喜才仅仅持续一个月余，我们惊闻蒋老师猝然仙逝的噩耗，一瞬悲从中来，感伤盈怀。至今难忘他的亲切耐心指导，恍如昨日历历在目。可恍惚之间，已天人两隔。蒋老师一生以科研为最大爱好、最大追求，给我们留下了宝贵的精神财富。2023 年 10 月，包括蒋老师指导的部分实验数据的论文已被高水平杂志接收并发表，或许这也是对蒋老师在天之灵的慰藉。

蒋老师对科研未尽的热爱，贵徒及我辈会全力续航！

怀念华良

吴云东

华良离开我们已经一年多了，回想起以前与他交往的点点滴滴，总是感到心痛不已。在华良走后的第二天，我怀着沉痛的心情写了一篇悼文，愿他一路走好，愿天堂没有病痛、没有压力，只有欢笑。

我是通过陈凯先院士认识蒋华良的。1990 年，我和陈老师在法国的尼斯（Nice）参加国际量子化学年会时相遇，成为挚交。1992 年，我到香港科技大学任教，后来到上海药物所拜见陈老师，陈老师就把他最得力的助手蒋华良介绍给我，交谈起来得知我俩还是老乡。1997 年初，华良博士毕业后到我在香港科技大学实验室合作了一段时间，图 1 是华良在 2019 年元宵节那天发送给我的微信信息。

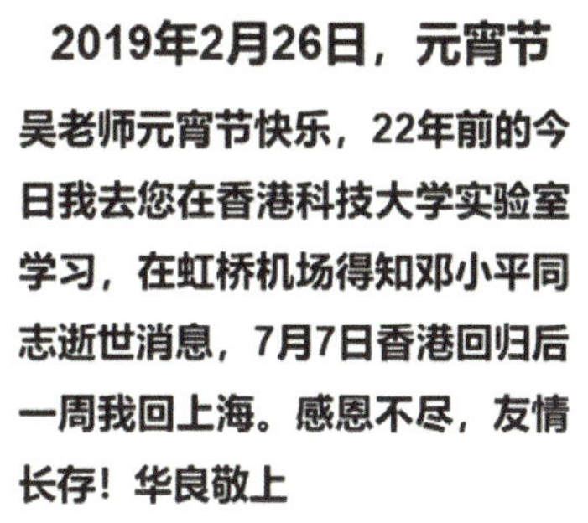

2019年2月26日，元宵节

吴老师元宵节快乐，22年前的今日我去您在香港科技大学实验室学习，在虹桥机场得知邓小平同志逝世消息，7月7日香港回归后一周我回上海。感恩不尽，友情长存！华良敬上

图 1　蒋华良发给吴云东的微信信息内容

华良在我组里给我带来了新的学术思想、新的研究方法和许多的乐趣。我们开始了一些与药物相关的研究，学习了分子动力学的计算方法，也经常

作者简介：吴云东，男，1957 年生，江苏溧阳人，中国科学院院士，北京大学化学与分子工程学院讲座教授，北京大学深圳研究生院化学生物学与生物技术学院讲座教授。

一起打篮球、拉二胡、唱家乡的小曲，偶尔也会一起喝点小酒，从此结下了深厚友谊。

图 2　吴云东（左）、蒋华良（右）合影

图 3　吴云东与蒋华良合影

华良的学术思想非常敏锐，他总能抓到一些有重要应用价值的课题，他做研究总是与实验室的同事们合作。通过陈老师和华良，我认识和交往了许多上海药物所的老一辈，如嵇汝运、谢毓元，以及中青一代，如丁健、沈竞康、沈旭、朱维良等。从这些科学家身上学到的许多做人和做学问的道理，使我终身受益。

我那时很羡慕华良与做实验的同事们的合作，我觉得那要有学术的高度、宽阔的胸怀和领导的艺术，才能把大家团结在一起，让大家都能顺利开展合作，使工作取得成绩。

在 SARS 和新冠疫情暴发期间，华良怀着对国家和社会的高度责任心，废寝忘食地工作，作出了巨大的牺牲，也作出了不可磨灭的贡献！2020 年 7 月，新冠疫情稍有缓解，我来上海，看到他变得骨瘦如柴，与之前的华良判若两人，我心痛得掉下了眼泪。

2022 年 5～6 月，华良每天都要写一些书法与我分享，我后来知道他那段时间在办公室吃住，承受着巨大压力。再后来一段时间，他有多天不与我分享他的书法，我问他为什么，他说没有时间，于是我就把自己第一次练习的《大唐三藏圣教序》行书发给他同乐，也希望能让他放松一点，帮他缓解一点巨大的压力。

临港实验室成立，华良当时被任命为主任，而我那时负责深圳湾实验室的建设工作，华良与我签署了双方合作框架协议。这是对我的工作的巨大支持，同时我们也希望通过这样的合作，把上海和深圳两地的生命科学研究推到一个新的高度，为国家在大健康领域的科研和创新作出我们的贡献。

北京大学深圳研究生院与清华大学深圳研究生院于 2018 年成立了“省部共建肿瘤化学基因组学国家重点实验室”，华良欣然接受了作为学术委员会委员的职务，为实验室的发展献计献策。在 2022 年 12 月 2 日召开的学术委员会会议上，华良本计划亲临现场，但无奈由于新冠疫情反复，只能在线上参会，那是我们最后一次见面。

2021 年，我决定在江苏老家做些事，那天与溧阳市人民政府签署了一份协议，我激动之下写了一首词，不久华良把这首词写成了书法作品。后来，我来上海，他在他的办公室把这幅作品送给了我，这让我真真切切地感受到他对我要为家乡做事的由衷的支持和鼓励。

苏幕遮　约成美芥

晚秋明，深谷静。碧翠连波，波上仙宫映。风来竹林起涛声。声声入耳，最是润心灵。

忆少年，养育情。多少梦想，如今皆成真。墨落约成宏图腾。邀友举杯，待等春花盛。

图 4　蒋华良赠予吴云东书法作品及溧阳美景

我知道华良有许多好的想法还没实现，特别是创新药的发展，我们都会努力去实现华良的愿望。我最近启动了几个转化的项目，希望能做出一两款创新药，以慰华良之心。

我与华良约定，退休后建一个农场，能经常邀请一些朋友相聚，华良可以亲自下厨做美食、写字、唱歌。话还在耳边回响，人却已经远去，空留遗憾。将来我还是会争取把小农场建起来，希望能经常邀请我们的朋友相聚，只是我的厨艺不如华良。

斯人已逝，许多的欢乐、许多的艰辛、许多的痛苦、许多的分享皆成回忆。华良的离去也使我深感人生苦短，大家都应该好好保重身体，争取为国家多作一些贡献，也给我们所爱的人多一些美好的相聚时光。

悼華良院士

華良走了如一聲霹靂把我的腦子震得嗡嗡直响泪水就涌了出来 第一次认識華良是一九九四年我去訪問上海药物所他是陳凱先老師的博士生但已是組里的學术骨干 一九九七年華良到香港科大與我組合作半年他到的那天正好是邓公小平去世的那天 我們在工作之余經常一起打籃球有時也會一起喝上幾杯 華良在我組里其實是來指導我們做計算药物研究那年他獲得國自然杰青 華良一路發展順利不幾年就成為药物所的主要骨干全國計算药物化學的領軍人之一他是真正用計算化學指導药物的研發取得巨大成功 新冠三年華良為抗疫作出巨大努力每次我他相聚都在忙着重大攻关我知道他承受重大压力身心受到摧残 我與華良都是常州人兩地相隔才十幾公里我們都愛美食也愛做菜當然華良的手艺是公认的一流我們都愛好錫劇我们的地方戲 華良更喜歡王彬彬我則更喜愛梅兰珍 两者都是常州人我们也愛書法華良的行草行雲流水大气磅礴華良的文才出众散文詞歌都有建樹紅燒肉中的著名化學反應就脍炙人口 與華良最後一次見面是十一月初在上海當時說好十二月初在深圳相聚無奈疫情反复未能成行 華良與我有多個约定尚待實現他就匆匆走了我還得堅持把她們一一落實力爭做出一二個創新药物退休後办一個小小的農場開一個有特色的餐館邀請朋友們常在一起聚 華良是個有趣的人喜歡與朋友热闹 華良一路走好天堂没有压力也請帶上這篇小文

云東 二〇二二年十二月二十四日

图 5　吴云东纪念蒋华良书法作品

缅怀亲密战友蒋华良院士

丁　健

我与华良有太多太多共处的时光。

华良是一个最讲政治的人，这是我的切身体会。譬如在 SARS 时期，药物对于抗击疫情来说是非常重要的，在上海药物所没有接到明确任务的情况下，我们主动担当，华良更是以此为己任，组织科研攻关。2020 年新冠疫情暴发后，华良同样在第一时间从方方面面去组织协调抗疫科研攻关。新冠疫情时期碰到很多困难，他和我交流得较多，感觉郁闷难解的时候，他会到我办公室聊上一两个小时。我印象很深刻，他从武汉抗疫回来后，和我说新冠疫情伊始，大家都不知道它的传染性到底有多强、有多可怕，只知道很多人因为感染新冠而离世，所以当时他去武汉之前，已经留好了遗书。他坚持要去，因为不到第一线，就不知道疫情的最真实情况，也没有办法进行药物试验。当时希望中医中药能在抗疫中发挥作用，因此就在我的办公室里，我与华良就新冠防控中药临床研究进行了充分沟通。从武汉抗疫回来后，他也同我讲了他和左建平教授二人两次前往武汉的整个过程。当时交通基本断绝了，去往武汉的车厢里只有他们两个人，整个过程特别艰辛，他们每日一同商量抗击疫情的事情，但还受到不实之词诽谤，我很担心，便安慰他、鼓励他。

作者简介：丁健，男，1953 年生，上海市人，中国工程院院士，中国科学院上海药物研究所课题组长、研究员。本文为丁健参加蒋华良追思会时的发言稿节选。

后来研发 VV116 的时候，华良也同样每日工作到很晚，几乎每晚都要开视频会议，与各方进行协调、交流，商议对策。我印象最深刻的是实验结果出来的那天，华良、宁光院士，还有徐华强教授、沈敬山教授，我们 5 个人在 DDDC 的小会议室开会。他们报告宁光院士说结果出来了，我们的药抗病毒作用显著，在安全性等方面具有优势，我们几个都非常兴奋。其实当时华良和我们都是抱着一个非常简单的想法：我们不能这么封控下去，我们不但要有疫苗，还要有药才行。华良就是拥有如此纯粹的家国情怀——我们要有自己的药。所以当得知 VV116 研究结果很好时，宁光院士当场给中华人民共和国国家卫生健康委员会（简称卫健委）负责抗疫科研攻关的曾益新副主任拨了一个电话报喜，曾益新院士也很兴奋，与华良和我都通了电话，我们还开了一瓶葡萄酒庆祝。从这件事情可以看出，华良一直是胸怀祖国、克难攻坚，国之所需就是吾志所向，就是我们奋斗的目标。

华良和我在一个所领导班子里工作了将近 10 年，我们在科研方面也一直有合作，共同发表了很多文章，计算机辅助药物设计在药理学研究中也发挥了重要的作用。他勇于进行科学探索，也能非常敏锐地把握前沿技术。他最早引进了一套三维可视化设备，我记得当时很多领导都去参观 DDDC，该设备有早期的虚拟现实功能，对普及计算机辅助药物设计起了重要作用。凯先院士和华良团队是我们国内最早开始把计算机信息科学融入药物研究科学领域的，他们在国内首先进入了这个领域，后来才发展到人工智能。另外，我们国家医疗体系的高级仪器基本上都是进口的，当时华良听说骆清铭院士的生物影像技术是原创的，他非常兴奋，在国内第一个引进了他们团队研发的显微光学切片断层成像（micro-optical sectioning tomography，MOST）技术，做出了许多出色的创新性科研成果。在人才引进方面，他也非常敏锐，一直在挖掘掌握前沿技术的人才。他的基础知识也非常扎实，我们办公室相邻，我时常看到他在工作之余还学数学，做高等数学题。他还经常给我推荐好的读本。作为一位科学家，他不断学习、求知创新的精神，给我留下了深刻的印象。

华良坚持说真话，我也深有感触。我听过一次他的报告，现在人工智能、人工智能药物是热门话题，华良做的报告就是关于智慧医学、人工智能方面的，他讲了很多这方面的发展和例子，还讲了需要努力的方向和未来的前景。

但紧接着他又讲，现在社会把人工智能神化了，认为什么事情都可以解决。他说任何技术都不可能完全解决所有问题，现在的技术还远远没有达到这种程度，很多公司跟风进行投资是要栽跟头的。我觉得他讲得非常在理。这个是他自己从事的领域，他就讲了真话，他的求实精神值得我们好好学习。

我认为华良课题组是学科交叉做得最好的。而多学科交叉才能够获得真正的发展。我可能与很多人有过合作，但是和华良的合作是一种更加广泛的合作，包括许多新的核心的地方。另外，我们国家太需要科普了，华良在他繁忙的工作之余，也做了很多的科普宣传工作，而且是通过很好的形式，例如通过讲解红烧肉的美拉德反应等通俗易懂的方式来进行科学普及。

华良乐于助人，他非常乐意在各方面尤其是健康方面帮助大家。2018 年，得知我血糖高，他知道甜茶可以降低血糖，就把甜茶做好了送给我，隔段时间还特意关心我的身体状况、是否需要再补充甜茶等。我家原是住在浦西，后来上海药物所东迁张江后，我便想在浦东买套房子，方便工作。那时我比较忙，是华良联系我爱人，亲自带她去看的房子，最后机缘巧合，和他成了邻居。

华良就是这样一个性情中人，有时候碰到一些不开心的事情，我们也会一起聊聊。但真没想到，华良英年早逝。我们都很难过，失去了一个好战友，也失去了一个伟大的科学家。但是，华良的业绩和他的精神会永远活在我们心中，也值得我们学习、发扬光大。

华良千古！

曾经相约，终会相见

钱旭红

很伤心！在这个世俗的世界，我再也见不到华良了！但我相信在另一个世界，我会见到他。

他走得那么突然，所有人都无所准备；他走得那么坦然，似乎一切都有所准备。

因为我的学术前辈与华良的前辈有着非常密切的研究合作关系，我们在20世纪90年代的早期相识。印象深刻的是，他常常住在实验室，被褥的头部是乌黑的，长久没有清洗；头上的毛发卷曲着，像鸡窝，这就是学问和实践所在！

华良，真不知道，相知相助了多少年，现在我觉得您一切应该顺利了，安顿妥当了，您却突然走了，你想过我没有？如果没有想到过我，并走了，我很伤心；如果你想到过我，但还是走了，我更伤心！无论何时何地，我肯定要和你理论理论，是什么原因，您不辞而别？

2022年，我和我们承受和失去的已经太多，我正在庆幸过不了几天，年底即将结束，新年即将到来。真的没想到，年底将近，我最后竟然还有最珍贵的失去，而且竟然是您！我伤心欲绝、欲哭无泪！您曾经主动约好我退休

作者简介：钱旭红，男，1962年生，江苏宝应人，中国工程院院士，华东师范大学校长，华东理工大学原校长。

后的风花雪月、风轻云淡、世外桃源何以得现？

泣在深夜！

2022 年 12 月 24 日

补记，在这几十年间，我们有许多交往和合作，华良多才多艺，从评弹、越剧、园艺、诗歌、散文到书法，现在摘取点点滴滴，请见以下图文说明，以作永远的纪念和回忆。

图 1　1998 年 9 月 23 日，北京，中国青年科技奖颁奖地点
（左起：钱旭红、李正名、蒋华良）

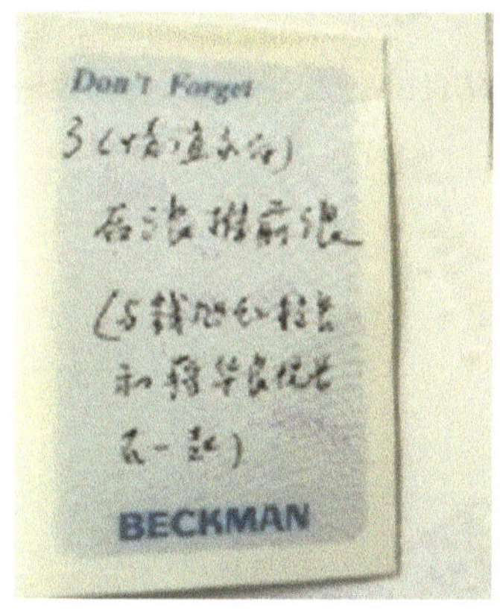

图 2　1998 年，图 1 照片背面李正名留言

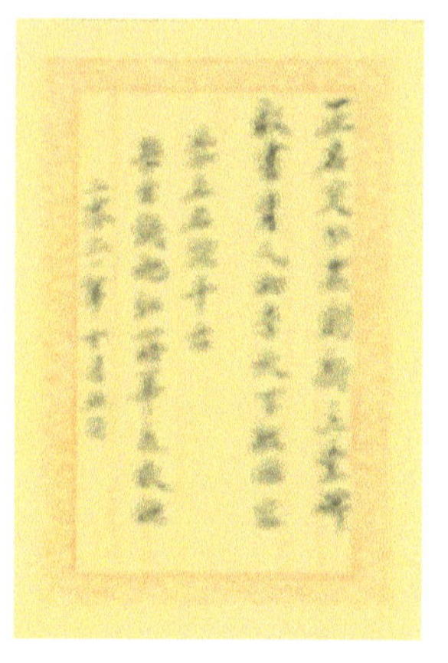

图 3　2021 年，蒋华良代表他与钱旭红为李正名撰写悼词

图 4　2019 年 4 月 25 日，相约同游扬州瘦西湖

图 5　2022 年 10 月 29 日蒋华良作为中国科学院药物创新研究院院长走访华理药学院

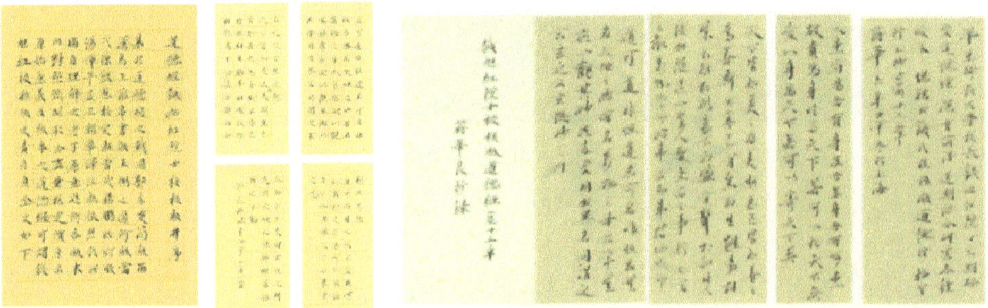

图 6　2021 年 12 月 15 日，华良的书法

“国之所需，吾志所向”，缅怀蒋华良院士

李儒新

2022 年 12 月 23 日，华良院士永远离开了我们。他的逝世是我国药学界和化学界的重大损失。

在抗击新冠的战斗中，华良院士功不可没。可谓国士无双，在武汉疫情暴发的第一时间，他毅然奔赴最危险的前线。2020 年 1 月中旬，根据最新获得的新冠病毒蛋白结构数据，他第一时间进行了大量的药物筛选试验，提出了老药新用的多个方案，为新药研发指明了重要方向。为了快速推进新药 VV116 的研发，他又亲自推动国际多中心临床试验，VV116 于 2021 年 12 月在乌兹别克斯坦获批上市，成为全球首个获批可用于重度新冠病毒感染患者治疗的口服抗病毒药物。直到生命最后一刻，他仍在一线“奔跑”。良药已出，斯人不再，但他受命于危难之际，以赤诚之心力挽狂澜的家国情怀值得我们永生铭记。

华良院士对科研执着，对教育也同样热爱。在 2022 年 4 月上海疫情最为严重的时期，我代表学校联系他，邀请他出任上科大科道书院的院长，他欣然应约并立即投入了大量的精力。他将教书育人视为科学家的责任，以实际

作者简介：李儒新，男，1969 年生，福建建瓯人，中国科学院院士，研究员，张江实验室主任，上海科技大学党委书记，中国科学院上海光学精密机械研究所学术委员会主任。

行动自觉践行习近平总书记提出的院士要做的“四个表率”；他注重提携和培养年轻人才，他培养的优秀人才已经在上科大的相关研究领域发挥了重要作用。

华良院士用他的一生坚定地践行和诠释了“国之所需，吾志所向”的崇高理想，我们将永远缅怀与传承他的高尚品格与科学精神。

热爱科学，矢志为民

骆清铭

昨日惊闻华良院士辞世的消息，我愣怔许久、整夜无眠，心情久久不能平静。直到今天，我仍觉得难以接受斯人已逝的残酷事实。朋友圈和微信群接连不断的消息，都是震惊、惋惜、悲痛和缅怀。这两天我的身体正与新冠斗争，大脑有些恍惚，这个令人悲恸的噩耗更是加剧了这份恍惚。与其继续心神不定，不如回忆曾经一起奋斗过的岁月，以作纪念。

我与华良相识于 2001 年，共同服务于“十五”863 计划生物信息技术主题。我虽然作为正式的专家组成员时间不长，但还是经常受邀参加考察、研讨和项目评审。与华良和其他专家相比，当时我在生物医学领域还只是“小白”，所以我也不放过一切可能的“跟班”学习机会。在科技部和中国生物技术发展中心的带领下，专家组的工作非常认真，对每一个拟立项的项目都要考察，反复甄别。对于已经立项的项目，专家组还要定期实地检查进展，并及时帮助解决出现的问题。华良一直是专家组中最活跃的，他的心中始终怀着“国之所需，吾志所向”的家国情怀，总是站在国家利益高度来分析问题。他睿智、犀利，提问题一针见血，观点旗帜鲜明。多年以后，我发现他依然保持着这份“率真”本色，这或许正是他能成为一名杰出科学家的根本原因。

作者简介：骆清铭，男，1966 年生，湖北蕲春人，中国科学院院士，海南省政协副主席，海南大学校长。

华良一生潜心科研，是一位严谨治学的科学家。他曾讲过，这辈子最想做的事情是搞出一个华良反应方程式。他对科学的热爱让我感动，他对研发新药的痴迷更是令我敬佩。2010 年底，我率领团队研制出了 MOST 系统，这套系统在小鼠全脑范围内既能实现对神经元的检测，还能获得血管信息。华良马上想到 MOST 系统可以用于药物研发。他告诉我，由于不知道是血管先出问题，还是神经元先出问题，导致针对阿尔茨海默病的药物研发困难重重。很快，他组织队伍，迅速利用 MOST 系统开展了阿尔茨海默病早期病理的研究，并取得了非常漂亮的结果。每每讲到这些结果，他总是非常兴奋、非常投入。我想，热爱科学、痴迷于科学，正是一名科学家的本色。

华良院士不仅学术思想活跃，也是一位心怀“大爱”的科学家。他热心助人、奖掖后学，他从不考虑自己的利益，他首先考虑的都是国家的利益和科学的进步。2019 年，统战部门组织一批专家来帮扶海南大学（简称海大），华良院士也在其中。华良与学校一起分析了海南在药物研发方面的优势，帮助海大制定了药学学科的发展路径，并欣然接受邀请兼任药学院名誉院长。他帮助海大物色了多位领军人才，其中包括现在的药学院院长。如今，这位院长正带领药学院实现跨越式发展。

华良院士还是一位极具情怀的科学家。当得知槟榔种植是海南 230 万农民的重要经济收入来源时，如何推动槟榔产业转型升级成为他心头的一件大事。记得他了解情况后，多次与我通话，反复讨论如何既能最大限度地保护农民的利益，又能减轻槟榔的危害、挖掘槟榔的价值。每次通话，都让我感受到一位有情怀的科学家的纯粹。多么希望华良院士还能牵头，团结并带领更多药学专家帮助海南槟榔产业转型升级啊！

世界失去了一位有远见卓识的科学家，我也失去了一位好伙伴、好朋友。斯人已去，风范长存。愿华良兄一路走好！

2022 年 12 月 24 日于海南

高山仰止，景行行止

胡金波

作为一名战略型科学家，革新型领导者，卓越型教育家和热爱生活、具有文化气息的生活家，蒋华良院士的科学精神、爱国精神、创新精神、育人精神以及生活态度，值得我们学习和弘扬。

我本人和蒋老师相识多年，一直以来蒋老师非常支持我的工作。我长期在中国科学院上海有机化学研究所工作，在有机氟化学重点实验室当了 10 年主任，陈凯先院士和蒋华良院士都是我们实验室的学术委员会委员，他们一直支持有机氟化学重点实验室的发展，也给了我们很多指导和提点。

2021 年，我也非常有幸与蒋老师一起在中共中央党校（简称中央党校）作为同班同学，共同学习了四个半月。我们报到之后，蒋老师主动打电话给我，他问："金波，你到了吗？"当时我住三楼，我马上到一楼的房间找他。蒋老师说希望在党校学习期间，我们二人每天散步聊一聊。所以我非常有幸每天有一小时与蒋老师散步聊天的机会，这是我一生当中十分难得的经历。有时候我在想，我与蒋老师的交流可能比他与上海药物所一些同事的交流还要多，从他自小成长的家庭环境，到常州的古建筑，再到他自己的学术成长

作者简介：胡金波，男，1973 年生，浙江慈溪人，中国科学院上海分院院长、分党组副书记，中国科学院上海有机化学研究所研究员、博士生导师、课题组长。本文为胡金波代表中国科学院上海分院参加蒋华良追思会的发言稿节选。

经历、出国经历，以及上海药物所的发展等，他的一生我们基本上都谈过，我也从蒋老师身上学习到非常多。

我印象特别深的是蒋华良院士的三个方面。

第一个方面，蒋老师有非常强烈的家国情怀和事业心。尽管蒋老师不是中国共产党党员，但他的爱国、爱党的赤子之心绝对不比我们很多党员淡。同时，他也熟知历史，十分了解中国的发展成果来之不易，他多次跟我讲道："金波，我们国家真是幸运啊，在每一个发展的关键时期都有一位杰出的党的领袖掌舵领航。"他科技报国的事业心也非常强烈，对此我特别感动。在党校，由于他每日要思考的事情甚多，所以经常晚睡，例如他有一段时间总在思考和修改他要交给科技部的报告，我问他为何还不睡觉，他告诉我，他每天睡觉需要吃安眠药。他对工作非常认真，总是精益求精，包括他对文本材料的要求也是非常高的。我总感觉到他的责任心很强。我让他适当地放松自己，他对我说现在实验室压力很大，要抓紧时间快速推动发展为国家作贡献。他这种对工作高标准、严要求的品质非常值得学习。

第二个方面，蒋老师正直善良、乐于助人的人格特征非常鲜明。他向我讲述过他帮助一些平凡的人的故事。他说他曾帮助过一位从农村到上海找工作的年轻人，通过他的帮助，后来那位年轻人创业成功。在党校时，蒋老师还曾经到我们支部开展了一次讲座，专门讲授应当如何保养身体，得到大家的赞同与广泛应用。

第三个方面，蒋老师非常多才多艺。蒋老师曾发给我很多信息，包括他自己利用数学推导来解释《易经》里面的一些内容，让我大开眼界。还有他在书法、诗词、体育等方面都很优秀，特别是他的书法让我印象非常深刻。有一天，蒋老师到我寝室，看到我房间里有毛笔和墨水，他很感兴趣，上手练起了书法。我发现蒋老师的书法很好，我说我就每天欣赏你的书法，我当您的书法作品的评论员吧。我就像金庸的小说《天龙八部》里面的王语嫣，自己武功不行，但是对武功的理论知识掌握得还不错。后来我们从党校学习结束回到上海之后，我与蒋老师还一起讨论他的书法作品。另外，蒋老师在填词方面造诣也很高，他对平仄和韵脚等非常精通。

蒋华良院士长期致力于药物科学领域的基础研究和新药研究，始终走在学科的前列。在他的努力下，我国率先建立了药物靶标互助的计算平台，发展了靶标垂钓、“快结合、慢解离”等一批原创药物研究新方法，发现的治疗糖尿病等多个候选药物进入了临床试验的阶段。

蒋华良院士是我国药物设计学开拓者之一、药物化学引领者之一，也是我国化学生物学建设倡导者之一，并积极投身人工智能新药研究，为这些学科的快速发展作出不可磨灭的重要贡献。他曾获得 2002 年中国青年科学家奖、2003 年上海市科技进步奖一等奖、2007 年国家自然科学奖二等奖和何梁何利科技进步奖、2017 年国家技术发明奖二等奖、2020 年“全国抗击新冠肺炎疫情先进个人”称号等。

高山仰止，景行行止。

华良院士曾告诉我他很喜欢梅花。“零落成泥碾作尘，只有香如故。”梅花的品格就是华良院士的品格——高调做事，低调做人。让我们大家一起在蒋华良院士的精神感召下，赓续传承科学家精神，大力弘扬新时代科学家精神，为中国的科技事业发展、为建设世界科技强国而不懈奋斗！

榜　样

李　佳

2022 年 12 月 23 日，蒋华良院士因病逝世，科学界失去了一位优秀的药物科学学家，而我们失去了一位亦师亦友的知己、至亲至善的家人。

我和华良相识多年，作为班子成员之一，我在华良任所长期间协助他和所班子开展工作。我们一路同风共雨，曾是亲密的战友，也是惺惺相惜的朋友。华良丰盈充实的一生留给我们太多的“财富”，他的科学精神、他的爱国精神、他的创新精神、他的育人精神以及他的生活态度，都值得我们学习、继承和弘扬。

我们要向华良学习，学习他潜心研究、勇攀高峰的科学精神。华良是一位天才型的科学家，受徐迟报告文学《哥德巴赫猜想》的影响，他在学生时期便对数学产生了兴趣，在初中就自学完成了高中数学课程，以优异成绩考上县重点中学，并自学了高等数学。1990 年，华良在济南全国量子化学会议上遇到了嵇汝运院士，并在听取陈凯先院士关于药物设计的大会报告后，确定了自己的终身奋斗目标：将自身所学到的有机化学和理论化学知识用于药物研究。1995 年，博士毕业的华良在出国留学还是留所工作的两难抉择中，从大局出发选择了后者，以解决当时上海药物所青年人才缺乏的问题，开始

作者简介：李佳，男，1971 年生，山东烟台人，中国科学院上海药物研究所所长、课题组长、研究员、博士生导师，国家化合物样品库管理委员会副主任。本文为李佳参加蒋华良追思会时的发言稿节选。

了以实验室为家、通宵达旦拼命工作的日子。“勤奋”是镌刻在他生命里的烙印，为此，华良还被同事们称为“睡在实验室的‘拼命三郎’”。他博士毕业两年后就获得了国家杰出青年科学基金项目资助，这在当时和现在都是不可想象的奇迹。天分加努力，他长期耕耘于药物科学基础研究和新药发现，取得了累累硕果。通过多学科交叉，他在我国率先建立了药物-生物大分子相互作用的大规模分子动力学模拟等一批功能先进的理论计算技术平台，发展了“靶标垂钓”靶标发现、基于结合动力学的新药设计和评价策略等一批药物研究新技术与新方法，并积极投身基于大数据和人工智能的新药研究。作为主要发明人之一，他发现的多个抗阿尔茨海默病、抗新冠、抗肺动脉高压、治疗前列腺增生、治疗糖尿病和降血脂等候选药物已进入临床试验的不同阶段。

我们要向华良学习，学习他胸怀祖国、服务人民的爱国精神。华良是一位有担当的战略科学家，始终站在国家整个医药战略的高度，为医药产业谋篇布局。对于科技前沿的新动态和新发现，他总是敏锐地捕捉并能很快找到切入点开展研究。自 2001 年起，他分别担任 863 计划、973 计划、国家自然科学基金委员会重大研究计划等科学计划的专家组成员、项目首席科学家，参与了多种生命医药国家战略规划的研究和制定。

华良具有强烈的家国情怀，牢记“国家队、国家事”，作为“国家人”，勇担“国家责”。2003 年初，SARS 病毒肆虐，他带领研究团队全面投入到寻找抗 SARS 药物的研究中，没睡过一个安稳觉，率先在国际上成功表达了 SARS 重要蛋白，标记了一条可能的 SARS 感染途径，并获得了一批有效的抗 SARS 病毒化合物。2003 年，他被评为“全国防治非典型肺炎优秀科技工作者”。

2020 年初，华良第一时间敏锐地感觉到新冠病毒的严峻形势，率先牵头组织多家单位建立抗疫联合攻关团队，全力开展抗新冠病毒药物研发。在危急关头，他与左建平先后两次逆行武汉，在抗疫一线组织开展抗新冠病毒药物临床研究工作。他带领团队发现了一批抗新冠病毒的活性分子和中成药，是我国抗新冠病毒 1 类新药 VV116、SSD8432 和抗新冠病毒 1 类候选新药 FB2001 等的主要发明人之一。2020 年，华良荣获“全国抗击新冠肺炎疫情先进个人”称号。2023 年 1 月 29 日，华良团队参与研发的两款抗新冠药物 VV116 和先诺欣同时获得国家药监局附条件批准上市。

华良天堂有知，应该感到欣慰，可惜批得太晚了！

我们要向华良学习，学习他勇立潮头、敢为人先的创新精神。华良是一位富有改革创新魄力的领导者。在 2004～2013 年担任上海药物所副所长期间，华良积极协助所领导班子抓科研和研究生教育工作，为研究所的平台建设和人才队伍建设作出了积极的贡献。2013 年起，华良开始担任上海药物所所长，他根据中央创新驱动发展新要求，结合中国科学院“率先行动”计划，以及上海市科技创业中心建设，与班子成员一起带领全所从国家战略出发，加强顶层设计，组织实施重大科研任务，加大人才引培力度，深化体制机制改革，研究所工作实现了跨越式发展。

在他的带领下，上海药物所全面推进研究所建设和药物创新研究院建设，率先走出了创新发展新路；在组织管理、人才评价、激励机制、团队建设、人事制度等方面出台了一系列切实可行的具体改革措施。这些成就为研究所“十三五”跨越式发展及“十四五”良好开局奠定了坚实基础。可以说，在座的每一位同事、同学都从华良制定的这些改革举措中获益。

我们要向华良学习，学习他甘为人梯、奖掖后学的育人精神。华良是一位卓越的教育家，关爱后学，言传身教，桃李满天下。他以“爱”“情”“缘”“志”“信”为主题的五篇毕业典礼致辞，在广大学子心中打下了深深的烙印。

他说：“爱是一份责任、一份担当。”“情不知所起，一往而深。今后无论你们到哪里，我们的感情就在那里。”他说：“无论你们从事何种工作，均必须从头开始，一步一个脚印，踏踏实实地干，要‘励志冰檗’，在工作中进一步磨炼自己。”

这五年的发言主题连在一起，即“谈情说爱话缘言志讲信”，是他对学生们无限关爱和美好祝福的极致体现，也是我们心目中有大爱、存大志、干大事的华良的生动写照。

而今，华良的多位学生已在各领域、各单位挑起大梁职责，从他们的身上能感受到华良作为师长的人格魅力对于学生的影响，以及他追求卓越科学和为我国创新药物发展贡献全部力量的精神对于周围人的感召。

我们还要向华良学习，学习他崇德向善、追求美好的生活态度。华良是一位热爱生活、具有浓厚文化气息的生活家。他才华横溢，精研书法，独成一体，评弹越剧，亦能挥洒自如；他擅长烹调，能在饮食中阐发普通人未曾领略的文化“境界”，他的微信文章把苏州“三虾面”和扬州“狮子头”的韵味传遍大江南北，他关于《红烧肉中的美拉德反应》的科普报告更是把美食和化学完美联系起来，开创了全民科普的新生面。他热爱家庭，与夫人携手三十载，相濡以沫，风雨同舟，女儿惜惜是他始终的牵挂。

“清清白白做人，认认真真做事，踏踏实实做学问”是华良的人生座右铭。他曾说：“科研路是一条清寂的路，听上去美好，坚持做下去是一件不易之事。做科研就要耐得住寂寞，不要害怕坐冷板凳。我们在前面为年轻人铺路，摇旗呐喊，希望能有越来越多的人参与进来，为中国科研发展献计献力、奉献一生。”华良一生不忘科技为民初心，牢记人民科学家崇高使命，将对祖国的忠诚、对人民的深情、对上海药物所的热爱，融入到无怨无悔、兢兢业业的药学科学事业中，鞠躬尽瘁，为我们树立了光辉榜样。“国之所需，吾志所向”是他矗立于心的坚定信念，他用一生践行和诠释了这一理想。

斯人已逝，生者如斯；长歌当哭，幽思长存。华良走了，但他的精神永存。

用奋斗续写“国之大者”的追求与抱负

王　燕

这一年我潜意识地回避谈论与华良院士相关的事，因为至今我还不太能接受华良院士已离开了我们。一直到现在，我遇到重要的事时还会发微信给华良院士，包括今年 6 月我被调动到中国科学院上海分院工作，当时忍不住发了一条很长的信息，对我来说，从未感觉他真的离开。

看到上海药物所为华良院士举办的纪念展、纪念纪录片、梅花植树仪式等，在感动、感激的同时，我也感悟到，华良院士确实不曾离开我们，他的精神永远活在我们大家的心中。上海药物所在李佳所长的带领下，在各位老师的支持与协力下，正在用奋斗续写华良院士还未实现的理想目标。

一直有两个华良就像两条平行线出现在我的脑海中。

一个是大家熟悉的，充满激情、为了事业尽心竭力、为了国家舍生忘死、为了朋友倾其所有的大智大勇、多才多艺、开心乐观的探索者、改革者、守护者。以前在我心里，华良院士是万能的，没有华良院士干不成的事业，没有华良院士克服不了的难关，没有华良院士摆不平的事和人，他的精力似乎

作者简介：王燕，女，1965 年生，河北涉县人，中国科学院上海分院副院长、分党组成员。本文为王燕参加“蒋华良院士纪念馆”揭幕仪式时的发言稿节选。

永远是用不完的。他的幽默又是与生俱来，流淌在血液之中的，给同事、朋友带来快乐似乎也是他的使命。

但近年来，我也感受到一个把所有压力、负面情绪过滤给自己，所有问题都自己扛的敏感、细腻、完美主义的华良。记得 2020 年春，华良院士为了双黄连临床验证，在武汉第一线作战。有一天深夜，凌晨 1 点多，他打微信电话给我，告诉我双黄连的药效很好。当时我听到很嘈杂的各种汽车声，就问他在哪里。他淡然地回答，在马路上，并说，他那段时间半夜都会到马路上走走，他说要透透气。虽然他说得很平静，但我透过电话，强烈地感受到那种无法用文字表达的压抑、悲壮和豪迈。

就是这样两个截然不同的蒋华良叠加起来，真真切切地为我们大家诠释了中国科学家的担当、忠诚、进取、艰辛、纯粹和伟大，让我们看到了建设科技强国的真正脊梁的赤胆忠心。

上海药物所于 2023 年 12 月揭牌蒋华良院士纪念馆，对大家而言，它绝非仅仅寄托着上海药物所对华良院士的敬爱和缅怀，更承载着弘扬新时代科学家精神的深远意义，牵引我们弘扬胸怀祖国、服务人民的爱国精神，弘扬勇攀高峰、敢为人先的创新精神，弘扬追求真理、严谨治学的求实精神，弘扬淡泊名利、潜心研究的奉献精神，弘扬集智攻关、团结协作的协同精神，弘扬甘为人梯、奖掖后学的育人精神。华良院士用生命谱写了“爱国、创新、求实、奉献、协同、育人”这 12 个字。

“国之所需，吾志所向”，我们强烈地感受到华良院士把碧血丹心、家国情怀、横溢才华、刚正不阿、慷慨大方都真真切切地镌刻在他对“国之大者”的追求与抱负中。

华良，我们将以奋斗续写你“国之大者”的追求与抱负！

2023 年 12 月 13 日

洒向人间都是爱

江　舸

华良院士身上体现出的大爱与深情是他非常鲜明的个人特色。我与华良院士接触的时间较晚，但对他的印象却非常深刻，特别是他对上科大的建设给予了大力的支持。2019年的一天，华良院士前来上科大与江绵恒校长交流，并让我一同前去。因为需要共同推进一个正式的项目，所以江校长当即就提出能否邀请华良院士到上科大免化所设立一个实验室，并让我负责对接这项工作。华良院士便在上科大免化所设立了实验室，这项工作当时也得到了上海药物所的支持。这也是我人生的一大幸事——能够近距离地服务华良院士。

后来与华良院士接触后，对于他非常鲜明的性格特点，我深有感触。他和我说："你知道吗，雷蒙德·史蒂文斯教授是我推荐给上科大的。"我那时只知道史蒂文斯教授是华良院士引进到上海药物所的，当时我在参与蛋白质设施建设，我还到上海药物所二期去拜访过他，但我还真不知道这段历史。我一直认为史蒂文斯教授是因为觉得上科大还不错而主动前来的，实际上是华良院士为了支持上科大，主动同江校长说有位非常好的外国科学家值得引进，在征得这位科学家的同意以后，把史蒂文斯教授引进到上科大。当时我不由感叹世界上还有这样的人——完全没有小我，他的家国情怀让他始终从

作者简介：江舸，男，1975年生，四川成都人，上海科技大学党委副书记、副校长。本文为江舸代表上海科技大学参加蒋华良追思会的发言稿节选。

国家和人民福祉的角度来考虑问题，着眼点非常之高。包括后来进行像徐华强教授等人才引进，其实都是有他的战略目的的。同时，我们也可以很自豪地讲，GPCR 作为最重要的药物靶标蛋白，在这个领域的结构和功能研究，上海药物所和上科大的众多科学家应该是世界的 NO.1，其中华良院士功不可没。华良院士的胸怀非常广阔，在攀登科技高峰的同时，也积极助力上科大的发展。

2018 年时，校领导派我去担任上科大免化所的执行所长，上科大免化所前 5 年的发展应该说不算让大家特别满意。在华良院士到上科大免化所之前的某一天，他同我聊了一个多小时关于上科大免化所学科方向的发展问题，他提出上科大免化所要注重未来的，特别是计算生物学或者药物计算方向的发展。他说："你知道吗？Michael Levitt 教授第一次来访中国是我邀请他来的，而且请他到了千岛湖，还给他做了一个鱼头。"后来 Levitt 在上科大担任特聘教授，还建立了一个实验室。他还告诉我，他有一个学生目前在得克萨斯州已经拿到教职了，这位学生要回国，华良院士想推荐他到上科大免化所来。我十分感动，当时我刚任上科大免化所所长，对上科大免化所的学科发展、人才引进等问题可以说是不太有清晰头绪的，华良院士便一直手把手教我如何引进人才。而我们上科大免化所的白芳教授应该说是华良院士最得意的弟子之一，也是他最得意的女弟子。华良院士就是这样一个非常立体的、全面的人，特别感谢他对上科大以及上科大免化所的大力支持。

其实进行抗新冠病毒药物研发这项工作可以说是当年抗 SARS 的一个积累与延续，他一直没有放弃抗击类似这样的重大传染病，他与饶子和院士在抗疫过程中也结下了非常深厚的友谊。饶子和院士是上科大免化所的特聘教授，每到 12 月份，我就发现他的办公室里面会出现一束非常美丽的、芳香的梅花，我就问饶子和院士这梅花是从何处购入的，外面见不到这个品种。他说是华良院士知道他也喜欢梅花后，每当家里的梅花开了，他就会剪很大一株送给饶子和院士。我也记得是 2020 年，华良院士加入上科大免化所后，他花了很大力气在老家请他的表弟寻了很长时间，找到两棵梅花的树种，等到 3 月 12 日植树节，从家乡把梅花移植到上科大。在校园里，在每年最寒冷的时候，梅花开得非常好。每当我看到这个梅花，我都感觉像是华良院士的笑容，它激励着我们不断地奋斗前进，以他为榜样。

2020年2月份是新冠疫情肆虐之时，华良院士与左建平研究员深赴武汉一线，是当之无愧的“最美逆行者”。当时华良院士在去武汉的路上给我也发了照片，整个火车是空荡荡的。过去几年的奋斗一直到2023年年初的抗新冠病毒药物VV116上市，上科大很自豪地在上海药物所的带领下，在抗新冠病毒的新药研发上产出了一批顶级的科研工作成果，在GPCR的结构与功能研究方面，上海药物所和上科大是世界的最高地；同时在华良院士的辛勤耕耘和支持、领导之下，在抗新冠的重要药物靶标结构与功能研究以及药物研发方面，我们也是世界的最高地。记得当时饶子和院士与华良院士商量后，决定不发表文章；杨海涛教授将3CL蛋白酶（3CLpro）的结构等成果也直接公布出来供全世界的科学家进行药物研发，直到后来杂志编辑主动前来联系才发表了文章。我想这两个故事也更加凸显了华良院士的科学家精神。

这几年，华良院士为我们带来了很多欢乐，他的书法、诗词、评弹，让人印象深刻。华良院士总是把人间最美的东西呈现给大家，却把最重的担子扛在自己的肩上，自己默默地消化痛苦。

按照惯例，上科大每年都有一次校长、院所长的聚餐。我们每回都询问华良院士何时有空为聚餐掌厨烧菜，做“主厨”，华良院士什么时候有空，我们便就什么时候聚，但非常遗憾却也十分有幸的是只有过一次这样的机会，因为他非常忙。那次他是带着助手来，非常讲究细节和质量，先到我们厨房“检查”锅碗瓢盆顺不顺手，后来他跟我说：“你们厨房不行，很不顺手，佐料也不行，材料也不行。”所以那次聚餐的所有佐料都是他自己带过来的，还有一个卤菜是他提前卤好的，大家都知道他有一个自己的秘制卤水的配方，他还带我专门去看过。他就是这样非常注重细节的一个人。

华良院士作为科学家不仅富有家国情怀，同时还是一位典型的中华文化里所说的君子，有大侠之风。华良院士还是上科大科道书院的院长，当时华良院士欣然同意担任书院院长时，我们都有些吃惊，因为他平日非常忙碌，但他说其实他对学生的培养，特别是本科生的培养非常感兴趣，所以我觉得华良院士还是一位教育家。他离开我们的那天是12月23日，而22日下午，他还在参加上科大科道书院的考核会。我想，我们必将继续支持与呵护好华良院士在上科大免化所的科研工作，也期待能够和上海药物所共同推进专利的转化。

华良院士洒向人间的都是爱，让我们共同缅怀华良院士的家国情怀与对人间的大爱，传承与弘扬他的科学家精神，继续为我国的科技事业、教育事业砥砺前进、艰苦奋斗。华良院士虽死犹荣，虽死犹生，他为国家、为科技、为人民奋发拼搏的精神，将万古长春、永垂不朽。

仰天诉悲痛，俯地倾悼念

吴吉安

去年的今天，蒋华良院士猝然逝世，噩耗传来，无法相信，无比震惊，无限悲痛。我急忙拨通了陈凯先院士的手机，他喃喃地说："是真的，华良走了！"随即我们就失声痛哭起来。两人在越洋电话里哭泣，无言相对，整整延续了五分钟，陈凯先才哭着说："事发突然，痛彻心脾……"

我和蒋华良仅仅见过三次面，总共不到一个小时。第一次见面是 1990 年 10 月中旬，在济南"全国量子化学会议"期间。会后组织大家游览泰山，我和嵇汝运老师在大部队后面从中天门慢慢朝南天门登去，走过了大约三个景点，有许多松树盘绕的一块大岩石上，我们发现华东师大的潘道皑和周伟良两位教授坐在那里休息，旁边立着他们俩的研究生蒋华良。我和嵇先生也坐下休息，潘老师说他爬不上山了。当时，蒋华良同我握了握手说："吴老师好。"

第二次见面是 2004 年冬天，我第一次跨进上海药物所在浦东张江的新大楼，在科研处黄经建的带领下参观了漂亮的园区和实验大楼，最后走进了 DDDC，在蒋华良办公室里和他见了面。他很忙，正在和朱维良讨论工作，他说今天从早到晚都排满了，请黄经建好好招待我。我留下了我在美国的联

作者简介：吴吉安，男，1943 年生，浙江慈溪人，1978 年 7 月至 1991 年 7 月在上海药物所嵇汝运院士领导的"量子化学研究组"工作，1990 年任副研究员。

系地址和电话，就握手道别，他特意叫罗小民带我参观了 DDDC 的计算机和办公室，并让我与大家见面。

最后一次是在美国，2006 年秋天，蒋华良参加中国科学院一个小型的北美考察团。有一天晚上，我接到他打来的电话，告诉我明天上午代表团要参观我上班的美国雅培公司（Abbott Laboratories），但他不能单独脱团活动，可以在会议前在公司办公大楼的贵宾会议室见个面，还特意问我有没有东西要他带回上海。第二天，我提早等在会议室门口，因堵车，大巴到达时离开会只有 10 分钟了。我匆匆给他介绍了我在雅培公司的工作，顺便把一小包轻便的东西交给了他。那是雅培公司的血糖测试试纸和针，请他转交给李晓玉老师。

从那以后，虽然我多次去张江，但是每一次他要么在出差，要么在开会，我们没有机会再见面。我只有通过上海药物所官网和蒋华良在微信公众号“朵朵花开淡墨香”上发表的文章里获得他的消息。一直到 2021 年 6 月，我把写的一篇短文《汇龙潭和扶唐桥》发给所里同事，隔天黄经建发来微信，说蒋华良读了很感兴趣，因为文章里有一段文字记叙了他在华东师大读研究生时的两位导师，他想与我互通微信。我见后喜出望外，立刻加了蒋华良的个人微信“蒋华良-荷塘夜色”，从此我们建立了联系。从 2021 年 6 月 12 日起到 2022 年 12 月 22 日，在“蒋华良-荷塘夜色”的微信中一共记载了 588 篇。其中蒋华良写的有 126 篇。他的微信都是自己写的，从来没有转发过一篇文章和图片视频。这几天我反复重温了所有的微信往来，深切缅怀蒋华良院士的高风亮节和做人楷模。我整理了若干内容，沉痛悼念蒋华良院士的逝世。

尊师敬老

2021 年 6 月 12 日，华良的微信写道：“吴老师：今天忙了一天，才有空读了您的《秋登泰山》文章，感触良多，那是我第一次参加学术会议，周（伟良）老师把我介绍给嵇（汝运）先生和陈（凯先）老师，并答应我毕业后到药物所读博士。周老师身体不好，我帮他做了 60 岁生日，不久就去世了。师母张老师前年也去世了，我去参加了追悼会。潘（道皑）老师 87 岁去世，去世前我去看他，他因患 AD 都不认识我了。他去世后，我也去参加了追悼会。”7 月 18 日，我看到上海药物所的一个会议视频，发现其他人都穿短袖，我发了“陈凯先大热天穿的衣服多了点。(整套西服)”。华良马上回复：“我让陈老师注意身体，他就是不听。我还要多劝劝他。”

获悉上海药物所要举办“向光而生——丁光生先生百岁华诞”学术报告会，2021 年 6 月 25 日，我写了一篇文章《永远的恩师和楷模（恭贺丁光生教授百岁华诞）》，先发给了华良，不到一小时，就收到他的回复：“吴老师：文章匆匆看了一遍，很真情流露，很感人。抽空仔细阅读。基于您青蒿素类化合物的 QSAR 论文，我做了 3D-QSAR，也发在《中国药理学报》，文章找到后发给您。华良。”我马上找到他的论文，把这段加进了我的文章，华良又回复说：“吴老师，写得很好！”2021 年 7 月 18 日，华良发来微信：“吴老师：所里明天为丁先生百岁庆生，您有什么话要说吗？我可转达。”第二天，我发微信给他：“我刚看完（庆祝丁先生百岁华诞）直播，您的发言非常精彩。”华良马上回复：“吴老师：下次称我‘你’即可，我是学生辈，不能本末倒置。”这使我非常感动。

2021 年 12 月 19 日，我发给华良：“明日冬至，想念离去的亲友，更缅怀今年驾鹤西去的谢毓元先生。谢谢你今日专程去苏州为谢老师扫墓。”华良回复：“是的，十分怀念老先生。等疫情过后，您回来，我们同叶家苏和陈凯先老师一起到苏州为谢先生扫墓。”

学术交流

我们的微信往来，有很多是有关药物研究的内容。

2021 年 8 月 18 日，我转发了微信公众号“环球科学”上的一篇文章《吃下“年轻”的粪便后，它们的大脑也变年轻了？》给华良，这是爱尔兰科克大学爱尔兰 APC 微生物组研究所发表在《自然・衰老》(*Nature Aging*) 杂志上的研究论文。该研究表明，移植年轻小鼠的肠道菌群给老年小鼠，能抵消老年小鼠大脑中与衰老相关的特定改变。我表示“此文能佐证耿美玉老师的 GV971 肠脑作用机理”，华良很快回复：“这个实验耿美玉几年前就做了。”

2022 年 7 月 25 日，我收到华良发来的三张照片，他问我：“吴老师，这是您写的手稿吗？”我看到后，发现该手稿是 20 世纪 80 年代用来拷贝量子化学计算程序磁带的详细使用说明，虽然顶格写了我的注解，但是正文不是我手写的。我告诉他：“华良，这不是我写的手稿。我一直在分院计算中心用宝来机计算 CNDO-2 和 EHMO。后来有机所买了一台 VAX-IBM PPS8，我们很快建了一个机房，买了远程终端与有机所计算中心联机，除了计算外还可查美国化学文摘（CA）。这些都在陈（凯先）老师从法国回来前建好。他在法国的程序也是通常的 IBM 系统。我们的一些宝来机程序都要从磁带或卡片转成 IBM 格式，这份拷贝说明应是分院计算中心写的。”为此我非常感动，非常感谢华良和 DDDC 珍藏这些早年的资料。

多才多艺

许多纪念文章都记叙了蒋华良的书法功夫。2010 年 5 月 15 日，我们尊敬的老师、药学泰斗、一代宗师嵇汝运先生逝世。在整个悼念活动期间，华良不但自己书写了巨幅悼念挽联，还替很多同事代写，有的作品还刊登在报刊上。从那时起，我就非常钦佩和喜爱华良的书法作品。在我和华良开通微信后的一年半中，我收到他的书法精品 16 幅，大都是悼念恩师和节日祝福。9 月 30 日，国庆节到了，华良发来祝贺：“吴老师：祖国万岁！祝您及家人国庆节快乐，阖家幸福！华良致敬。”同时附有书法一幅：“提笔写文章，饮酒谈人生，名利身外物，功德留人间。华良题书 2021 年国庆节”。

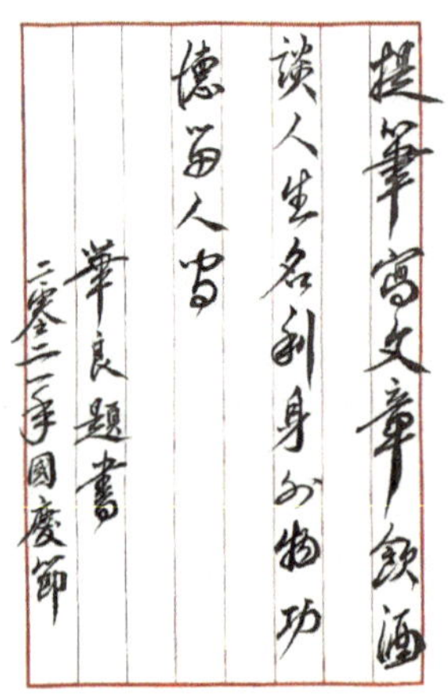

图 1　蒋华良 2021 年国庆节书法作品

华良是出色的语言天才，听说他会各地方言。2021 年 8 月 1 日，我发给他一张照片，是我母校吉林大学校长张希、徐如人、沈家骢三位院士为 1997 届化学院校友捐献的唐敖庆星纪念碑石揭幕合影。华良很快回我：“感谢分享。张希与我同届杰青，沈家骢先生绍兴人，我可与他用绍兴话交流。我也曾与唐敖庆先生用宜兴话交流。徐光宪先生也是绍兴人，生前十分关心我，每次我院士评不上，他总让陈凯先老师鼓励我继续努力，我评上后，老先生走了。我有一次曾表演个节目，模仿唐（敖庆）先生（宜兴话）与徐（光宪）先生（绍兴话）的对话。”

许多文章都提到华良酷爱越剧，也会唱越剧。我因五音不全不会唱，但是个资深越剧迷。在微信往来中有不少对越剧流派唱腔的交流，我深感华良对越剧的喜爱和了解。2021 年 6 月 13 日，我收到他在微信公众号“朵朵花开淡墨香”上发表的文章《年年端阳》，欣赏了他写的四幅介绍《春香传》和越剧大师徐玉兰和王文娟的精美书法作品，聆听了他学唱王文娟大师的《年年端阳年年春》。2021 年 8 月 6 日，王文娟逝世。华良闻讯噩耗，给我发来微信说：“王文娟是一代越剧代表人物，我小时候听着她唱的《红楼梦》长大的。端午节还唱了她的《年年端阳》。”很快我收到了华良写的《红楼梦》唱词《葬花》两张书法照片，照片上附有题款：“越剧表演艺术家王文娟先生今晨仙逝，特抄其红楼梦经典唱词葬花以志纪念，华良书辛丑 6 月 28 日”。他附言说：“已给上海越剧院院长钱惠丽送去了。”

庆祝上海药物所成立 90 周年

2022 年 3 月初，正值庆祝建所 90 周年时，上海药物所邀请海外药物所的所友以多种形式，如贺词、贺联、视频、照片等，祝贺上海药物所成立 90 周年。2022 年 3 月 1 日，华良在发送给我的消息中强调：“吴老师：……我们永远不会忘记每一个为药物所作过贡献的人，不会忘记每一位在药物所工作过的同志们。我经常与您、顾坤健老师等联系，就是一个例证。……药物所是国家的、是科学院的，也是全体药物所人的……”我马上转发了华良的微信。大家感到很欣慰，都先后行动起来，最后有林隆泽、李良泉、谢福明、嵇本一、顾学钦和我等 6 位所友的贺词、照片和视频在上海药物所成立 90 周年庆典大会上播放。不少所友发给我微信，嘱咐我代他们向上海药物所表示热烈祝贺。

可惜，由于受国内外新冠疫情的影响，原定于 2022 年 10 月 15～16 日举行的上海药物所成立 90 周年庆典大会延期至 2023 年 4 月 8～9 日举行。大庆之日再也看不到蒋华良院士的身影，听不到他的声音。

2022 年 12 月 21 日晚上 9 点 15 分，我收到蒋华良在北京时间 12 月 22 日中午 11 点 15 分发来的微信：“吴老师：冬至万福！华良。”一天后，华良在上海猝然逝世……

我们无比悲痛，深切缅怀！蒋华良院士永远活在我们心中！

上海药物所老职工吴吉安于芝加哥　2023 年 12 月 23 日初稿

经 2024 年春节、2024 年 6 月两次修定

蒋华良院士的“三高”

——高智商、高才华、高情商

毛健林

学校联系我，我校杰出校友上海药物所原所长蒋华良院士逝世将三周了，学校想要推送一期祭悼性的微信，约我写点悼念文字。曾为蒋华良院士一日师的我，受他敬重，过从甚密。这点要求本当义不容辞！但近日新冠中招，气虚力弱、思维紊乱，难以命笔。鲁迅先生曾经说过：“长歌当哭，是必须在痛定之后的。”自华良院士逝世以来，1983 届文理同学群内一片万马齐喑的哀伤氛围，痛犹未定，何能写出当哭的“长歌”呢？

华良院士有“三高”——高智商、高才华、高情商！

高智商。小学、初中、高中、大学、读硕、读博，都是一流“学霸”！1989 年，他以华东师大考研第一名的骄人成绩成为潘道皑先生的关门弟子，后又考取博士研究生，师承嵇汝运、陈凯先两位院士，毕业后留上海药物所工作。36 岁即为博士生导师，每年招收若干博士生；52 岁正式当选为中国科学院院士，是最年轻的院士之一！在他逝世前夕，由他领衔的研究团队已有多个新药研究成果结题，进入临床试验期，其中就有抗新冠病毒特效药物。

作者简介：毛健林，男，1944 年生，江苏武进人，省武高退休教师，蒋华良院士高中语文老师。

痛惜天不假命。

高才华。华良院士读高中时，正是“重理轻文”的年代，读理科的轻文史。华良理科见长，起初有些轻文，我任他一年语文教学，见他天资聪颖，给他面批两次作文，他竟然一点就通，而且受业之感常铭心际，后来见面多次提及，感激之情溢于言表！他常在师生群里发帖。《点点花开翰墨香》是他作品结集书名，我曾斗胆与他相约要为他校订定稿出版，来个“枯藤缠大柯”。如今他突然离去，遗稿何人何时能收集起来、校订出版呢？华良院士多才多艺，常在师生群里来段锡剧、越剧、苏州评弹、江南小调，有模有样。他还是位美食家，亲自主厨烧出一桌子菜，能让大厨汗颜，红烧肉是“当家菜”。疫情流行前，他曾约我去溧阳树园（甜茶树园，一种可降血糖的药茶树）品尝他的拿手菜。疫情来袭三年未得成行，不亦伤心乎！

高情商。华良胸襟磊落，重情尚义！师生有困难，他倾力相助。同学周某生病，他是首倡捐款者之一；同学陆某患病，他千方百计联系医院、邀约医生、选购特效药品，帮扶之情情同手足。他将在湖南开发的降糖药物——甜茶多次无偿赠送给他的老师。我在上海时，他亲自开车送来两大袋甜茶，我足足服用了三年！家国情怀是华良院士根牢固实的情商，在出国淘金潮涌时，他凭学养名望，完全可以到国外院校或实验室去就高职、拿高薪，他每年起码有三个月到国外院校实验室讲学交流，但他不贪恋羁留，准时回国。闲谈之中，他对我说，我们上海这种大都会，国际上也难找到的，为什么非要去国外的花花世界呢？国家培养了我们，我们的根在中国，当报效祖国！他的女儿也十分杰出优秀，他也未把女儿送到国外培养，女儿现在国内就职。他出身常州东安，自小在宜兴外婆家长大，他视常州、宜兴为故乡，谈起家乡风土人情，绵绵乡愁如数家珍；他视省武高为展翅腾飞的起点，家国情怀、母校师生情谊感人至深！

呜呼，华良院士，苍天何忍丧我英杰！正是创业报国的黄金时代，就这样仓促逝去，药界前哨，飓风摧折大纛；莘莘学子，上苍损我英才！哀哉，尚飨！

我心中的华良

马　驰

昨天，吉永华教授发来信息，说华良先生走了，我还以为是网上谣传，但最后竟被确认情况属实，这实在是太突然了！

我与华良本不是一个行当里的人。他做药物研究，我做文学理论研究，是民盟让我们相识、相交，成为挚友，走得很近。我们的交往始于多年前的民盟全国代表大会。当时，我俩被安排在友谊宾馆悦宾楼一个房间。他向我介绍他正在从事计算机辅助药物设计，做靶向药物研究；我向他介绍我从事西方马克思主义文艺理论研究。那时，我们交谈最多的是盟内前辈；他问我是否知道嵇汝运先生，我说当然知道，因为上小学时，我们都读过《为了六十一个阶级弟兄》。他告诉我，嵇先生不仅学问好，还是个有诗情的文人，并从电脑里翻出老先生的旧体诗给我看，我们一边读着老先生的诗作，一边听他回忆老先生对他的教诲。从他的真情流露中，我感受到他对民盟一往情深。在召开全国代表大会的过程中，我们对一些问题的看法及立场惊人地相似，每晚，我们都会躺在床上深谈，谈国家、谈民盟，有时不免还有一些“妄议”，直至熬不住了睡去。我们“同居”一室，同出同进，一起在友谊宾馆散步，

作者简介：马驰，男，1955年生，上海市人，上海社会科学院思想文化研究中心研究员，上海大学博士生导师，上海电影学院博士生导师，北京第二外国语学院丹麦研究中心特约研究员，全国马列文论研究会副会长，全国毛泽东文艺思想研究会副会长，曾与蒋华良院士同为民盟第十一届中央委员。

一起去东厂胡同参观民盟机关大院，凭吊北平药物所旧址；我向他介绍“黎大总统”趣闻，他向我介绍上海药物所前身——国立北平研究院药物研究所掌故；从那时起，我们成了好友。无论走到哪里，华良都背着他那台老旧的IBM 电脑。每到晚上，他都会把电脑包藏在席梦思床垫下，有几天甚至放到我的床下，说是为了安全。我非常不理解他为何这么在意这台笔记本电脑，他告诉我里面有国家核心机密。我是个对机密最不感兴趣的人，此生也不想知道什么机密，因此我很少过问他的研究。

记得多年前，他开始担任上海药物所所长。在上任前，他突然找我，说是想让我给他们全所开个讲座，并且说这是他上任伊始的第一个讲座，一定要成功。为此我有些为难，因为我不谙药学，能说什么呢？他让我讲马克思，这让我诚惶诚恐，心想科学家们能听得下去吗？他非常坚决地说：一定能听下去，而且会十分受益。于是我在上海药物所讲了一堂《马克思给我们留下了什么精神遗产》的讲座。华良是个热心人，当我走进上海药物所，就发现两旁贴了好几张讲座海报，这些海报制作精美。讲座结束后，华良还特地揭下一张，精心卷好，扎上蝴蝶结送给我留念。这些年我在国内外高校、科研院所开过不少讲座，那是我保存至今的唯一的一张讲座海报，因为上面印着我俩名字：一位是社科院的主讲人，一位是科学院的主持人。科学是不分文理学科的，科学家的研究方法有时是相通的。

生活中的华良朝气蓬勃，浪漫而又洒脱。他虽是个科学家，但颇有文艺青年的天赋，说学逗唱样样精通，只要华良出现的场合，一定不缺欢歌笑语。生活中的华良是有原则的，他对民盟内、社会上的不良风气嫉恶如仇，经常发出刺耳的声音，因此他也得罪了不少人。生活中的华良又是精致的，他把实验室的精致带进了生活。记得有一次我们一起在北京开会，早晨在宾馆用自助餐，我们都取了平时很少吃到的油条，我俩都是南方人，于是很自然地就到处找生抽而不得。最后华良请服务员帮忙，这位北方服务员竟然取来一碗老抽，于是华良为这位服务员“科普”了一番生抽和老抽。虽然生活中的华良有光鲜亮丽的一面，但是他的成长经历并非一路平坦，童年的苦难同样让他刻骨铭心。好在华良有豁达的心胸、开朗的性格，即便是在苦难的年代，他也会苦中作乐。华良有一手不错的厨艺，作为老友，我对他烹制的猪头肉印象深刻。他告诉我烹制猪头肉的绝技是他小时候在农村劳动时学得的。当时的农村，每年冬天都要开展基本农田水利建设。他当时年纪小，被安排在炊事班打工。当时有个厨子很会做猪头肉，于是他就学来了这项独门绝技。他家有一口大铁锅，平时根本没用，每年就是用这口锅烧一次猪头肉。以前春节前后，我们这些老友都会聚聚，我们最为惦记的就是华良亲手烹制的猪头肉。每当华良出现的时候，他手上总是高高举着一个塑料包，并且大呼：猪头肉来了！这成了我们一年中最为欢乐的时光！

如今老友匆匆走了，愿他带着那份特有的热情、带着朋友们的无尽眷恋与思念，一路走好！

剧幕有开有落，剧情华润流芳

吉永华

开药物设计先河　辟化学生物天地

融多种学科之长　铸新药研发国器

华良贤弟走了，毫无征兆，悄无声息地走了，哀痛的心情持续不能平复。

初识华良贤弟是在约 30 年前，中国科学院正处创新改革的浪潮中，时常耳闻他对盲目冲动、无序乱象的质疑和批评。他曾在一次评议会上直言不讳地提出了自己的灼见，这一举动引起了中国科学院学生群体的热议，并给我留下了一个年青有为、敢言率真的学者风范印象。

2005 年，我离开中国科学院到地方大学任职，蒋华良接任民盟中国科学院上海分院委员会主任委员一职。他不负众望，坚持委员会双月例会的新规，注重培养后备力量。他善于调动委员会班子每位成员的能动性，积极组织春节团拜等各项联谊活动，自编自导即兴出演节目，欢声笑语，其乐融融。

2007 年，我负责筹办主持“长三角地区神经科学论坛”，特邀蒋华良到会与业界同行们交流计算机辅助新药设计平台建设及其与神经科学互

作者简介：吉永华，男，1955 年生，江苏南京人，河北大学特聘研究员，蒋华良院士的专业同事，民盟的盟友，全国政协委员的挚友。

动互惠的可能性，引起了与会学者们的热烈反响。会后，中国科学院神经科学研究所研究员徐天乐教授主动与蒋华良联系，双方优势互补，共同合作推进了酸敏离子通道的分子机理研究，取得了国际学界瞩目的学术成果。

曾有幸与华良贤弟共同赴京出席民盟全国代表大会，并与他共同履行了两届全国政协科技界别委员的职责。每次在京两会期间相聚，我俩形影不离，情同手足，早餐同座，晚餐提前相约，互留北京小火锅的桌位。晚间空余时间，他会到我房间，打开电脑，兴致勃勃地与我交流计算机模拟设计新药的理论创新与具体案例分析，也会聊聊国内外科技界鲜为人知的奇闻轶事。他常常心事重重地念叨：我的理想目标是要让我国民众能用上便宜的药、有效的药。当他担任上海药物所所长后，他坚定办所的方向理念："药物所不研制新药怎么能行？药物所不能为了文章而文章，一款新药可以产出数十篇高质量的学术论文,数十篇顶级 CNS 论文并非能产出一个新药。"他胸怀全国格局，密切关注各地的动态进展，协调各方力量攻坚克难，日夜星辰地奔波操劳。他对所里承担的国家与地方科研攻坚项目的点滴进取倍加珍惜，总是会及时地鼓劲。闲暇之余，他会心血来潮地着笔写点"食谱与景致"的科普短文，一旦获奖，他会情不自禁地报喜共享，童趣天真。他对我国前辈们的科学奉献精神格外敬重，时不时地加以整理总结，薪火传承。

记得有一年，我受小组的推举重托在全国政协科技界别的联组会议上发言，当晚在起草以"重树教授尊严，激活创新活力"为题的发言稿时，提到了一个明知得罪人的内容建议，即凡是当上了局级干部的校长、所长领导，不宜再占用研究生培养的名额和过多的科研经费资源，应当专心致志地做好本职行政岗位工作。这条建议原本是几年前中国科学院上海生命科学研究院生物化学与细胞生物学研究所许根俊院士在人民大会堂的大厅让我签名的大会提案，许根俊院士过世后，我感到有责任重提他老人家的夙愿。当我征求身边华良贤弟意见时，他毫不犹豫地鼓励道："这条建议是有现实意义的，可以提!"华良贤弟时任上海药物所所长，享受局级干部待遇，足见他舍生取义的坦荡担当。

两年前的一次小范围在沪学界青年才俊春节聚会时，华良贤弟受邀到场助兴，他显得消瘦，得知他已重任在肩，压力山大。

他的一生拼搏不息，他的科研奋斗华润流芳。

平安夜厚重地寄托华良贤弟在天国他乡安息！来世，咱哥俩再谈笑风生，畅叙对科学的兴致、报国的志向。

草拟 2022 年 12 月 24 日平安夜

一个纯粹的人

汪道文

2022 年 12 月 24 日，惊闻蒋华良院士与世长辞，那一刻我的心情无比悲痛，同时感到深深的惋惜和遗憾。蒋华良老师享年 57 岁，作为我国一名杰出的药学工作者，这个年纪正是当打之年。我不仅为国家失去一个兢兢业业、投身于国家医药事业的领军人而感到遗憾，同时也为自己失去了一位值得尊敬的老师、志同道合的挚友和合作者而感到心痛。华良老师已经离开我们近一年了，斯人已逝，音容犹存，他的精神、他的教诲也一直在引领着我们。值华良老师逝世一周年之际，谨以此文，表达我对华良老师由衷的怀念与敬意。

之前我虽与华良有些接触并相识很多年，但真正深入与华良一起工作和研究还是在武汉疫情期间。

2019 年冬，武汉很多患者感染了不明原因的肺炎。那时候，我们对这类疾病的病因还不完全了解，只能按常规的肺炎进行治疗。华良老师知道这个情况后，非常敏锐地捕捉到此次肺炎的不同寻常。现在回想起来，华良老师能做出如此快的反应，是因为在 2003 年北京 SARS 时期，他带领团队做了大

作者简介：汪道文，男，1957 年生，湖北鄂州人，华中科技大学同济医学院附属同济医院心血管内科教授、主任医师，内科学系主任兼心血管内科主任，湖北省心血管病遗传和分子机制重点实验室主任，湖北省特级专家，博士生导师。

量的新药研发工作，致力于寻找针对病毒特异性的治疗药物，积累了丰富的研究经验，并且获得了许多可能有前景的化合物或药物，只是由于 SARS 疫情消失而没有在实践中使用。所以在这次武汉疫情初期，华良老师就主动联系我，和我保持着密切联系，每天都在了解疫情及其进展情况、患者表现及治疗等，询问新增了多少患者、他们有什么症状、病情的特点是什么、用了什么治疗、治疗反应怎么样。那时候大家都没有经验，治疗都是摸着石头过河。后来通过新的检测手段，明确了是一种新型病毒，华良老师第一时间就关注到了这个信息，即刻联系有生物安全防护三级实验室（简称 P3 实验室）的武汉病毒所，然后迅速组织研发小组，着手寻找和研发相关的特效药物，也积极地为我们的治疗提供了宝贵的指导意见。那时候华良老师每天和我多次电话联系，关注着进展，同时他表示了深深的担忧，他不止一次提到担心疫情会越来越严重。

后面形势的变化也印证了华良老师的担心，武汉的疫情在春节前日益严峻，最终要用封城的方法来阻断疫情的传播。收到消息后，华良老师反而逆行而上，和左建平老师一起，他带着行装，包括 30 多套防护服和口罩等，来到武汉，来到一线，和我们一起工作。与其说和我们一起工作，不如说是和我们一起战斗，那时候病毒是初代病毒，致病性强，死亡率高，防疫物资和药物紧缺，临床抗疫工作就是一场没有硝烟的战争。

为了方便办公，我院本打算给华良老师安排一个房间大、条件好的宾馆，但华良老师听说后直接拒绝了，选择了医院隔壁条件相对简陋的小宾馆，为的就是节约路上的时间，可以随时到医院观察了解患者的情况。在临床上，他作为院士，比一线医生还要细致，每天都早早来到办公室，了解我们患者的情况，详细地记录着患者的病情变化，事无巨细，细致严谨。当时对于新冠，我们知之甚少，没有治疗药物。在这期间，上海药物所快速建立分子水平主蛋白酶筛选体系，对多种中成药以及抗 SARS 期间发现的活性化合物进行大量筛选，和武汉病毒所合作，快速发现双黄连可以有效抑制细胞水平上的新冠病毒复制，华良提出这一被国人广泛使用的中成药可能也适用于这一次疫情的临床应用。于是我们打破了障碍，立即就在患者身上使用双黄连治疗，而华良老师每天非常详细记录着患者治疗期间的症状和体征变化，并归纳和总结。我院心血管科研究护士余婷一家三口在新冠疫情初期即被感染成为重症病例，一般对症治疗没有好转，按照蒋院士介绍的，全家每天三次服用双黄连，病情很快得到改善并康复出院。余婷姑娘十分感激蒋老师帮助救治她们一家人。后来，这个案例还被发表成了一篇文献报道。

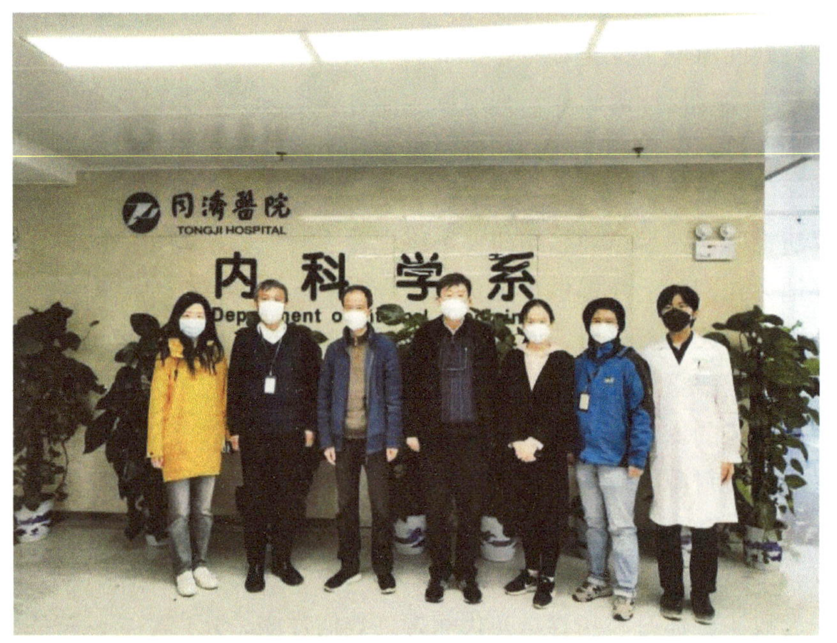

图 1　封城后，蒋华良、左建平前往同济医院指导治疗合影纪念
（左起：陈琛、汪道文、蒋华良、左建平、倪黎、陈妍、陈冲）

有了治疗成功的经验，华良看到了希望，于是迅速进行联系，火速将双黄连送来武汉开展研究和帮助那些需要帮助的患者，并准备做进一步的临床试验验证。但其实当时的舆论给华良院士本人带来了巨大压力。在华良老师组织及药物支持下，我们确定了临床研究方案，获得了伦理批件和相关医院同意，并且在同济医院王伟院长的支持下，克服重重障碍和困难，积极开展了这项研究。试验得出了非常好的结果，我们都为此感到高兴，我们看到华良老师也因此而心情大好。这是在科学指导下获得的研究成果，更重要的是，它提供了一种潜在的冠状病毒感染的治疗药物。

图 2　确定新冠研究方案后与时任同济医院院长王伟讨论汇报
（左起：左建平、蒋华良、王伟）

还记得蒋院士在我的办公室非常认真地跟我说："我们整个医药行业一直憋着一股气，中药是我们中华民族的瑰宝，世界上有人说我们拿不出真正的循证医学证据。这一次的情况，也许就是一个非常好的契机，我们一定要下决心，将双黄连这个药物的临床研究做好、做实，用我们这一次的研究，为我们中华民族在国际上争一口气！"我深受鼓舞。

在研究过程中，我们当然也会遇到困难，但我们都一一克服了。我记得在病情观察中，我们会用到很多观察指标，比如白细胞、炎症因子等，但其中肺部的影像学是很重要的一个指标，它快速、有效。那时候，阅片压力非常大，华良老师就找到中国科学技术大学，帮我们重新建模，进行了大量样本的肺部影像分析。

最后我们的努力也没有白费，双黄连的及时使用，明显改善了很多患者的炎性。在这期间，我们利用药物治疗了许多未入组的患者以及随后的一些患者，我们的成果也成功在国际期刊上发表并称为高被引论文，让世界看到了中药的魅力。

图 3　2022 年 10 月 27 日，蒋华良应邀第一次登上黄鹤楼
（左起：余婷、蒋华良、倪黎）

在研究的过程中，华良老师自己还抽空从药理学的角度，去找寻其他可能有治疗效果的药物。其间，他发现当时有部分人认为硫酸羟氯喹（又名羟氯喹）这个药物有抗病毒的作用，然而后来的观察发现并不支持这一观点。华良老师指导我们分析大样本量的临床数据，经过抽丝剥茧，重新分析，发现这个药物有很明显的降低炎症反应的作用，而新冠正是由于病毒感染引起的难以纠正的炎症风暴而导致死亡的。因此，这个药物可能起到降低新冠危重患者死亡风险的作用。那天他是睡前跟我说的这件事，语气里透着兴奋，我俩一合计，不睡觉了，因为如果这事能越早确定，那么它就有可能挽救更多患者的生命。于是我们俩马上碰面，迅速组织人员收集资料，紧急分析当时已接受了羟氯喹治疗的患者。分析的结果让人振奋！它能明显地减轻炎症、改善病情，尤其是对重症患者进行干预后，降低了死亡率；轻症患者也明显减轻了炎症，它使病情好转，并减少住院的天数。这个论文在华良的努力下，迅速被发表出来。这个发现引起了国际卫生组织的注意，华良便主动公开这项工作，让更多人看到这一成果，为世界的抗疫工作作出了我们中国人的贡

献，可能帮助挽救了更多患者的生命。

华良为了医药事业，一直是勇往直前、不畏牺牲的，他坚持来到武汉，来到前线。但他从不是为了自己。他在这里的生活非常简单，他每天拎着电脑和包来到我的办公室里上班，和大家一起学习、讨论、分享。中午吃饭时，他最喜欢吃的就是腌菜泡饭，偶尔一点点红酒。忙起来时，他也和我们一起吃盒饭。接近两个月的日子就是这么过去的。但我们每天的工作非常充实、饱满。

除了和我们的交谈，或者研究我们的病例、工作之外，华良老师还非常喜欢和学生们交流，教他们如何在这样一个关键的节点上学习和工作，获得最新的信息。尤其是利用他的知识、经验来指导我们做总结工作。他非常关心学生们的发展，对每个学生也是有问必答，从没有架子。

图 4　蒋华良和左建平听取关于同济医院的发展史和内科学系的简介后对于同济医学院和同济医院在中国现代医学发展中的作用和贡献肃然起敬，在同济医院和同济医学院的创始人德国医生埃里希·宝隆（Erich Paulun）坐像前合影留念

偶有闲暇，华良也从不休息，主动积极探索研究。我们医院风湿科患者的情况特殊，根据华良的理解或了解，风湿科患者因为长期处于免疫抑制状态，不易出现炎性风暴，理论上风湿科患者应该有更好的预后，甚至可能不感染，或者感染症状相对较轻。研究发现果然是这样。风湿科的医生在华良的启发下，就风湿科患者中的新冠患者情况进行了总结并发表了很好的文章。尽管如此，他也不署名，从不介意个人的名利和得失。

随后我们还一起做了其他一些研究，比如说对于疫情期间肝功能损害的研究，白蛋白明显减低。我们发现了这个情况之后，他积极带领我们总结这项工作。实际上，这类患者是由于肝脏功能受到抑制导致各种蛋白都减低，凝血功能也出现障碍，而不像之前大家以为的是血栓形成导致凝血功能出现问题，凝血功能可能导致白蛋白减低。在另一个重要的方面，肝脏合成其他蛋白质的功能受到了明显的损害，它的损害不表现在肝酶增高，不是肝细胞坏死，而是肝脏合成功能的抑制。所以白蛋白减低，脂蛋白、凝血因子的水平也下降，这决定了新的、不一样的机制。这一发现，也成就了另一篇高被引论文，该论文直至2023年仍然是高被引论文。

在华良老师的指导下，我们还总结发现糖尿病合并COVID-19患者单独使用胰岛素会通过促进炎症和心脏损伤而增加死亡风险，文章很快被《细胞代谢》（*Cell Metabolism*）发表，华良老师提供了重要帮助，可他坚持不署名。我们最后又明确了它促进了炎症的机制。

这些看似不起眼的发现，却实实在在地回答了临床上的一些常见和重要的科学问题，也和华良老师小处着手、细致入微的观察分不开。他对待科学，一直严谨求实、事必躬亲。

通过多年的接触，我感受到华良老师满腔的爱国热情，深感他为国家制药事业无私奋斗的精神，他心中装满了祖国，秉承上海药物所一代又一代人为国民健康制药的使命担当，一心带领他的团队为发展我国创新药物事业而奋发努力。在这样一种奉献精神下，他带领的团队里也都是精兵强将，为我国医药事业作出了众多贡献。从他身上以及与上海药物所科学工作者的合作与接触中，我总能看到一个学者的家国情怀。

他视野开阔，特别关注中国中医药里面的有用成分，并积极开发。其中有个典型的例子，中药有一味淫羊藿，它是可以补肾壮阳、治疗阳痿（男性性功能障碍）的一味药物。他带领团队对这个药物进行开发，通过分子层面的机制深入研究，发现了淫羊藿里面有个重要的成分。他们把它开发成中成药，用于治疗男性性功能的障碍（有着很大比例的患者），同时也可以治疗肺动脉高压这样的疾病。所以，这样一来开发出了中国的药物，目前一期、二期、三期临床试验都在顺利进行，相信在他团队的努力下，淫羊藿很快能成为更好的创新药物。这不仅仅填补了我国在该领域的药物空白，而且将大大降低使用这类药物治疗男性性功能障碍和肺动脉高压等病症所产生的药物费用。

除此之外，华良还积极响应党中央和国家的号召，利用他的智慧参与到脱贫攻坚的民生工作中。他发现一款中药“甜茶”可以降糖，于是积极主动开发研究，最后解开了它降糖的奥秘——实际上是钠-葡萄糖协同转运蛋白 2（SGLT2）通过抑制表达于肾脏的 SGLT2 来减少肾小管对滤过葡萄糖的重吸收，降低葡萄糖的肾阈值，增加尿糖的排泄，从而降低血液循环中葡萄糖水平，而且副作用较小。如果把这个中药成分放到人们的茶杯中，就会成为一个真正意义上的保健品。华良自己贴钱研究它的机制，找出它的有效成分，同时积极走到田间指导农民种植甜茶，帮助农民脱贫致富。

作为朋友，我认识的华良是一个聪明睿智、博闻强识的人。他不仅擅长理科，在数学、化学上均专业精通，他的文化功底也非常深厚，可谓文采斐然。他写诗，写文章，还喜欢写科普文章，文风多变；他有一个微信公众号“朵朵花开淡墨香”，里面的文章涉及美景、美食和生活琐事，也会发布一些科普文章，文笔生动，我时不时还会读一读。他也写得一手好字，妙笔生花，我感到非常敬佩。空闲时，他还喜欢研究大家都望而生畏的国学经典《易经》，由六十四卦推演出一百二十八卦，我深感遗憾，再没有机会细听他的讲述。

在我眼里，他还非常热爱生活、热爱家庭。他不是一个刻板的研究人员，在生活中，他随和谦逊、率真耿直。让我惊讶的是，他竟然还烧得一手好菜，甚至还做得了宴席。我到现在还十分怀念他烧的猪头肉的味道，他每次都在家先做好，带到我这里，和我以及学生们一起分享。

他就是这样一个爱国家、爱事业、爱家庭的一个纯粹的人，淡泊名利，没有私欲，一心融入无怨无悔、兢兢业业的药学科学事业中，为创新药物研发作出了不可磨灭的杰出贡献，为上海药物所人和药学科技工作者树立了光辉榜样，更是我和我的学生们的榜样。有的人死了，他还活着，华良老师短短的一生，是充实、厚重、有价值的一生，他的精神也会一直陪伴我们，在科学的道路上无尽探索。

老　蒋

左建平

那日下午接到老蒋去世的消息之后，只要有朋友来电问起，我浑身汗毛便会竖起来，悲伤得连续好几个星期不愿见人。

我想谈谈华良在我脑海里留下的印象。

我是 2000 年来到上海药物所的，记得在 2002 年有个人才计划的中期汇报，蒋华良当时对我们进行了直言不讳的批评，之后我便认识了他。他是咱们上海药物所自己培养的博士、年轻研究员，非常能干。

我在回忆，是哪一天开始称呼他为“老蒋”的，我称呼上海药物所的同事均以老师冠称，有一次他对我说：“你不要叫我老师，人家都叫我老蒋，你也叫我老蒋吧！”当时我想他比我还年轻，我们俩也不老啊！我一直别扭了好长的时间，后来所里的同事均称呼他为老蒋，我也就习惯称呼他为老蒋了。

华良真是为国捐躯！他是个天才、全才、奇才。我们最后一次见面是在青浦开会，他还特意过来和我说“老左，我们干一杯！”，又提起我们两次一同逆行武汉的事。我是学医出身的，当时看他有些憔悴、精瘦，而且气色真是不太好，我就劝他说不要太熬自己的精血，稍微放松一些、节奏放慢一点，还说起以后有机会我们一起去黄鹤楼。我们在武汉的时候也一同待了三四个

作者简介：左建平，男，1960 年生，上海市人，现为中国科学院上海药物研究所免疫性疾病研究中心主任、课题组长、研究员、博士生导师。本文为左建平参加蒋华良追思会时的发言稿节选。

星期，说要去黄鹤楼，最终还是没有成行。追悼会的那天，我恭恭敬敬地敬了他一包烟，一包黄鹤楼的烟，我说华良，你带去九泉之下慢慢吸吧！他多次说要戒烟，我也天天想着戒烟，我们俩均没有戒烟成功，现在，我少了一个烟友。

确实有很多事值得回忆，我们同去武汉，他对工作的执着、他的敏锐性、他的工作执行力等，都让人敬佩。他像个不知疲倦的陀螺一样，每时每刻都在工作，不停歇。我们在武汉时，要寻找开展临床研究的医院，他找了同济医院，我找了华中科技大学同济医学院附属协和医院，最终决定由同济医院牵头后马上开展临床研究的方案。在当时那个环境下，为了能够争取更多的患者入组，挨个拜访、交流，其中的辛苦一言难尽，还有最后整理临床研究结果数据等，还需将多地患者的 CT 图像数据收集、归拢和分析，过程非常艰辛。

他好几次说起平日工作繁忙，对不起夫人和孩子，他与我倾诉了许多，他深爱他的夫人。哎！他就这样地离开了。

他说当领导就得承担起责任，上海药物所是国家队，国家的人要承担国家的责任，上海药物所历年走过来，我们应当思考如何持续保持其作为国家队的地位，并如何更好地作为国家人，承担国家赋予的各项任务。话语之间让我感到他真是一个殚精竭虑为国家做事的人。

我非常佩服华良的记忆力，跟他说过的事，不管过去了多久，他均能一一记得。他说要学中医，已经读了几本书，包括中医诊断学等，还收集了很多中医老方子。他学习能力超强，与他讨论中医药问题时，他对一些问题的认识和理解，让我这个学中医的人也感到佩服。

时常想起他，他就这么走了，老蒋同志为了咱们上海药物所的发展，鞠躬尽瘁。在抗病毒药物研发方面，特别是在抗新冠药物方面有两个药物获得批准上市，我觉得他在九泉之下也能安心了！

母校情结，家国情怀

张世善

从省武高北京校友会会长金旭东司长（中联部）处惊闻蒋华良院士突然辞世，不胜哀痛。恍惚间，不敢相信是真的，希望只是谣传，于是拨通了他表妹吴爱珍女士的电话，当时正在医院病床上跟新冠抗争的吴总，无限惋惜地告诉我：他真的走了。

放下电话，我百感交集、思绪万千——我仿佛看到，数十年来，蒋华良院士在母校省武高、在故乡西塘村的一幕幕情景；我仿佛听到，他谈起省武高、谈起家乡教育时，发出的感慨和爽朗的笑声。

2006 年 5 月，华良院士应我之约带领嵇汝运、裴钢、陈凯先等院士来到母校，转达了第八届、第九届全国人民代表大会常务委员会副委员长吴阶平院士为省武高的题词“汇江南灵气，育华夏英才”。

在天目湖畔，他和时任江苏省溧阳市市长韩立明（省武高校友，现任中共江苏省委常委、南京市委书记）一起畅叙母校情怀，当我提出“到建党一百周年之际，‘文革’结束恢复高考后的省武高的毕业生中要争取诞生院士级的科学家、地市级的党政主官”这个努力目标时，韩书记接着道：“那院士非华良同学莫属。”他当即表示“不忘初心，砥砺前行，要让母校以我们为荣”，

作者简介：张世善，男，1962 年生，江苏武进人，江苏省有突出贡献的中青年专家，省中学特级教师，省首批教授级中学高级教师，全国优秀教师，省武高原校长兼党委书记，本文原出自《江苏教育报》。

并泼墨挥毫写下了“爱我母校”4 个大字。他是这样写的，更是这样做的。我邀请他出任省武高上海校友会会长，他欣然接受，随即召集近 500 名在上海工作的省武高校友在上海药物所召开上海校友会成立大会。会上，我向全体校友阐述了“笃道求实，成己达人”的省武高校训，提出了“办富有国际视野、区域特色、师生共进的现代化示范高中”的奋斗目标，他积极响应并号召全体与会校友为母校跨越式的发展贡献力量。

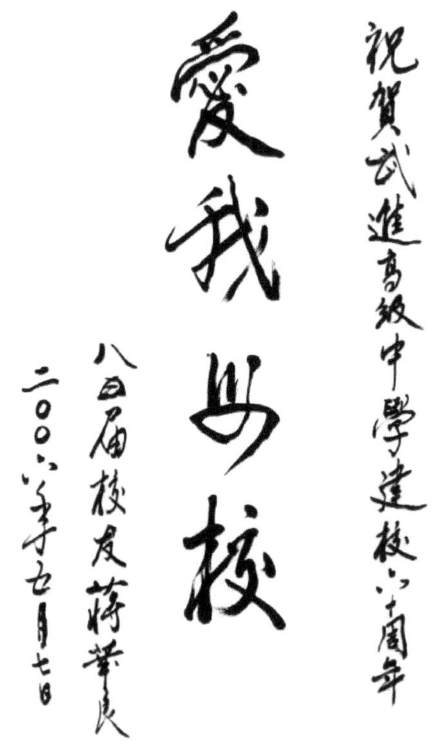

图 1　蒋华良为母校题字

华良院士长期致力于应用生物学、化学和计算机信息科学等多学科的交叉来进行药学基础研究和新药研发，是恢复高考后常州本土走出的首位中国科学院院士。他身兼上海药物所所长、民盟中央常委等重任，平时科研任务重，行政管理忙，但只要母校相邀，他总是按约来到学校，给同学们作专题讲座和成才报告。

“研制老百姓吃得起的好药，是我此生最大的心愿”是他给省武高学弟学妹们讲得最多的一句话。这样一种百姓情结母校情，缘于他一直以来为人做事的故乡情结游子情。

华良院士出生在武进西部一个叫西塘的小乡村，那里风景宜人、民风淳朴。以前西塘村人过年，家家户户都要制作糙米糖。上大学时，华良学以致用，将化学知识运用到其中，将猪油和白糖一起熬制，产生美拉德反应，这样制作出的糙米糖松脆不黏牙。他把糙米糖一一分发给村里人品尝，大家都很喜欢吃。此后每到寒假，西塘村家家户户都在等着华良回家做糙米糖，他总是早早起床，乐呵呵地从村东一直做到村西，年复一年，直到他到上海工作。

他虽然走出西塘村已经 30 多年，但从不忘本，只要是西塘村村民请他帮忙，他总是不厌其烦，尽心尽力。西塘村修水泥路时，虽然他工资微薄，但却是第一个捐款；村里孩子没钱读书，他知道后主动伸出援助之手；西塘村拆迁了，原来村里的人都散开了，他邀请全村村民吃了一顿大团圆饭，他让全村人都觉得，虽然村子没了，但大家的心还紧紧连在一起，永远是相亲相爱的西塘人。

他对家里的长辈非常孝顺，爷爷 88 岁高龄去世时，他悲伤得跪地痛哭。母亲在他读研时病倒了，他几次要休学回家照顾妈妈，硬被父亲劝回了学校。岳母病重，他第一时间把她接到上海，自费用最好的药治疗。父亲病重时，他正在新西兰考察，没能见上老父亲最后一面，是他一生的遗憾。

他虽然常年在上海工作，但无时无刻不牵挂着家中的姐姐，老家拆迁时分到的房，他无偿送给了年迈的姐姐，并把每月的部分工资按时寄给姐姐养老。

对待朋友，他更是情深义重，一起长大的小伙伴前几年突患重病，常州的医生束手无策，工作繁忙的华良得到消息后，连夜在上海帮朋友定医院、找专家，还第一时间送去了 2000 元慰问金。村上的邻居得了小脑萎缩症，他正好在研制相关的新药，便立即把自己研制的药寄回去送给他。

因为家境贫寒，华良比村里同龄的孩子懂事早，小时候他不仅学习成绩总是第一，而且善于创新。他动如“虎”，想玩有兴趣，会玩有技能，能玩会创新，总能想出一些新的项目与伙伴一起玩，是村上捉田鸡、夹黄鳝的能手。

他静如“兔”，上初中时，暑假，天气很炎热，村里的孩子都跑到河里去戏水游玩，唯独他在家里练书法。村里的长辈看到了很纳闷，他乐呵呵地说：“练书法就是为了练耐心。”他高中时得了肝炎休学在家，学习全靠自学，成绩仍然领先。他女儿读高中时成绩优秀，但他认为这不一定能适应时代的发展，必须在教育中关注完整的人格培养，实施完整的教育，他便利用假期带着女儿走向社会，体验生活，做小课题。

切切游子意，依依故乡情。蒋华良院士心系乡村、心系亲人、心系母校，他说：“在我的简历上永远写着‘江苏常州武进人’，我永远不忘家乡人民对我的养育之恩，永远不忘母校武进高级中学对我的教育之恩。常州美丽的山水、朴实的人情，永远是我前进的动力。我怀念家乡的一切，感恩家乡的所有，今后一定为家乡的发展作力所能及的贡献。”

想当初，蒋华良同学以迈入省武高为荣；看今朝，省武高将永远以蒋华良院士这位杰出校友为荣！

你 的 身 影

朱维良

2022 年 12 月 23 日傍晚惊闻噩耗，万分悲痛且无法相信。

两天前的 12 月 21 日下午，我们还在办公室门口互道多保重。那时你手里提着电脑包，说是要外出开会，如平常你出差一样。没想到你转身离去的背影却定格成为你留给我的最后身影！

记忆中你的第一个身影出现在 1995 年初夏。我去新药研究国家重点实验室找陈老师，看到了陈老师和你准备外出，你在计算机房门口弯腰系鞋带，那时你刚刚留所工作。

1996 年 6 月，我正式进入实验室做课题，开展石杉碱甲衍生物的构效关系研究。在你的帮助下，我构建了基于量子化学计算参数的构效关系模型并投稿发表，那是我科研生涯中第一篇与药物设计相关的研究论文。

1997 年 2 月，你去香港科技大学进修，我们经常在深夜通过 UNIX 系统远程交流。你根据最新的文献报道，建议开展阳离子-π 作用研究，并提供相关的参考资料。通过持续十余年的理论计算和实验验证，我们加深了对这种广泛存在的药物-靶标分子间作用力的理解，并对其加以实际应用。

作者简介：朱维良，男，1963 年生，江苏兴化人，中国科学院上海药物研究所课题组长、研究员，1995～1998 年在上海药物所攻读博士学位，学习分子模拟与药物设计，2004 年回国加入药物发现与设计中心工作至今。

1998 年 4 月 23 日，我顺利完成博士论文答辩。通过你的推荐，我于 5 月 16 日前往新加坡理工学院工作，在那里建立起了自己的实验室，并开展了生物大分子模拟与药物设计方面的研究工作，其间你两次前往访问指导。

新建实验室需要时间，而我想尽快开展研究工作。为此，在你访问新加坡时，随身为我背来了分子模拟软件程序，拷贝在 1.44MB 的 3.5 英寸[①]软盘上。利用该软件，我用家里的台式机进行计算，并发表了我到新加坡理工学院后的第一篇文章，这也是我印象最深的研究论文。

2003 年 2 月底，你陪同我们的导师和师母应邀访问新加坡理工学院，那是我印象中你出差安排得最为轻松的一次旅程。你陪同老师做学术报告、到植物园故地重游、与老朋友们相聚、与当地媒体互动。

图 1　2003 年，新加坡植物园

（左起：蒋华良、嵇汝运、李晓玉、朱维良）

① 1 英寸=2.54 厘米。

2004年，我回国工作，加入了上海药物所DDDC。刚回国时，我借住在上海药物所的博士后公寓，你带着家人提来了菜，在那狭小的厨房里忙碌晚饭。印象最深的是你做的蒜蓉蒸开片虾，色香味俱佳，这道菜后来成为我家餐桌上的常见菜品。实际上你多才多艺，不仅是烧菜好手，还爱好书法、吟唱、写春联等。

在上海药物所与你共事的18年里，我见证了在陈老师和你的带领与拼搏下，DDDC不断发展壮大，并在全国率先申请设立了药物设计学的硕士及博士学位培养点，建成了在国内外有影响力的药物设计科学研究和人才培养中心。其间，我多次与你一起讨论过课题、指导过学生，或者参加国内外学术交流会。你对国际学术前沿动态有敏锐的感知，对具体课题有创新性思维，这些都使我受益良多。

这两天眼前经常浮现你的两个身影。那弯腰的身影，是你负重前行不歇脚的身影；那提着电脑包匆匆离去的身影，是你一生争分夺秒奋力拼搏的身影。虽然平时多喊你老蒋，但更想称你华良。

华良，你一路走好，天堂安息！

2022年12月25日夜

轻狂少年各西东

王庆国

那天，深夜传来噩耗，惊闻华良院士不幸离世，夜不能寐，恍如隔世。

从湖塘桥中学《咸肉蒸饭》到媳妇岭的《年猪》，从常州化工研究所丙烯腈水解到上海药物所的计算机辅助药物设计，40年往事，历历在目……

清晰记得，1980年9月，我刚刚转学湖塘桥中学不久，宿舍里经常有3个人一起搭伙吃饭，他们有浓重的西乡口音，团队协作的淘米、蒸饭、取饭流程，引起了我的好奇。随着舍友的相互熟悉，得知他们3个都来自东安，住我同舍的国亚是他们的带头大哥，正在高三（1）班复读，年龄最小的蒋华良在中三（1）班，看上去像个小跟班，瘦小的身影每天飞来飞去。常听国亚这么讲，蒋华良这小子聪明得不得了，初中便会大学微积分了，是个神童！由于华良经常在我们宿舍搭伙，慢慢地我们之间也会相互分享一些诸如咸菜、肉酱、咸肉蒸饭的美食，偶尔也会相互分享一些乡间趣闻。1981年高考，我和国亚、国初都顺利考上了大学，华良则继续他的高中。

转眼到了 1988 年春天，我顺利完成了大学及研究生学业，并选择了当时走在改革开放前列并且如日中天的常州化工研究所作为我的工作单位。报到那天，当周书记领着我到宿舍楼看宿舍时，一个熟悉的声音传来："王庆国！

作者简介：王庆国，男，1963年生，江苏武进人，维尔利环保科技集团股份有限公司高级工程师。

你还记得我吗？我蒋华良喂!”没有想到，8 年没见的小跟班，已经长成了一个满头卷发、英俊潇洒的小伙，浓重的西乡口音一点没变！只听有人在问：“阿呆！你们认识？”当时我有些纳闷，国亚口中的神童怎么变成阿呆了？后来才知道，华良在 1987 年从南大化学系有机化学专业毕业后，早我半年来到了常州化工研究所工作，热情好客、正直善良、风趣幽默、大智若愚的风格被大家以“阿呆”作为他的昵称。

我很幸运地被分到了阿呆所在的同一课题组，我们拥有了共同的宿舍楼、共同的实验室、共同的李师傅。记得当时纺织品市场发展迅猛，纺织助剂原料丙烯酸酯供不应求，价格倍增，而市场上另一种基础原料丙烯腈的价格却依然很低，所里要求我们课题组立即行动，用丙烯腈水解工艺生产丙烯酸甲酯，我和阿呆从查资料、制定工艺方案到小试实验，整整一个夏天，吃喝在实验室，终于在 8 月底完成了小试报告，催化剂的制备及产品的转化效率均达到了理想的效果。正当李师傅高兴地组织我们做中试时，市场形势发生了逆转，于是，中试被搁浅了……我和阿呆有些愤慨，开始怀疑领导们的决策。两个阴差阳错选择化学专业的人，每天都在讨论数学、哲学甚至玄学。终于有一天，阿呆说要考研，要考华东师大的物理化学专业，一个与数学、哲学、玄学最接近的化学专业。

既已选好专业，备考对于天资聪颖、勤奋好学的阿呆来说，没有任何难度。那年冬天，大雪纷飞，春节放假，宿舍楼里就阿呆一人，大年初一我带着美食去宿舍看他，进门的一幕让我想起了毛主席在延安窑洞读书时的情景。5 月底成绩出来，阿呆以总分第一的成绩进入复试，但好事多磨，录取通知迟迟不来，阿呆开始有些不安，我天天陪着他从爱因斯坦、弗洛伊德、达·芬奇、牛顿讲到唐敖庆、徐志摩、蒋碧薇、陆小曼等。阿呆是个极易兴奋的人，有时就像上足了发条的机器，一旦启动，停不下来。到了 8 月初的时候，终于等来了华东师大的录取通知书，阿呆也从焦虑的等待走向了华东师大校园。

当时，常州化工研究所有一辆具有传奇色彩的三轮车，是王杰所长创办研究所时留下的精神财富，传承到我们这批“85 后”进入研究所的学生娃时，只有阿呆会骑三轮车。高清、阿汤、鸭子新房装修及搬家，阿汤父母食物中毒送医院，阿唐急性肝炎、阿钱急性肠胃炎，徐岭卫校毕业，每次都是热心的阿呆骑着这辆三轮车忙前跑后；兄弟们结婚生娃，也离不开阿呆骑着三轮车鞍前马后的身影。

……

几十年过去，当年的轻狂少年，或忙于家业，或忙于仕途，各自东奔西跑。2013 年左右，阿汤起头组了个群，17 个异姓兄弟姐妹组群“轻狂少年各西东”，阿呆还亲自为群组题了名。每次聚会，大家总会分享诸如阿超摸河蚌、阿强的扎水枪、抹布红烧肉等只有我们能听懂的故事，最后总是以阿呆的扬州小调《拔根芦柴花》或样板戏收场。

疫情三年，兄弟们都知道阿呆忙于抗疫，都知道他正指挥着一群人争分夺秒地研发抗疫新药，没有人愿意去打扰他。大家相约，等疫情过后，来个“轻狂少年各西东”群十周年聚会。

没有想到，疫情还没结束，阿呆兄弟就倒在了抗疫的前线，永远离开了我们这群兄弟姐妹。引用当年王杰所长的话：“蒋华良这个人，天生就是个当教授的料，将来是国家的人！”

是啊！阿呆天生就是国家的人，是一个从士兵到将军的战士！倒在抗疫前线，是他最高的荣耀！

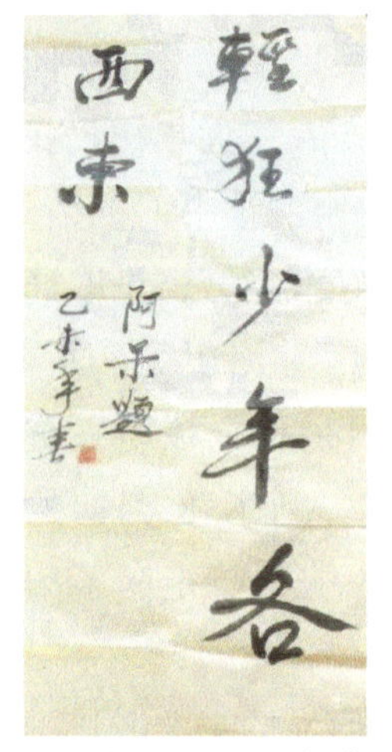

图 1　蒋华良院士为“轻狂少年各西东”群组题名

图 2　1988 年秋，杭州
（左 2：蒋华良院士　右 1：王庆国）

追风的科学家

来鲁华

开药物设计先河 辟化学生物天地
融多种学科之长 铸新药研发国器

昨夜惊闻蒋华良院士猝然离世，无比震惊，无法相信，无限悲伤。过往的一切历历在目，彻夜难眠。

我与华良相识于20世纪90年代初，当时我博士毕业后工作不久，与上海药物所陈凯先先生一起承担了“八五”（1991～1995年）期间的863计划生物领域蛋白质工程主题“基于蛋白质和核酸三维结构知识的合理药物设计”课题，华良是课题研究骨干。当时国内的药物设计研究处于起步阶段，虽然条件很艰苦，但大家都干劲十足，在努力学习赶超中开展创新研究。从那时起，我逐步见识了他雷厉风行的做事风格和真诚做人、无私助人的品格。

2000年，我们一起受聘成为“十五”（2001～2005年）期间的863计划生物和农业技术领域生物信息技术主题专家组成员，之后有了很多的接触，难忘一起激烈讨论的思想碰撞、华良忧国忧民的高瞻远瞩、一起到课题承担单位现场考察的所见所闻、2003年春天多地考察后启动的快速反应课题，还

作者简介：来鲁华，女，1963年生，山东济宁人，北京大学化学与分子工程学院教授。

有一起吃大闸蟹的快乐。在“十一五”到“十二五”（2006～2015年）期间，华良继续留任专家组，而我则承担了靶标发现和药物分子设计关键技术发展与软件研发的重点项目，在华良和专家组的领导下组织上海药物所、北京大学、华理、四川大学、中国科学院上海有机化学研究所、中国医学科学院药物研究所等单位的优势力量开展研发工作，发展了多种药物设计新方法、新技术，开发了具有我国自主知识产权的药物分子设计系列软件产品，建立了面向药物研发的药物分子设计技术平台，该平台已在创新药物研发中得到成功应用。在此之后，我多次有机会参与华良组织的国家项目，或是负责组织包括上海药物所、华理和北京大学在内的国内相关单位承担与药物设计相关的国家项目。二十多年来，在华良的领导推动和国内同仁们的共同努力下，我国的药物设计领域实现了飞跃式发展，为推动我国原创药物研发作出了贡献。

华良是天才的科学家，他在研究中经常有很多奇思妙想，敢于做别人不敢做的研究。例如，他的研究组在2007年的一项工作中发展了只基于序列信息进行蛋白质-蛋白质相互作用预测的机器学习方法，这在当时被很多人认为是一种异想天开的想法，因为主流的看法是需要基于结构才能更好地进行相互作用预测。近年来随着深度学习方法的发展，越来越多的蛋白质结构、功能与相互作用预测可以直接基于大量序列信息进行，华良在2007年的工作已成为应用人工智能进行蛋白质功能预测的先驱。他与合作者在2013年就发展了基于计算模拟进行药物结合停留时间计算的方法，并成功应用于药物优化，引领了相关研究。华良是一位卓越的教育家。在过去的20年间，我与华良在上海药物所的同事以及他过去的多位学生、现在已在各单位挑起大梁之责的中青年才俊有过很多接触，并共同承担项目，我从中感受到他的人格魅力对于同事和学生的影响、他追求卓越科学和为我国创新药物发展贡献全部力量的精神对于周围人的感召。他创立的华理药学院，经过20年的发展已经成为一流药学院，培养了大批药学研发人才。我有幸多次到上海药物所和华理药学院访问，为他们所取得的成就感到骄傲。华良大力支持北京大学的交叉人才培养，曾为北京大学前沿交叉学科研究院和定量生物学中心交叉学科研究生培养点的设立与发展多次建言，并专程到北京大学参加论证会，给予大力支持。

华良是一位真正的战略科学家，总是站在国家的高度上思考应该如何推动我国药学、化学生物学、计算化学等领域的发展，对于学科的发展前沿动向十分敏感，总能及时建议在国家层面上给予支持与引导。还记得他在多年前提出要在 863 计划项目中设立老药新用的研究方向和课题，遗憾的是当时未能实现，再见面时他多次痛惜我们失去了一次绝好的超越机会。为推动我国化学生物学的发展,他在 2007～2015 年期间作为专家组主要成员参与领导了“基于化学小分子探针的信号转导过程研究”重大研究计划项目，使我国化学生物学学科实现了跨越式发展，进入了国际先进行列。从 2018 年起，华良担任了“生物大分子动态修饰与化学干预”重大研究计划项目的专家组组长，承担了引领我国化学生物学学科发展的重任。他担任上海药物所所长期间，大力引进人才，设立 GPCR 结构研究科研处及其他具有引领作用的实验室，推动多学科合作，为上海药物所和我国的药学和化学生物学研究作出了杰出贡献。在担任所长时，他总说卸任后要好好休息，但真的卸任后又担任了更重要的岗位。大家已经习惯了在他的引领下奔赴前行，他的猝然离世，使我们失去了一位领航人，使国家失去了栋梁之材。每次见到他，总感觉他很疲惫，他太累了，希望他到天堂后可以好好休息。

华良，多希望能再次见到你，听到你风趣幽默的谈话和发人深省的论述，感受到你对生活和美食的热爱。愿我国的药学科学和化学生物学研究在华良精神的感召下，发展得越来越好。

2022 年 12 月 24 日于北京大学

至真至诚，光风霁月

周卫元

今早打开手机，一条噩耗跃入眼帘，蒋华良院士去世。震惊之余，赶忙查询官方消息，确认噩耗为真，天妒英才，蒋院士的的确确已离我们而去，徒留我们痛呼哀哉，悲恸不已！

家人痛失挚爱亲人，国家痛失栋梁之材，我们痛失好邻居、好球友、好兄弟！

曾在群里听说，我们小区住着两位院士，还有众多领域的成功人士，我内心暗暗为此感到骄傲。那时我还不认识蒋院士。话说回来，疫情之前，大家各忙各的，邻居之间少有走动，我还真没认识几位邻居。今年春夏的大封控，改变了一切，我也因此认识了很多邻居，并有幸结识了蒋院士，我们在东郊乒协里成为球友。

原来我还以为，住在我们小区的院士属于那种德高望重、七老八十、颐养天年的老科学家。出乎意料的是，蒋院士年富力强、贡献卓著，是现任的中国科学院院士，刚刚把上海药物所所长一职移交出去，专注于一系列国家重点药物研发攻坚任务，是领衔研发团队的药物学大家，我心中不由敬佩万分。一聊年龄，发现蒋院士与我同属 20 世纪 60 年代生人，我还虚长两岁，

作者简介：周卫元，男，1963 年生，浙江杭州人，蒋华良邻居。

更加感佩蒋院士为国、为民贡献实在大，而这样的能人，是我的邻居。

有一次，好几天没见蒋院士来打球了，我便在微信群中喊他来打球。他回复了，显然刚忙完一阵子，显得很兴奋，说："有好事，回来说。"在小区乒乓球房，他悄悄告诉我们一个惊人的喜讯，他们所研发的一款治疗新冠的小分子药物通过了三期临床试验，很快将面市了，这段时间他一直在忙这个事。大家听后无不为之欣喜雀跃，并恭喜了蒋院士。我感慨着，新冠病毒肆虐全球，而不辱使命夜以继日地攻克病毒，拯救我们的当代华佗和孙思邈竟就在我们身边，而且我们还在一起打球，幸福感和骄傲感真不是一点点。

蒋院士是业余乒乓球高手。他似乎很高兴小区要举行乒乓球比赛，并愉快地加入了随后建立的东郊乒协。他很快把他在单位里与同事打球的视频发到群里，有好几段，一看就知道，蒋院士酷爱乒乓，是那种一有空就挥拍的老球友，球感非常好，什么球都能对付得过来。

果然，在首届东郊华庭乒乓球联谊赛中，蒋院士过关斩将，一路杀入决赛，决赛中惜败对手七一兄，荣获亚军。我本人在八进四的淘汰赛中，不敌蒋院士。后来，我练习了直拍横打，蒋院士一时不适应，终于赢了他一回，就那么一回。平心而论，论实力，蒋院士在我们小区乒乓球水平属一流，谁打他，都不好对付。他跟我说，他决赛时不好意思赢，他其实打得过的。我信他。

亚军的奖品是一瓶意大利产的红葡萄酒，是我赞助的。蒋院士非常开心，如获至宝，看得出他是爱酒之人。当天中饭，他就打开那瓶酒犒劳了自己，还告诉了我们他的品后感受。蒋院士非常平易近人，还是个爽快的性情中人，他大方地邀请大家伙儿："下次来我家喝酒，我烧菜烧得好。"

我 7 月中旬去美国探亲后，亚光和蒋院士切磋球艺较多。大约 3 周前，我与亚光一起打球，聊起蒋院士。亚光说："蒋院士好久没来了。"我当时说："应该又是工作上在加班加点，没空吧。"不曾想，我们再也见不到蒋院士来乒房挥拍的矫健身姿了。

7 月初，上海解封。我准备出国探亲，老封准备去深圳办公室上班，哥俩儿打算相互饯行，约几个兄弟一起，延续小范围聚餐模式。起初准备订在餐馆，跟蒋院士一说，他马上严肃地指出，疫情仍在反复，千万不要去外面餐馆聚餐。我们听从了蒋院士的建议，改在老封家里聚餐。蒋院士自告奋勇，说他来烧一个小龙虾。蒋院士和老缪当天分别从苏州和盐城赶回来。关键是，一位是大厨，另一位带回鲜活食材——小龙虾。蒋院士专门交代，小龙虾等他亲自来处理，任何人不要动。下午一点半，不顾舟车劳顿，蒋院士就来到老封家开始预处理小龙虾。不得不说，小龙虾如果不是按蒋院士的方法处理和清洗，吃得极不健康。一边看，一边聊，才知道蒋院士原来还是私房菜顶级厨师，曾培养出多位厨师，有人还因此开了自己的餐馆。尤其是烹制小龙虾堪称一绝。他不仅会烧，还分享他的菜谱和心得。他创立了独门私房菜“蒜你狠”和“随便啃”。那天，蒋院士特别高兴，不仅一口气烧了四种不同口味的小龙虾，还奉献了一瓶自己珍藏的 30 年茅台酒。我们小小聚会的规格和惊喜度，由于蒋院士的出手，立马拔高了许多。

席间，美酒、美食和多少有点劫后余生的情愫烘托出家人般亲和、热烈和喜庆的气氛，把聚会一次一次推向高潮。蒋院士非常赞赏封控期间我们小区展现出来的奋起自救、互爱互助、团结和谐的氛围，说他很喜欢这个样子，就像小时候一样，可以到邻里之间吃来吃去。大家庆幸，封控虽然限制了大家自由，但也帮助大家找回了些许丢失的东西；大伙儿向往着，这种氛围能够延续，不再失去。

夜很深了，兴犹未尽，在众人劝说下，蒋院士才拖着疲惫的身躯，离去。

这次告别，竟成永诀！

山川肃穆，天地同哀。华良兄弟，一路走好！

写于 2022 年 12 月 24 日

那些风华正茂的岁月

沈建华

老蒋，这是同事朋友们对他的称呼，他也很高兴别人这么叫他。蒋华良院士正值壮年，雄心不减，却突然地离去，让人无比震惊和悲痛。

图 1　上海药物所 DDDC 前合影
（左起：柳红、沈建华、沈旭、蒋华良、罗小民）

作者简介：沈建华，男，1965 年生，浙江湖州人，中国科学院上海药物研究所课题组长、研究员。

回想往事，历历在目。1998 年 5 月，我第一次来太原路所里，是老蒋接待的我。我们相谈甚欢，临别时他一直送我到公共汽车站。那时的老蒋刚刚评上研究员不久，意气风发。在他的带领下，我开展了大规模生物分子模拟计算研究。我们常一起出差，无锡、北京和上海的超级计算机机房里，都留下了我们共同奋斗的身影。

老蒋是热心肠的人，待我如兄长一般。在我当年买房资金不够时，他热心地找朋友帮忙周转；在我生病时，他与夫人一起来看望并送了珍贵的虫草滋补品。

早些年的老蒋，尽管忙碌，但也是劳逸结合的。记得是他带我游览了宜兴的善卷洞。面对巧夺天工的洞内世界，他做起了导游，绘声绘色地讲解溶洞奇观。最后我们撑一叶小舟在地下暗河里顺流而出，峰回路转，一路惊奇。也记得我们还一起在无锡靶场练习实弹射击的情景，他嫌一发发的点射不够来劲，索性端起枪来连续扫射。还记得在崇明的森林里团建、在桂林的山涧里冲浪……

老蒋也是蛮风趣的，一高兴就和我们讲起他的童年往事，各种调皮捣蛋，令人捧腹。他也好表演，每有聚会，少不了会来上一曲，或扬州小调，或昆曲评弹，唱起来也是一板一眼，关键是最后总能把大伙逗笑。

从 1998 年到 2004 年，我们在一起工作了 6 年。那是令我十分怀念的岁月！那时候我们正是风华正茂的年纪，尽管忙碌，但总不觉得疲倦，感到一切都是那么有希望。在他的领导下，课题组越来越红火，队伍越来越大，后来发展成了 DDDC。2002 年 SARS 暴发，在我们还茫然的时候，他首先组织我们开展了科技攻关。老蒋也是从那时表现出领导国内外多个团队联合攻关的组织能力。时光流逝，那段日子留下的都是些披星戴月劳作的记忆，还有他关键时刻勇于担当的人格精神。所以后来新冠病毒来时，他披挂上阵、冲锋在前似乎是顺理成章的事了……

原来老蒋身体素质很好，这也是他自以为傲的，可他也有病倒的时刻。有一次我们在北京出差，他突然高烧近 40 度，倒在床上爬不起来。我好不容易弄到了退烧药，他服下后才安稳下来。可第二天一早就见他早早爬起来，背上电脑包又出发去赶另一场会议了。

一生奔波辛劳，再强壮的身体也有需要歇息的时候，现在终于可以好好休息了。

安息吧，老蒋！

2022 年 12 月 26 日

老蒋，你在跟我们开玩笑吗？

张飞霞

“老蒋”是我们大学班级群里蒋华良的称谓。蒋华良不让同学们称他为蒋院士，让我们还按原来的习惯，称他老蒋或华良或他在大学里的绰号。我介绍我先生和他认识后，我先生尊称他为蒋院士，他也坚决不肯，我先生也只好随我，叫他老蒋。

从昨晚至今，老蒋去世的消息铺天盖地，我却总是不信。我不转，也不敢落笔，我怕写成了文字，那些消息就变成了真的。

从 1983 年大学开始，老蒋和我们在一个班，转眼快 40 年了。老蒋一直都是我们班的核心人物。他会为哥们追女朋友出谋划策，也会为了替同学出头而不惜背负处分。他在大学时的故事成为毕业后同学聚会时大家谈论的高潮。

老蒋能文能武，兴趣广泛。他的字柔中带刚，飘逸俊秀，让人爱不释手。他在班级群里发来的他自己演唱的越剧或评弹，都让我们忘了他是研究新药的院士。

老蒋好客，朋友多。每次国内外的班里的同学来上海，老蒋都要组织上海周边的同学聚一聚。因为我家离上海药物所不远，地方也算宽敞，我们就

作者简介：张飞霞，女，1965 年生，江苏镇江人，康宁反应器技术有限公司高级顾问。

常常聚在我家。每次聚会，老蒋都早早列出菜单，准备材料，一丝不苟地完成每一道工序。这些年，有幸尝到了很多老蒋的拿手菜。老蒋的“红烧肉”很多人都知道。他就是这样一个人，对万事都追求极致，不知道是他做药养成的习惯，还是他把做菜的习惯带到了做药中。

老蒋爱帮同学。班里的同学遇到了难题都爱找老蒋，工作上的事、家里的事，老蒋能帮的都帮。同学的家人要来上海治病，老蒋帮着找医院、找医生。同学要换工作，老蒋也是发现机会，极力推荐。

老蒋在和班里同学聚会时也常常畅想未来。他说退休后到山里建一个养老院，让同学们都能来养老。大家在一起喝酒、聊天、写字、唱戏，还可以种种菜、养养鸡，享受山里的好空气。

老蒋，疫情快结束了，马上就是 2023 年，我们大学入学 40 年。我们不是说好了要去南京聚会吗？2023 年，国外的好几位同学也说要回国探亲，我们还聚吗？

今天是圣诞之夜，我们班里的同学都被关于你的消息吓住了。我们在期盼着和你的聚会，还等着退休后跟着你去山里。

老蒋，网上你的消息，一定不是真的。如果不是你在跟我们开玩笑，一定是老天在跟我们开玩笑。

2022 年 12 月 24 日

我的歪兄

梁 宏

我从中国科学院化学研究所研究生毕业后，是两位贵人的帮助，让我在北京得以安身立命，他们都是我在南大化学系1983届的同学。华良兄在我工作两年后，介绍我到一家外企公司工作，这份工作使我在收入上有所进步的同时，我有机会涉足计算机辅助分子模拟领域。在我后来的职业生涯中，我以此谋生十多年，直到我离开了药物研究行业。尤其难得的是当时他俩都仅仅是名不见经传的博士研究生，但他们给予我的无私帮助却使我终生无法报答了：德平兄已于2013年12月18日意外去世了，而9年后的今年12月23日，华良兄也突然走了。呜呼哀哉。

华良兄走了，我的歪兄走了，如此突然以至于让人无法接受。当我从班级群看到姬兄发的消息时，正值我的工作时间，我紧盯着手机屏幕，心跳加速，心中和勇同学的反应一样：别开玩笑。我立即找领导说："我的好朋友去世了，震惊中，需暂停一下手头的工作缓缓神。"

与华良兄的友谊始于近40年前南大，我们同住四舍328室。几年的大学室友一同吃，一同住，一同学习，一同游玩，一同练哑铃比二头肌，一同

作者简介：梁宏，男，1965年生，四川自贡人，现侨居加拿大。

剃光头，一同看夜场电影，一起与小杆子们体力摩擦，40 年前的记忆是那么清晰却又那么模糊，仿佛就发生在昨天，可又无法追向细节。

想当年在南大，我俩周末常常一起去新街口看一晚上联场电影，四个电影从半夜看到凌晨，然后回宿舍睡一天，再去二食堂上晚自习。

想当年在南大，我俩一起剃光头，在宿舍、教室、食堂三点一线游走，别人爱怎么看怎么看。只是他穿的白底黑色条纹的 T 恤衫让小朋友不敢直视。已经记不住剃秃子的原因了，反正是剃了，还是在理发店花钱剃的。

想当年在南大，我们和南大子弟体力切磋后，被堵在四舍寝室里不敢出门，他联系他同为南大子弟的谢表哥为我们调和了冲突。

想当年在南大，我俩因借用系学生会办公室备考研究生而引起下届系学生会主席的不满，当时针尖对麦芒，他的一句南京话“你个小杆子，高傲得不得了”，至今想起都不禁要笑。成功继续“霸占”办公室一直到考研结束。

想当年在南大，我俩学号紧挨，许多实验课是我俩一起做的。有一次进行有机合成实验时，我俩都不小心让皮肤接触到了亚硝酸盐，奇痒无比。回宿舍后，他一口气吃下了几十粒维生素 C，因为据老师说马上吃大量维生素 C 可解毒，以防血液凝固。

想当年在南大，我们会用献血后发的补贴一起去三食堂吃小炒、喝啤酒。所谓小炒不过是蛋炒饭，啤酒似乎是南大参与研发的品牌。

想当年在南大，实验课拖堂或晚自习后错过了食堂饭点，我们就去门口小吃部来碗馄饨，听着他用南京话来回答老板“啊要辣油啊？”的问话。

想当年在南大，我是他的情诗的第一个读者。当陪他成功送出信后，他认真地对我说：“老怪，我要留南京。”那时离我们毕业离校也就差两三个月了，他的分配单位早已经被定下了：常州化工研究所。

想当年在南大，武侠小说正盛行，我们宿舍有四个老字辈绰号，按年龄排列分别为：姬老妖、蒋老歪、梁老怪、乔老弟。毕业后的几十年，我对华良兄的称呼不外乎老蒋、老歪或歪兄。毕业几年后，我女儿出生，当我告诉他我女儿的小名叫歪歪时，电话另一头的他哈哈大笑说：“偶滴乖乖，我是老歪，她是小歪。”在他当选院士后，我在群里按国内习俗说以后尊称蒋先生，他马上表示了不满：同学情义比其他珍贵，他永远是 83 有机班的老蒋。

我们同年硕士毕业后，我去中国医学科学院药物研究所工作，他在上海药物所读博。在其后的几年中，由于工作的关系，我俩几乎月月见面。当初上海药物所刚引进计算机辅助分子模拟系统，机器没到货，他来北京用公司样机开展前期工作。当时我爱人回山东老家休产假，我住在北京药物所曹师弟的宿舍，他为节约单位开支，不住旅馆，工作完一天后就回我爱人的宿舍休息。由于是样机，机时很紧张，曹师弟至今还记得老蒋每天自掏腰包买盒烟去和公司人员联络感情从而能多用点机时。

以后的几年里，我俩曾一起去美国培训，一起去北京大学探望刚进博后站的乾坤同学夫妻，一起出差广州并寻找姬兄的踪迹，一起去西安开会并看望生女不久的岚同学，一起南下苏州并拜会乔老弟和巧英同学。当然最多的相聚还是在上海，见面几乎全是在上海药物所的机房，去他家的次数屈指可数。

1998 年初，华良兄看我工作中遇到了瓶颈，鼓励我去上海药物所读博士，但我已经联系好了加拿大的学校。从此天各一方，我一直认为我们还不算老，来日方长，明年是我们入学 40 年，应该会有机会一聚，没想到竟然成永别。

出国二十多年，虽然远隔千山万水，但每当我在工作或生活中遇到困难时，华良兄总是给予我巨大的帮助：为我侄女在上海寻找医生做手术，悉心接待我回国的家人。我曾对他说等他退休后有时间来加拿大玩，带他来个落基山脉深度游，但已成空谈。

华良兄一路走好！

歪兄来世再做兄弟！

2022 年 12 月 25 日于加拿大埃德蒙顿

图 1　1987 年于南大新化学楼前

图 2　1990 年在华东师大读硕士

图 3　1995 年在北京大学西门

图 4　1996 年在美国旧金山金门大桥

与老蒋求学、共事的日子

王　卫

惊悉师兄、同事、挚友蒋华良院士离世，走得那么突然，让人震惊，悲痛欲绝，欲哭无泪，无法接受！想不到今年 3 月的通话，竟成了永远的告别。

我与华良相识是通过我在上海药物所的同学，这位同学是华良以前在常州化工研究所的同事杨永华。我们初识是在 1991 年年底，快要过 1992 年的元旦，你当时在华东师大化学系攻读物理化学专业的硕士研究生，给我留下的第一印象令我非常深刻——健谈、风趣。那时我就知道你是“拼命三郎”，工作在实验室、住在实验室，实验室满是文献，“无法落脚”。一次周末晚上，你邀请我们吃了一顿“大餐”——一起买菜在实验室涮了顿丰盛的火锅。你知识渊博、思维敏捷，讲话快，声音也大，特别是当讨论起科学问题时，你更加兴奋，滔滔不绝。由于聊得太晚了，我们还“同居”了一个晚上。你硕士学位论文答辩委员会主席是我的导师嵇汝运院士，由于出色的科研表现，你成为嵇先生的博士生，我们也成了师兄弟。

在上海药物所读研期间，虽然我读的是药物化学，而你做计算机药物辅助设计，但由于对新药研发的共同兴趣，并且在同一个课题组，我们经常有机会在一起讨论研究中的问题，大部分都是我向你请教。每次跟你聊天，我总被你的独特的见解和解决问题的方法所折服，受益良多，这对我今后

作者简介：王卫，男，1966 年生，江苏东台人，美国亚利桑那大学药学院终身教授。

的科研有很大的帮助。虽然中国科学院上海分院的研究生公寓离上海药物所很近，走路 5～10 分钟，住宿条件在当时算是很好的了，但你总是工作到深夜，也是经常就睡在机房里。为了争时间，你走路总比别人快，常常小跑步。

上海药物所的食堂是当时中国科学院上海分院岳阳路几个研究所里菜最好吃的，其他所里的研究生，特别是在周末的时候常到上海药物所的食堂吃，我们也被上海药物所的食堂“惯坏了”嘴巴，偶尔在一起改善伙食，趁老板周末不在的时候，利用实验室里的煤气在实验里烧菜做饭。从那时起，我们就知道你烧得一手好菜，所以都是你掌勺，我们打下手。读你生前写的科普文《红烧肉中的美拉德反应》就想到你烧的红烧肉、红烧鱼，不仅香气扑鼻，色泽诱人，更重要的是太好吃了，油而不腻，甜甜的、咸咸的、香香的。原来一道菜有这么多的学问，而且与我们的有机化学研究直接有关。

那时候，研究生热衷于考托福（TOEFL）、美国研究生入学考试（Graduate Record Examination，GRE），出国留学，我难于免俗，毕业后去了美国，而你博士毕业后继续留在所里工作。在嵇先生、陈凯先老师和你的领导下，上海药物所的计算药物化学发展迅猛，已成为世界上具有重要影响力的研究基地和我国培养计算药物化学、化学生物学人才的重要摇篮。在 20 世纪 90 年代和 21 世纪初期，通信没有像现在这样发达、方便，但我们还是保持联系，你主动热情，毫无保留地帮助我，让我得以跟国内同行开展科研交流合作。我出国后于 2004 年 6 月份第一次回国，那时你是上海药物所的副所长和华理药学院的创始院长，我也有幸成为你在华理的同事。我也知道了大家叫你“老蒋”，虽然你不老。在你的领导之下，以你提出的“良药苦口、忠言逆耳”为院训，励志践行，华理药学院从无到有，在有限的资源和条件非常艰苦的条件下，在短短的不到十年时间里，已发展成为我国学科（包括本科、硕士、博士学位）齐全的药学人才培养和研究基地。作为其中的一员，我深感你为之付出的心血。虽然你公务很多，科研很繁重，但你也会在百忙之中亲自帮我修改中文 PPT 和标书。记得有一次一个合作项目没有拿到，你亲自到上海浦东国际机场来为我送行、安慰我，让我很感动，至今历历在目。

你是那么地多才多艺，是打乒乓球和烧菜的高手，书法自成一体，散文中散发着生活的烟火气，幽默中透露出人生的哲理。

你是一个真正有着家国情怀的科学家，为我国药学事业的发展特别是化学生物学学科的发展作出了“凿空”的贡献。

华良——中华之栋梁！

2022 年 12 月 29 日于美国图森家中

追忆良师益友华良先生

李　忠

惊闻蒋华良先生驾鹤西去，我等悲戚，念往昔相识、共事点滴，如昨日之事历历在目，愈发痛彻心扉。

认识先生是在26年前的1996年，博士毕业前忐忑地随导师钱旭红老师去拜访当时已经声名鹊起的华良先生，作为学生的我未能多言，只是静静地聆听两位学界大咖云里雾里地谈科研，至于谈什么已经记不大真切了，只是记得当时颇为惊讶其穿着长相和心目中的青年才俊相去甚远，在我看来至少极不出众，虽不至于蓬头垢面，应该也算是衣衫不整的一类，办公室也不算整洁，被褥堆放在一旁，后来才知先生经常以实验室为家，故称“拼命三郎”。当年的印象让我至今还在疑惑，这么一个人除了投身科研，难道会懂得生活，能那么细腻地去品味生活中的美？

以后我和先生时常有一些交往，亦师亦友，有幸得到不少指点和帮助，先生助我在科研路上少走了很多弯路，但是生活中的相互交往并不多。直到2004年，应钱旭红校长邀请，先生出任华理药学院第一任院长。我至今依然很疑惑，那么智慧的华良先生是怎么被忽悠或被感动出任一个当时只存在于蓝图中的学院院长？华理药学院成立伊始，没钱、没房、没人，先生应该算

作者简介：李忠，男，1968年生，江苏宝应人，华东理工大学药物化工研究所所长，上海市化学生物学重点实验室主任。

是史上最悲催的“三无”学院的院长。可怜的我和我们研究所就是这时候被直接成建制地划拨到一无所有的蒋院长麾下，成为他的第一批人马，然后就开始在暂借的“阁楼”中规划着华理药学院的未来。一些大刀阔斧的举措为华理药学院的发展奠定了厚实的基础，比如先生力邀上海药物所几位大咖来华理药学院兼职，从海外引进一批博士，取“良药苦口利于病，忠言逆耳利于行”写下了“良药苦口、忠言逆耳”的院训，以学校给予的院长津贴建立了“蒋华良奖学金”，持续关心药学院人才建设后续发展，成为我们上海市化学生物学重点实验室学术委员会委员。

今天，夜静思人，先生对于华理药学院以及我们实验室的功绩已经铭然于心，他的科研论文、对学科发展及布局的思考应该会影响深远，但是这些都不重要了。在这个夜晚，清晰出现的是一个常州人站在我们面前，一会唱着穿云裂石的秦腔《东方红》，一会唱婉转轻快的扬州小调《拔根芦柴花》，一如关西大汉的粗放，一如水乡美女的婉约，忽远忽近，忽高忽低，就这么反复切换，恍惚了。

微信公众号“朵朵花开淡墨香”展示了先生对生活的热爱及其细腻的情感，先生酷爱烧菜，烧红烧肉烧出了美拉德反应的科普，久违的年味展示了大厨的风采，融合淮扬菜和溧阳烧法的红烧狮子头、上海本帮菜油爆青鱼等，依然让人垂涎欲滴。

他以极其睿智的视角凝练学科发展的科学问题，又以非常细腻的情怀关注、品味生活的细节与美好，侠骨柔情去描述他似乎不够，但是又找不到合适的词语。

竟然，他就这么走了！当晚，悲戚，长夜难熬，和钱老师等一起云端寄托哀思，恩师喝酒一般很节制，但是那天喝多了，反复说：“你答应我的，要来华东师大，要我准备实验室给你，你答应的，怎么走了呢？”然后抽噎，我等聊着、追忆着，并向九天之上举杯，每件事和着一杯酒，每杯酒参入一幅景，醉！

夜又深了，想着先生的音容笑貌、生活中点点滴滴，忽然我觉得我懂了。他是一个人，一个能热爱生活、品鉴人生的人；他也是一个神，一个精神层面俯视大千世界的神，他知晓的、理解的已经超出了芸芸众生的范围，他的灵魂走得太快太远太高，肉体已经跟不上节奏，托体同山阿也许是最好的选择。我相信在一个更高的维度上，先生已经魂聚莲花，俯视我等。

先生走好！

勤奋求学的楷模，华理药学院的元勋

唐 赟

昨晚惊闻噩耗，犹如晴天霹雳，实在难以置信！师兄蒋华良院士骤然离去，走得太出人意料，走得太令人心痛！他还年轻，真是天妒英才！他的不幸离去，是我国药学界的重大损失！

我一夜没怎么睡，一直在回忆着与师兄相处的点点滴滴。我们相识于整整30年前的1992年9月，在位于岳阳路319号大院的上海药物所实验室，我们曾共同奋斗了4年，一起合作发表了十几篇英文文章（在当时的条件下十分难得）。之后我虽然出国，但一直和师兄保持联系。1999年底，我曾回国重返实验室交流，他热情接待，与我畅谈了他要建立药物发现和设计研究中心（即现在的DDDC）的雄心，并邀请我回来跟他一起做这个事情，他认为我是最佳拍档。但阴差阳错，我没有抓住与他再次共事的机会。2004年初夏，在他的引荐下，我回国到复旦大学药学院工作。同年秋季，他受邀创建华理药学院。当时他已肩负上海药物所副所长的重任，而创建学院事务繁多，他无法面面俱到。因此，他又想到了我这个“最佳拍档”，邀请我来华理，协助他具体落实创建任务。这次我没有犹豫，从而开启了跟他在华理的十余年共事时光，幸不辱使命。往事历历在目，一切犹如刚发生不久。下面记录一

作者简介：唐赟，男，1968年生，湖南衡阳人，华东理工大学药学院教授，与蒋华良院士既是求学期间的同门师兄弟，又是创建华理药学院的同事。

些我熟知的他求学阶段的点滴事迹，以及创建华理药学院的历史性贡献。

求学阶段的学习楷模

我于 1991 年 9 月考入上海药物所陈凯先先生门下，攻读硕士学位，师兄是 1992 年 9 月考来该所，并师从嵇汝运先生和陈凯先先生攻读博士学位，我们由此相识。我于 1993 年 7 月提前攻读博士学位，也师从嵇汝运先生和陈凯先先生，这样博士晚他一届，所以他是我的博士师兄。

30 年前的计算机辅助药物设计研究方向，远不像现在这般繁荣，当时从事研究的人员屈指可数，研究条件也很简陋。那时没有互联网络，文献资料只能依靠图书馆里延迟几个月的影印版图书期刊。我们实验室购买的美国 Tripos 公司的药物设计软件包 SYBYL，必须安装在特定的 SGI 图形工作站上才能运行。但因受美国制裁，软件包在 1993 年收到，而硬件直到 1994 年春天才到达，这些软硬件设施的迟到阻碍着我们如期完成毕业论文。1993 年春，陈先生安排我和师兄一起到位于北京中关村的中国科学院计算技术研究所，参加了为期半个月的计算机服务器操作使用培训。这是我第一次到北京，在我们学习之余，他带我游览了天安门广场和八达岭长城等景点。

为了尽量降低药物设计软硬件设施晚到对正常毕业的影响，师兄一方面想办法在外面借机器研究，另一方面发挥他雄厚的理论化学功底，构思在药物设计方法上做些改进。他发扬“时不我待”的精神，加班加点做研究，晚上一直都是睡在实验室机房（这一点我是自愧不如），所以他的一天相当于别人的两天。功夫不负有心人！尽管实验室在 1994 年春天才能正常使用药物设计软硬件，但他很快就掌握了使用技巧，并在 1994 年年底完成一篇研究论文，发表在当年《中国药理学报》最后一期上，主要采用 3D-QSAR 方法研究青蒿素类似物，从而为青蒿素结构优化提供了重要信息，该文被学报评为年度优秀论文。到 1995 年 7 月毕业时，他又发表了两篇英文一作，并完成了厚达 200 页的英文博士学位论文，该博士学位论文当年获得了中国科学院优秀论文。他在毕业后，又陆续基于博士学位论文的内容整理并发表了几篇一作论文，其中一篇于 1997 年发表在著名期刊《药物化学杂志》上，那时国内能在该刊上发表文章的属于凤毛麟角。

学习之余，师兄还积极组织我们编写国内首本《计算机辅助药物设计——原理、方法及应用》专著，我当时承担了其中三章的写作任务。但我1996年毕业出国时，只留下了初稿给他，最终书稿于2000年由上海科学技术出版社出版，他对我的三章都做了较大的补充完善。可以说，整本书是师兄的心血结晶，但也滋补了一代人的成长。

图1　1994年合影于上海药物所实验室前

创建华理药学院的元勋

师兄在2004年9月受钱旭红校长的邀请，前来华理创建药学院，并被任命为首任院长。至2015年9月正式卸任院长一职止，整整11年里，他为华理药学院的建立、学科建设和发展、师资队伍建设和人才培养等各个方面，劳心尽力，作出了不可磨灭的贡献！

尽管当时他已是上海药物所副所长，工作繁重，但他仍义无反顾开启了华理药学院的创建之旅。我当时刚回国到复旦大学药学院工作，尚未组建团队，来去比较自由，所以师兄邀请我前来华理协助他做这件事。我首先确定于 2004 年 9 月 14 日下午来华理做一场学术报告，趁此机会，师兄也特地赶来，在逸夫楼报告厅，用了一个多小时畅谈他的办院理念——“创特色学科，造精品专业，办名牌学院”。师兄亲自确定院训为“良药苦口、忠言逆耳”，并手书在院训墙上，以此激励学院奋发向上。2005 年初，他带领学院骨干教师制定了学院 2005～2007 三年行动纲要，并组织全院教师研讨，学院的发展从此有了行动纲领。

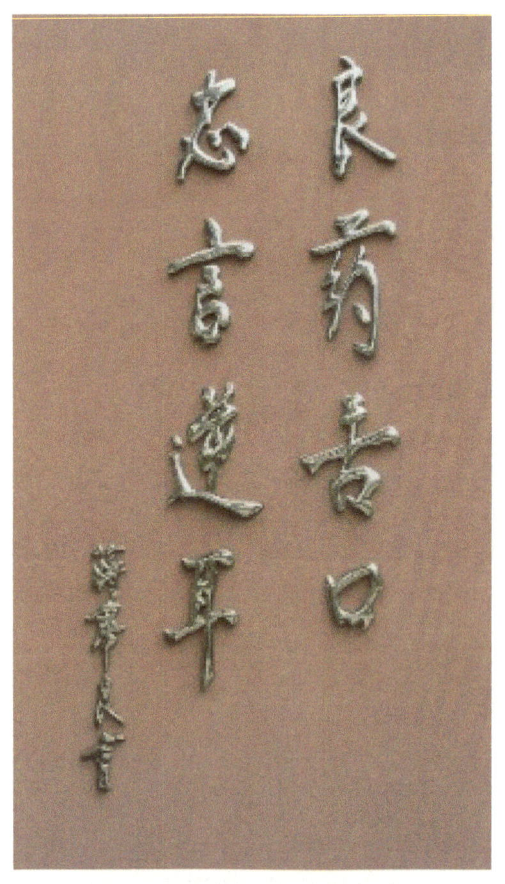

图 2　师兄确定并手书的院训

作为学院负责人，在学科建设上，师兄都是亲力亲为，耗费了大量心血。比如，2006 年 9 月，师兄牵头组织申报了 111 计划，亲自到北京参加答辩，该计划顺利获批，成为华理第一个创新引智基地；2007 年 7 月，师兄组织国外专家来校，召开了 111 计划启动研讨会；2011 年 8 月，师兄又亲自到北京参加验收答辩，为引智基地的建设作出了重要贡献。2007 年 9 月，师兄牵头申报了药物化学上海市重点学科，也亲自参加了答辩。尽管因积累不够而惜败，但他的努力为学科发展明确了目标，最终药学一级学科于 2012 年 9 月入选了上海高校一流学科（B 类）。还有，经过师兄的努力，2011 年 11 月，我们获批设立上海市新药设计重点实验室，他亲自兼任重点实验室首任主任。2013 年 10 月，该实验室通过上海市科委组织的专家验收。

师兄非常重视人才培养工作。建院伊始，他就提出将学校给他的工作津贴拿出来，在学院设立“蒋华良奖学金”，以资助莘莘学子。我记得该事曾在 2004 年 12 月初的《新民晚报》显著位置上报道过。2005 年首次颁奖，每年资助 20 余名本科生和研究生，共颁发了 8 届，累计受益学生超过 200 人；每次颁奖时，他都亲自到场并致辞。尽管工作繁忙，他仍然抽出时间，多次前来学校与同学们座谈并举办讲座。

目前华理药学院正稳步前行，准备迎接建院二十周年，而我们的创始院长却溘然长逝。师兄太累了，太需要休息了，他为了中国的新药研发事业，殚精竭虑，鞠躬尽瘁！

您在天堂安息吧，师兄！

2022 年 12 月 24 日于上海

漫长的告别

张文宏

我和华良先生认识时间不长，结识于新冠疫情期间。现在，华良先生离开我们已经一年，按理说记忆应该慢慢淡去，但和他的告别却极为艰难。比如，每次处方开到先生团队研发的抗病毒药物，我的眼前总是浮现他温暖的笑容。

2020 年 3 月 初见先生

与华良先生结识于武汉抗疫还未宣布胜利的 2020 年 3 月。在疫情最严重的时候，他两次逆行到武汉，进行药物筛选的研究。疫情在全球蔓延很快，我应中华人民共和国驻美利坚合众国大使馆的邀请，在 3 月底和美国的华人群体有过一次关于疫情应对的对话。当时，华良先生找到我，因为海外友人患有新冠，特别焦虑，希望我能直接给予意见。他还发了两张我在线上和他开会的照片，想来当时他并不在上海。后来，他因为朋友看病多次联系我，每次都让我感受到他对朋友真挚的感情，是大家有困难时最值得依赖的人。

作者简介：张文宏，男，1969 年生，浙江瑞安人，第十四届全国政协委员，国家传染病医学中心主任，复旦大学附属华山医院感染科主任，复旦大学上海医学院内科学系主任，复旦大学感染与健康研究院院长，上海感染与免疫科技创新中心主任。

但是我们鲜有注意到，他是一个即便自己处于最艰难的时候，也不会求助的人，总是在自己解决所有问题后，轻描淡写地告诉你，这段时间太难了。为什么华良先生总是让这么多人这么长时间还一直惦记着，一是记得他对别人的好，再就是忽然惊觉，之前我们真是把他当成铁人了。

华良先生是初见就让你感觉到这是一个非常纯粹的人。他长我几岁，我总是叫他蒋老师或蒋院士，但是从第一天开始，他就坚持要我叫他华良，后来他纠正了几次没有效果，也就作罢。

2020 年 4 月 重大突破

4 月份中旬，华良先生告诉我："我在武汉 12 天了，统计临床试验数据。收获很大。"他还说："上周日，我在武汉参加了卞修武院士的解剖病理分析会，受益匪浅。"

原来这段时间他一直都在武汉。过了几天，我在上海参加陈赛娟院士主持的一个科协会议时，大家和他连线，我看到他的时候非常吃惊，他简直有点像第二次世界大战时期的温莱特将军，虽然依旧精神矍铄，但是太过清瘦，令人动容。当时他应该是在某个医院地下一层的会议室。研究取得的进展让他根本无视疫情期间生活条件的艰苦。其实他一直是这样的，如果不了解他，会觉得他一点不像中国一流药物所的所长和著名的院士科学家，而更像是一个对事业有着充沛激情的乡村教师。

就在那个月，他所在的单位上海药物所，已在世界三大顶刊《细胞》、《自然》和《科学》以通讯作者或者共同通讯作者参与发表了 5 项高水平研究成果，其中抗击新冠疫情取得的重要进展有 3 篇。

"我们把瑞得西韦作用机制搞定，文章在《科学》当天就送审。回去告诉你，为何该药效果还有改善的空间"，他告诉我。

中国药物科学家那时承受了巨大的压力，有人认为我们的药物出来得太慢。其实，这涉及长期投入的问题。新冠疫情初起时，比的就是家底，在这之前，对于新冠类似病毒的潜在药物库，需要很多看似无用的投入。一旦新冠蔓延，国际上在相关领域领先的药厂，就开始进入了储存药物的筛选。中国以饶子和院士和蒋华良院士领衔的团队则是在机制上领先于国际，这也得益于多年来这两个团队在基础研究方面的积累。

此后，华良院士团队进行了日日夜夜的拼搏，在此基础上包括 VV116 在内的两个小分子药物一直是现在临床应用最多的抗新冠药物之一。

2020 年 5 月 “阿拉上海宁”和江苏人

5 月份，应该是华良先生心情比较放松的时间，新药研发进展顺利，他又开始忙碌于挖掘中医药抗疫宝库的工作。他告诉我："我买了清代吴瑭的《温病条辨》，准备将其中治温病方子彻底研究一遍。”他还给我推荐，“我朋友南京中医药大学古籍研究所所长陈仁寿教授写的关于瘟疫的文章，很有意义。空闲时看看”。

他是江苏人，虽然有时说“阿拉上海宁”。我很能理解长期在外漂泊、众人以为功成名就的院士，他们实则长期因为艰辛的工作处于巨大的压力之中。疫情来临，我们一线临床医生都盯着药物研发的进展。一旦得空，聊以慰藉的常常就是家乡的那些人、那些事。他曾兴奋地和我说：“我建议南京中医药大学成立疫病研究中心，他们同意了！”

2020 年 6 月 封面文章

6 月，华良先生心情很好。《科学》杂志封面报道了来自中国科研团队的一项重要研究——上海药物所柳红/许叶春/蒋华良团队，联合上科大杨海涛/饶子和团队和武汉病毒所张磊砢/肖庚富团队，在抗新型冠状病毒药物研究中取得了重要进展，发现了一类结构新颖、高效、安全的抗新型冠状病毒候选药物。《科学》杂志封面文章奠定了上海药物所这个团队在此领域的全球显著领先地位。

他告诉我：“化合物临床申报材料会尽快报中国 NMPA 和美国 FDA，希望找到特效药！”我们的储备药物库有限，虽然我们在机制研究上领先了，但是药物研发还需要漫长的过程。可时间不允许，疫情窗口留给科学家的时间很短。

科学家的兴奋总是短暂的，每次兴奋都是下一次艰苦探索的开始。为了尽早从实验室走向临床，他逼着自己开启了另外一段艰苦的征程。他的团队遥遥领先，但药物研发和上市是一个系统工程，他有时候不得不停下来等待队友的跟进。一直到 2022 年 12 月，他都在为中国新药的上市呕心沥血。

2020 年 9 月 人民大会堂

9 月，是华良先生最为开心的月份。经历了疫情以来的风风雨雨，他站在了人民大会堂。9 月 8 日上午，全国抗击新冠肺炎疫情表彰大会在北京人民大会堂隆重举行，大会对全国抗击新冠肺炎疫情先进个人和先进集体、全国优秀共产党员、全国先进基层党组织进行了表彰。上海药物所蒋华良院士荣获“全国抗击新冠肺炎疫情先进个人”称号。

当时我和他都在北京，他问我讨一张在人民大会堂里面的合影，因为当时开会是不能带相机的，是瑞金医院陈尔真院长找了一位现场拍照的工作人员拍了一张我和他的合影。他说：“能问下陈尔真院长，将咱俩在人民大会堂合影给我吗？”

他不愿意多做个人宣传，回到上海后，他告诉我：“媒体要报道我，均被我婉拒了。我回上海后，第一时间向全所传达了‘伟大的抗疫精神’。”我特地看了下上海药物所的宣传，看到了他的照片，这是他气色最好、体重迅速回升的一段时间。我们都以为他是铁人，是战无不胜的英雄，但是我们都忽略了，他即便是天才，也落入了凡间，也需要关心和温暖。是国家和人民的认可给予他巨大的力量。

整个 9 月份以及后面的时间，他都投入到研发新冠新药的工作中，希望基于中国科学家基础研究成果的自主研发新药能够用到疫情防控中去。此时，国际疫情发展迅猛，但还没有到峰值，同时已经发现新冠病毒变异速度极快，抗体药物研究遇到很大阻力。他焦虑地对我说：“我们要努力研发小分子药物，抗病毒还需要小分子药物！”

2020 年剩余的时间里，全球疫情飓风般肆虐，人类生命在自然界的暴风雨中显得脆弱而无助。虽然全球疫苗问世，但我们还缺乏可靠的药物，脆弱人群的保护仍然成为全球抗疫最大的问题。而这一年，我国的疫情防控态势良好，为科学家争取了研发新药的时间。华良先生课题组研究的数个抗新冠药物，也如雨后春笋，慢慢地冒出新芽。

2021 年 “我的妈哎”

2021 年，是全球疫情最为严重、情况最为复杂的一年，中国抗击新冠疫情也面临极大的挑战。华良先生除了加快药物研发进程外，也像他一直以来的那样，非常关切同事、朋友和国家的命运，这是他的常态。大家都无一例外地享受他的关心、热情与帮助。他多次介绍朋友来我这里看病，我也向他学习，在繁忙的临床工作之余，热情接待疫情中极其焦虑的各类患者。南京出现的疫情再次打破宁静，他非常焦虑，数次对我说："这次是德尔塔变异病毒，传染力非常强。我去年 2 至 4 月，两次入武汉抗疫，一年半来一直从事抗新冠药物研发，并持续关注全球疫情，对疫情的严重性感受深切！"

讨论得多了，他经常不经意间暴露自己的孩童心性和广博的知识面，以及习惯成自然的科学家思维。他开玩笑说："德尔塔太厉害，大家注意防护。Delta 不知是谁命名的，意思是'增量'啊！下次突变应命名 jpsilon 希腊字母（Y，u）——'减少'的意思。我的妈哎，刚才看了字母表，Y 排在 20 位，还要突变 16 次才减毒。真希望再突变一次就减毒。要跳过 sigma（Σ σ 西格玛），这更不得了，毒性是所有前面突变珠的加和！Π π 派 更更更不得了，是所有突变株毒性的乘积。我用的是数学符号语言。抱歉，玩笑玩笑！"这时候，你就觉得他还是那个一身才气的大男孩，非常可爱。回想过往，感觉他一定是天才来到凡间。

7、8 月份疫情吃紧，也是我自己感觉心力交瘁的一段时间。我和他一起吃了一顿饭，吃的是红烧肉、鱼头，几个他的家乡菜。他特地手书毛泽东主席在抗战期间关于《经济问题与财政问题》中一段话："我们现在的困难，有的已经渡过，有的快要渡过。我们曾经历过比现在还要困难到多少倍的时候，那样的困难我们也渡过了。……在我们面前是没有悲观的，我们能够战胜任何的困难。”我以为，我们是彼此懂得的。

2021 年剩余的时间里，药物研发推动速度很快，华良先生课题组推出的新药之一 VV116 在上海市徐汇区中心医院完成非常完美的一期临床研究，同时在乌兹别克斯坦已经获得附条件上市，我们一起看中国的数据和乌兹别克斯坦的数据，对药物的性能和安全性非常有信心。

2022 年 决战奥密克戎

2022 年，全球被奥密克戎“占领”。大家都非常关心小分子药物是不是会和抗体药物一样被逃避。1 月份时，华良先生非常高兴地告诉我：“武汉病毒所刚出的结果，对于奥密克戎，VV116 效果和之前的不同变异株无显著差异。表明 VV116 对奥密克戎同样有效。”

随着疫情的快速发展，新药加速上市的需求越来越迫切，华良先生休息的时间越来越少。但是由于患者重症化的比例越来越低，按照最初原始毒株和德尔塔毒株所做的临床研究设计已经不能满足上市临床研究的要求，临床试验碰到越来越大的困难，为了满足上市要求，必须进行更多的改革和创新。

2022 年是疫情转段的重要年份，疫情的压力施加到每个层面。在继 2022 年 3 月份上海疫情期间开放的药物同情用药之后，华良先生依然在继续努力，希望能够和时间赛跑，让药物在全国疫情转段之时能够用到。

2022 年年末，全国开启疫情转段。华良先生研发的几个药物在中国多地获得同情用药许可。然而也就是在这个月份，华良先生心力不支，溘然离世。迄今，他研发的新药经过严谨的临床研究都已经上市，成为全国使用最多的药物之一，我每次在临床开具这些药物的时候，都觉得他还没有离开我们。

2023 年 无法忘却的记忆

虽然华良先生已经离去一年，但我们总是觉得他还在，和他告别很是艰难。因为他曾经为这个国家、为亲人、为朋友付出如此多，就像海明威所说：“你一有爱，你就会想为对方做些什么。你想牺牲自己，你想服务。”

此时此刻，回想往事，不禁泪流满面。在他最艰难的时候，为什么我们都没有像他对我们那样，给过他哪怕是些许慰藉？为什么我们都自然而然地认为，他是最坚强的那一个，永远可以扛住任何压力，无休无止地埋首工作呢？

也许，我们将他看得平凡一些，本来是可以挽留他的吧。只是，已经没有“也许”了，我们就这样永远失去了华良先生！

无法忘记华良先生，还是无法相信，这是一个没有华良的世界。

华失良将天妒英才，感怀师情永沐师恩

柳　红

去去逾千里华失良将天公垂泪，
悠悠隔九天天妒英才浮云含悲！

一直不相信这是真的！一直不愿意相信这是真的！蒋老师就这样突然地离开了我们！

熟悉的叮咛嘱托、熟悉的音容笑貌就这样突然地在这冬日里消失！化作我们无尽思念！

言传身教，亦师亦友

初识蒋老师是在我攻读博士期间。那时，国际上才兴起计算机辅助药物设计，当时只有上海药物所等不多的单位有做计算机辅助设计的条件和工作

作者简介：柳红，女，1970 年生，山西太原人，中国科学院上海药物研究所研究员、课题组长、博士生导师。

站。在导师的推荐下，我于 1996 年和 1997 年利用两个暑假在上海药物所学习计算机辅助药物设计。蒋老师的化学理论知识和数学物理基本功非常扎实，他和陈凯先老师带领的团队是最早在国内开展计算机辅助药物设计和受体功能研究的先驱之一，在该领域具有开拓性成就和功绩。虽然仅仅是两个月的学习，但蒋老师在课题上给了我很多指导和帮助。临近学习尾声，他非常支持我毕业后来上海药物所从事博士后研究，是我从事药物化学和创新药物研究的启蒙者和领路人之一，是蒋老师让我充分认识到了计算机辅助药物设计在创新药物发现中的引领性和重要性。

博士后出站后，我留所从事创新药物研发工作，在蒋老师的身边学习和工作了 26 个年头。那时蒋老师刚留所工作，几乎整天吃住在所里，废寝忘食，一心扑在工作上。他对我们这些刚开始接触计算机辅助药物设计的同事们、学生们进行了耐心辅导，并讲解了思路。作为导师，他还为学生亲自讲授课程，循循善诱、孜孜不倦；同时，对学生的论文和工作要求十分严格，让学生都感受到了他严谨的学术态度和一丝不苟的工作作风；蒋老师也十分重视对学生的思想品德教育，他教书育人、诲人不倦的精神影响着一代又一代学生。

图 1　2017 年研究生毕业典礼

蒋老师桃李满天下，培养了多位杰出人才，他为国家的药学教育事业鞠躬尽瘁，他的学生们也会继续秉承蒋老师的遗志，继续为我国药学事业的发展贡献力量！

把握前沿，引领学科

蒋老师高瞻远瞩，一直站在学科领域的最前沿，引领计算机辅助药物设计学和药物化学学科的发展；他倡导化学生物学学科的建设，为我国这些学科的快速发展作出了不可磨灭的重要贡献！他为国家医药产业的未来谋局思篇，为我国生物医药科技发展设计布局。他经常研读最新的学术科研论文，及时了解学术动态前沿，特别关注新知识、新技术、新发展，对于科技前沿的新动态和新发现始终保持着高度敏锐性、判断性，能很快带领学科领域和团队找到切入点并快速展开研究。从新药创制重大专项到国家中长期规划，蒋老师都是全身投入，倾注了大量的心血，废寝忘食，负责或参与完成一个个指南的制定，为我国医药产业的发展鞠躬尽瘁，死而后已！

图 2　2017 年第一届天然药物及仿生药物国际前沿研讨会留念

他运用化学生物学、数理科学和计算信息科学等多学科的交叉，在我国率先建立了药物-生物大分子相互作用的大规模分子动力学模拟等一批功能先进的理论计算技术平台，发展了“靶标垂钓”靶标发现、“快结合、慢解离”新药设计和评价理念等一批原创药物研究新策略与新方法；他深入开展药物靶标调控机制、先导化合物发现和优化等研究，发现的多个抗老年痴呆、抗新冠、抗肺动脉高压、抗前列腺增生、抗糖尿病和降血脂等候选药物已先后进入临床不同试验阶段。近年来，他大力倡导、推动并积极投身基于大数据和人工智能的新药研究。

家国情怀，心系民生

蒋老师经常教导我们，身为国家人，肩扛国家责！蒋老师始终将人民健康为己任，报效家国慰情怀！蒋老师是一位有着浓烈家国情怀的科学家，他一直关注着重大疾病领域和公共卫生危机疾病药物研发情况，为国家卫生安全进行技术储备。从 SARS 到禽流感再到新冠病毒，每次疫情突发，他都第一时间响应国家号召，在所里成立攻关团队，以身作则，身先士卒投入抗疫第一线，多年来对病毒的研究也从未停止过。在蒋老师的鼓舞和带领下，我带领团队共同承担新药研发任务，他的家国情怀深深地感染着我，多年来也一直影响、鞭策着我！

蒋老师潜心科研、锐意创新、崇尚科学、兴药为民，深刻践行了药学事业工作者的崇高使命和责任担当。他是一位令人敬仰的药学家、教育家，大家风范受人敬仰、令人钦佩，他一直是我心中的恩师榜样！他一生荣光，为国家药学事业发展奉献了一生，是我学习的楷模典范！

纷乱的思绪难以表达对蒋老师深深的怀念！

愿蒋华良老师一路走好！

2022 年 12 月 24 日晚于上海

植　梅

——纪念蒋华良院士

柳　红

秋水东湖植友树，
微风浦江暗香驻。
蒋所长留中华志，
情浓如絮绵无数。

叶影重重藏翠霭，
研成硕果惠民爱。
两所并干结连理，
齐心奋进强国来。

① 2023年8月29日，为进一步传承和弘扬科学家精神，表达对蒋华良院士深切的思念之情，上海药物所与武汉病毒所在武汉种下了象征两所友谊的友谊树——“报国梅”。感怀此景，柳红研究员撰写诗歌《植梅——纪念蒋华良院士》，并在活动现场吟诵。

淡墨清影，风范永存

施健妹

2014 年底，我有幸转入蒋华良院士的课题组工作，担任蒋老师的秘书，因此我得以近距离地跟随蒋老师工作、学习，今日回忆的虽是一些日常琐事，但却饱含深意，让我受益匪浅。

蒋老师，是一位出身农村的院士，他毫无架子，节俭至极。他常因忙碌而忘记吃饭，我便受蒋夫人之托，将食堂打包的饭菜送到他办公室。我本以为应该为他多备些菜肴，但蒋老师却淡淡地跟我说："一荤一素足矣，过多便是浪费。"即便如今生活富足，蒋老师也不忘昔日之苦，珍惜每一粒粮食。此举虽小，却足见蒋老师节俭之美德与平易近人之风范。

蒋老师很严厉，但非凶悍之严，是对事不对人之严。曾有一次，我因疏忽而犯错，蒋老师将我叫到办公室，他的严词教诲令我如坐针毡。后面很长一段时间，我都不敢去找他签字，但事后，我发现他却将此事抛诸脑后，仿佛未曾发生，这让我感受到了他的宽容大度。我明白，蒋老师之严厉，意在使我们谨记做事必须严谨，而非刻意苛责。

蒋老师对学生之关爱，更是无微不至。疫情时，组内很多学生都感染了新冠，蒋老师时刻牵挂，频频询问我组里的情况，并嘱咐我购买 N95 口罩分

作者简介：施健妹，女，1986 年生，上海市人，中国科学院上海药物研究所高级实验师，蒋华良院士秘书。本文为施健妹在药物发现与设计中心党支部《朵朵花开淡墨香》读书交流会上的发言稿。

发给同学们。那时候，口罩紧缺，难以买到，蒋老师为我提供渠道，并反复叮嘱，务必确保每位同学都能拿到口罩，做好防护。其爱生如子之情，令我感动至深。

蒋老师不仅在日常生活中细致入微地关爱学生，更在学业上倾注心血。他将华理每年给予他的特殊岗位津贴设为奖学金，惠及近 300 名学子。蒋老师还发动身边的朋友，共同筹集 50 万元善款，由芷江县委、县政府联合社会各界共同耗资 200 万元，于 2012 年 6 月在大树坳中学建成“同心·民盟烛光教学楼”。教学楼总建筑面积 2000 平方米，共 4 层，拥有 22 间教室、7 个多媒体功能室，为乡村的学生们提供了优越的学习环境。蒋老师以深厚的关爱和无私的奉献，为学生们点亮了知识的灯塔，成为他们人生道路上的楷模和指引者。

“朵朵花开淡墨痕，只留清气满乾坤。”蒋老师最爱蜡梅，蜡梅凌寒绽放，其坚韧无畏的品质、淡雅与墨香交织，恰似蒋老师的人生写照，清气四溢，满溢乾坤。蒋老师的音容笑貌，深深地烙印在我们心中，仿佛那昨日的阳光，温暖而明亮。蒋老师的教诲和风范，犹如一盏明灯，照亮着我们前行的道路。

蒋老师，我们永远怀念您！

三春草木含生意，一室芝兰发异香

乔　楠

在 12 月 23 日晚上返京的路上，听闻蒋华良先生猝然辞世，一时之间难以接受，心痛、茫然，忆起往昔和蒋华良先生交流的点点滴滴，无数的言语涌到嘴边，却又难以诉说，孤灯长坐，一夜无眠。

蒋华良先生是我的人生榜样，学问、品德、书法、音律、为人、处世，无一不是我仰慕并且学习的对象，蒋华良先生也总愿意抽出时间，给我们进行详细的讲解，不厌其详。今年在贵安聊到苏州评弹，蒋华良先生从手机里翻出来他近期新谱的蒋调，即兴演唱了起来，旁边是红瓦黄墙，蓝天映碧水，我觉得自古江南才子，亦不过如此。

蒋华良先生是书法大家，我最喜欢的一幅字是 2022 年春节时蒋华良先生分享的“三春草木含生意，一室芝兰发异香”。这句话也是蒋华良先生的自画像之一，蒋华良先生的学生满天下，受到蒋华良先生支持和提携的晚辈更是数不胜数，这些都是蒋华良先生数十年如一日的辛苦耕耘和培养的成果。“三春草木含生意”，就是蒋华良先生为中国制药行业打下的底子，并且可以看到不远的将来必将继续迈向欣欣向荣的大好局面；“一室芝兰发异香”，芝兰生于幽谷，不以无人而不芳，做学问要做到极致并耐得住寂寞，做人要静

作者简介：乔楠，男，河南南阳人，生物信息学博士，华为医疗首席科学家。

以修身、俭以养德，世间万物生，异香有我终不同。

今蒋华良先生已逝，愿这三春草木，未来皆做芝兰异香，千古永存！

图 1　蒋华良 2022 年新春分享祝福

一位真正的良师益友

丁文洁

由于单位业务安排，这一年多有幸与蒋华良院士交流、学习。短暂相处的岁月，总是被蒋华良院士优秀的品格感染。

蒋院士为人低调、谦虚。他不愿意麻烦别人，经常一个人出差，也不带助手跟随。和公司领导每次在机场接到蒋院士，他瘦削的背影拎着很重的行李，亲切地和我们招手的时候，总是让我感觉有点心疼和心酸。

蒋院士做事情讲究预则立。他开会从不迟到，总是早到半小时甚至一个小时。和他约好时间，我们通常来说都要早去很久，因为他经常一个人提前很久先到了也不告诉我们。蒋院士去参加公司组织的业务研讨，会提前换好正式的西装，演讲的材料也会反复斟酌、修改，总是毫无保留地把对行业的思考和见解放到材料里分享给我们。

蒋院士为人正直，内心纯粹而善良，又带着一丝细心，总会为他人考虑很多。和他进行学术交流的时候，他会照顾在场的每一个人，最后才考虑自己。很多次开会，他总是私下问我们每个人的情况，因为他总是担心自己的观点太强势而伤害到其他人。他在生物医药的行业地位结合他与人相处的“小心翼翼”，让我感觉既“矛盾”又令人动容。

作者简介：丁文洁，女，华为技术有限公司上海科研行业代表。

蒋院士对待工作一丝不苟，他的敬业、专业以及对待科研的严谨，总是深深地影响着我们。除此之外，他还拥有宏伟的视野和宽阔的胸怀，没有私欲，这是我对他最深刻的感受。他对生物医药产业的布局和思考都是站在国家、产业的角度开展的，基于以上他的优秀的品格，和蒋院士团队开展的战略合作业务，总是推进最快、最有成效的。

蒋院士鞠躬尽瘁、忧国忧民，做到先天下之忧而忧，后天下之乐而乐，他的很多焦虑与家国情怀、民族大义相关。有次开完会，他瘦削的背影站在会议室外面，一根接一根地抽烟，地上已经有几个烟头，他一直诉说自己最近的忧虑，这些焦虑的事情无不是立足国家如何应对国际竞争，某些难题如何攻克。他总是说自己很累，说自己将来退休后要去山间住小屋、种菜，寄情山水，不想再做药物了。也可能他太操心，也真的太累了。

蒋院士才华横溢，热爱科学，也热爱生活。他写得一手好书法，烧得一手好菜，擅长锡剧和越剧，也擅长乒乓球。他总是提起他的夫人和女儿，分享夫人的诗句、佳作以及女儿的近况，也会分享他最近烧的菜、写的书法、画的水墨竹子给我们，我想象中真正的江南才子，或许就是蒋院士的样子。我总是在上海药物所偶遇打完乒乓球满身大汗的蒋院士，他会语速很快地问我：“小丁，你又来了，你有什么事找我啊？快说！”这一刻的蒋院士，总是让我感觉真实又亲切。

繁忙之余，蒋院士偶尔会指点下我写的书法，他告诉我去哪里买笔墨纸砚，让我每天练一个字，不要写广告体，要学习欧阳询、颜真卿等大师的古文字体。我感觉他是一个愿意把每件事都尽善尽美的人，用他所有的热情和善良去应对一切大事和小事。蒋院士的“纯真”与纯粹，让我理解了人生应该更简单、更坦荡。

蒋院士离开之后的两年，我回忆起他的风貌，依旧内心久久不能平静。他是一位真正的良师益友，用自己高尚的品格感染了我们每个人。我想，关于蒋院士的故事，会被永远珍藏在心中吧。

修于 2024 年 5 月 8 日

永存心底的感激

余　婷

我是一名来自武汉同济医院心血管内科的随访护士，我和我的父母作为 2020 年初新冠疫情第一批感染的人员，在住院治疗期间有幸与蒋院士相识。

在我们住院治疗的第 2 天至出院痊愈这长达近一个月的时间里，蒋院士每天早上 9 点都会准时给我打来电话，认真仔细地询问我们的病情变化情况，并且都会让我做好记录后通过微信发给他看。后来在疫情暴发初期，蒋院士不顾个人安危，第一时间赶来武汉，亲力亲为奋战于一线。当时面对病毒处于恐惧状态中的我，每天依靠着蒋院士的电话渐渐变得勇敢坚强起来，坚定信心战胜病毒。从与蒋院士相处的这段时光中，我深深感受到了蒋院士的善良谦和以及对工作的严谨与一丝不苟。

武汉解封复工后的第一天，我便迫不及待地想要当面感谢这位和我整整通话了一个月的“网友”，心里充满了感激。与蒋院士见面后，我激动得无法言表，记得您当时亲切地和我说：“我们可以拥抱一下吗？你很勇敢。”

作者简介：余婷，女，1992 年生，湖北武汉人，华中科技大学同济医学院附属同济医院心血管内科随访员。

图 1　余婷与蒋华良合影

图 2　蒋华良参观黄鹤楼

与蒋院士的第二次见面，是在同济医院举办院庆之时。记得蒋院士曾说过，疫情期间在武汉待了近两个月，却没能好好看过武汉这座城市。而这次您再来武汉，我有幸能陪着您一起登黄鹤楼、赏长江景、尝湖北菜，当时的我心里默默许下心愿，只愿您能健康平安。

图 3　余婷与蒋华良合影

我一直把对蒋院士的感恩之情默默记在心中。在疫情真正要结束之时，突闻噩耗，难以置信，倍感痛心。生病期间您对我的关心、陪您游黄鹤楼等画面一瞬间全都在脑海中浮现，历历在目。

而这所有的一切我将永存心底。

2023 年 9 月 28 日

第四篇

先生之风，山高水长

编 者 按

蒋华良院士生前时常感叹年少时的师恩难忘，而作为导师的他同样也传承了恩师风骨，对年轻后辈、学生的提携不遗余力。在他的带动和影响下，一批青年才俊在自己的研究领域崭露头角、发光发热，并取得了累累硕果。蒋院士逝世后，他的学生后辈皆哀痛万分，纷纷留言撰文寄托哀思、悼念恩师。

本篇章“先生之风，山高水长”收录了蒋华良院士学生的悼念文章，玉壶存冰心，朱笔写师魂，缅怀蒋院士治学严谨、学识渊博、攻坚克难、无私奉献、奖掖后学的高尚情操。

永远的怀念

罗小民

师兄蒋华良院士于 2022 年 12 月 23 日逝世。那天晚上听到这个噩耗，我无法相信；想起跟随他学习、工作的许多往事，我彻夜难眠。

大概 1995 年，他回母校华东师大化学系（他在 1989～1992 年师从潘道皑教授和周伟良教授攻读硕士学位，开展含氟化合物的量子化学从头计算研究）作计算机辅助药物设计方面的报告。他讲解生动、形象，其中一张电镜照片中的人类免疫缺陷病毒（human immunodeficiency virus，HIV）粒子具有对称性，看起来很美，他诙谐地称之为“美丽的黑暗”。他的报告给我们留下了深刻的印象。

与蒋华良师兄熟悉是在 1996 年，我那时候在华东师大化学系跟随周伟良老师攻读硕士学位。由于实验条件有限，周老师介绍我到上海药物所跟蒋师兄做毕业论文。蒋师兄喜欢别人叫他老蒋，实验室的师弟、师妹都叫他老蒋，就连导师嵇汝运院士有时候也亲切地称呼他老蒋。

我进入实验室后，老蒋教会我 SYBYL 软件中的分子结构搭建、结构优化、构象搜索以及比较分子力场等，带领我进入了药物设计领域。我在上海药物所做硕士毕业论文期间，老蒋和另一位师兄陈建忠都已经毕业，但那时候计算资源（几台从国外进口的 SGI 图形工作站，以及中国科学院计算中心

作者简介：罗小民，男，1970 年生，江西丰城人，中国科学院上海药物研究所研究员，蒋华良院士师弟。

的超级计算机）十分宝贵，为了充分利用计算资源，同时避免电力故障造成计算机损坏（遇到电力故障报警需要输入命令关闭计算机），他们两人都住在实验室。他们经常半夜起来在计算机上递交计算任务。师兄朱维良和我那段时间也住在实验室。

我硕士毕业后，由周伟良老师和老蒋推荐与介绍，进入上海药物所跟随陈凯先研究员攻读博士学位。陈老师和老蒋给我的研究课题是利用分子对接方法发现酪氨酸激酶抑制剂。那段时间，老蒋为寻求学术上的突破，分别到香港科技大学吴云东教授课题组、德国 Michele Parrinello 教授课题组，以及以色列魏茨曼科学研究所 Israel Silman 教授和 Joel L. Sussman 教授课题组作访问研究，他通过电话、传真和电子邮件的方式，指导我们工作。

老蒋对于科学研究具有极大的热情，他兴趣广泛，总是能抓住重要的科学问题，并构思出绝妙的解决方法。他开展了配体垂钓、基于序列的蛋白质-蛋白质相互作用预测以及统计力学在生理学中的应用等开创性的研究，他犹如飞鸟由一座山峰飞向下一座山峰。

每当科研工作取得一些进展时，老蒋的喜悦之情溢于言表，深深地感染了每一位与他一起工作的同事和学生。他也特别喜欢和大家分享他的学习、研究心得，甚至一个单词的重音。他阅读了《细胞分子生物学》（*Molecular Biology of the Cell*）后，极为赞赏，同时有感于当时实验室的教师和研究生主要是化学背景，他多次鼓励我们学习这本书。他在 2010 年利用闲暇温习统计力学，整理讲义，并利用周末给研究生讲课，这使大家获益匪浅。后来，他将这部分工作撰写到《高等药理学》中。

老蒋在工作上是一个完美主义者，对于数据的处理和分析一丝不苟，论文写作和作图反复斟酌，以最好地表达思想。他对于师弟、师妹以及学生要求严格，对于马马虎虎的工作态度会不留情面地批评。他指导的研究生都取得了很好的研究成果，多人获得了中国科学院院长奖学金等奖励。

老蒋的生活阅历丰富，比如小时候的调皮捣蛋，在深圳遇到手法高明的扒手，在德国因抄近路而在小树林遇到向他要烟抽的光头党，等等。在聚会的时候，听他娓娓道来这些故事，让大家时而捧腹大笑，时而为他捏一把汗。他也会分享各种笑话或歌曲，比如江苏扬州民歌《拔根芦柴花》和陕北民歌《东方红》，后者有几年是他的保留节目。现在回忆起来，觉得那时候真是快乐的时光。

老蒋的厨艺精湛，烧的红烧肉令大家都赞不绝口。他同时是一个美食家，在聚餐时吃得不多，浅尝辄止，但对各种菜肴的点评头头是道。后来他写了多篇与美食有关的文章，在网上流传甚广，其中科普作品《红烧肉中的美拉德反应》还获了奖。

老蒋对朋友、同事和学生非常热心，帮助过很多人。2005 年，我被检查出严重疾病，当他得知冬虫夏草具有较好的治疗效果时，托在青海的亲戚买了一大盒送给我。后来他在工作和生活中对我也多有照顾。

2022 年，我与老蒋见面、联系的机会较少。有一两次是在组会上。一次是他托我在网上帮他买一本艾林等著的《量子化学》，这是一本量子化学名著，他想再温习一下。另一次是他微信转发了一个关于加强学风建设的新闻，并叮嘱我要仔细核对论文的数据、图表等。最后一次是 10 月 1 日，他打电话叮嘱我加强学生思想工作，配合所里的管理。

老蒋英年早逝，留给我们的是悲伤和追忆。我们将永远怀念他。

2023 年 11 月 10 日于上海

忆往昔亦师亦友

黄晓勤

2022 年 12 月 23 日，地球西半边开始了圣诞新年假期。我的手头工作暂告段落，开始安排度假事，一大早送小孩去机场到外地去。正调转车头回家时，微信里突然蹦出来一位友人的几行字：“你知道 SIMM（上海药物所）蒋先生的不幸消息吗？”我回怼：“你开玩笑吧？”接下来的几个小时里，全是同样的消息，与同门子弟确认时，“这怎么可能？”“是真的”。视频里的我们不禁泪流满面，哽咽着，字不成句，抬手拭泪，“怎么这样？”也不知视频是何时关的。实在是：天妒英才，国失科学栋梁，让人如何唏嘘面对啊？！

心里难以接受，身体也难受起来，头痛难眠。脑海里想着想着，过往画面浮现出来，恍如昨天。当年与蒋先生一起度过的点点滴滴，早已铭刻在我的大脑中。特此回忆一些往日的生活片段，以纪念先生的忠魂，带给先生的家人一丝安慰，也永远铭记先生献身科学的精神，励志前行。

初识蒋先生，是在华东师大的校园和研究生宿舍，高一届的他经常端着午饭与我们谈论科学界的天地。他的为人谈吐确实高人一筹，听他一席话，就能了解到许多新知识和新视野。那时的他聪明好学，基础扎实，刻苦勤奋，学问做得很好，毕业时获得优秀研究生论文奖。我们再次有幸相遇时，我已

作者简介：黄晓勤，男，1964 年生，江苏盐城人，现就职于美国莱斯大学，中国科学院上海药物研究所 DDDC2000 届博士研究生，导师为陈凯先院士、蒋华良院士。

经到了上海药物所。当时的我，慕名来到陈凯先和蒋华良两位先生开创的DDDC，开始攻读药物设计这一药学前沿方向的博士学位。从此今生有幸，与两位先生朝夕相处，这彻底改变了我接下来的人生，两位先生带我真正走上了科研路。

精雕细琢育人才。当时的我，已经在社会上混了一阵，可内心深处无法融入周围的世俗社会，只有打开书本阅读科学文章时，我才有片刻的宁静。这种渴望，我想应该来源于我的大学生活。依稀记得大学三年级后，突然发觉科学领域里十分宁静。加入两位先生的课题组后，我发现自己在基础知识、实际应用、思维能力等方面都明显不足。面临中国科学院研究生培养的淘汰机制，我顿觉压力山大，不知能否合格毕业。幸遇两位先生，我又得新生。那时的蒋老师已经成长为优秀的学术带头人。一年到头，起早摸黑，他天天与我们摸爬滚打在一起。我每次遇到难题，第一反应就是向他请教。他总能合理答疑，梳理指点。蒋老师的言谈中透露出自信与镇定，见解高远，每次都让我觉得温暖而眼前一亮，前面的路一下子清晰了许多，也使我对未来的科研生涯更加渴望。他每次也都能及时发现我自身需要改进的地方，积极鼓励我尽快学习提高，提示方法并分享他自己的钻研经验。从科研课题的选择，立论，到具体的研究论证步骤，再到科研数据的归纳总结、图表文字的表述，蒋老师不吝赐教，耐心而翔实，十分注意倾听对方的反馈和接受程度。而最让我敬佩的是他的科学思维能力，那么的清晰、严密且有条理。他能把所有文献的背景信息和已知数据都分析得头头是道，一下子找到下一步的行动方向。就这样，我在两位先生的雕刻和引导下，逐步学会了做科学研究的方法，开始做出一些有用的科研结果。这时的蒋老师鼓励我写科研论文，用自己的语言表达出基于科研结果的合理叙述和初步结论。这又是一道难关，难在如何写出完整而合乎逻辑并符合国际学术期刊要求的文章来。我三番五次地写了又改，改了又写，当自己觉得不错的时候，拿去给他看，以为会得到认可和夸赞。因为我觉得自己的英文功底不错，大学里几乎 1/3 的时间都花在了英文阅读和写作上，自以为可以出口成章了。可每次与蒋老师一起看论文初稿时，他及时指出需要修改的地方。对有些段落他能一下子改写得很漂亮，我非常惊讶他用英文也是妙语连珠而恰到好处，心里想他怎么学来的，英文语言功夫也如此了得。

亦师亦友如手足。在上海药物所读研学习的五年里，我们师生和睦相处，就像一个大家庭，互相关心照顾，情同手足。在大众看来，科学工作者基本都是苦行僧，科研生活艰苦且枯燥，更何况在中国科学院这个象牙塔里，生活肯定很清苦。其实不然，一方面，我们的心思意念完全集中在科学问题上，昼思夜想，摸索着前行，探索并论证一个个新问题，为推动所在学科的每一步发展而尽心尽力。另一方面，我们也是有血有肉的性情中人，在繁忙紧张的科研攻关中，也寻找一些积极活泼的生活片段。蒋先生非常理解科研生活的这个层面，为我们带来了许多意想不到的科研乐趣。在平时生活中，蒋老师非常关心我们每一个人的兴趣爱好和生活困难。他常常在短暂休息的间隔里，见缝插针地与我们一起娱乐，讲个笑话、名人故事，或者周围社会上的个别新鲜事，我们一起开心得乐哈哈。近年来在海外，我常常收到蒋老师亲笔写的散文随笔，这些散文随笔也发表在他个人微信公众号“朵朵花开淡墨香”上。这些散文随笔每一篇读起来都倍感亲切，一股文墨香气扑面而来，让我十分感叹蒋老师的文笔如此优美流畅而接地气。在上海药物所的那段时间，蒋老师每学期都安排一次前往周边地方的旅游，那可是我们大家的 happy hour（幸福时光）。在外面游玩时，我们一起玩耍得像小孩子一样，糗事百出，互相嬉笑。而当我们遇到生活难题时，蒋老师总是挺身而出，帮助我们排忧解难。他对我个人的关心令我特别深刻难忘。那时我已成家，人在上海，可爱人和小孩却在外地。20 世纪 90 年代，要获得上海户口而进上海并找到工作，简直比登天都难。蒋老师非常体谅我生活上的难处，知道我省吃俭用，就总是小声询问我最近家里的情况，以及具体困难。逢年过节时，他总是想方设法地补贴我一些钱，说是额外奖励，劝我赶快收拾回家过节，并叮嘱我给爱人和小孩买些小礼物。这样暖心的体贴，让我满含热泪，双腿更加用力向前奔跑，期望明天更美好。

鞠躬尽瘁为科学。经过五年的学习，我终于到了要离开上海药物所的时刻。那时我选择来美国，想看看世界上的同行们又是如何做科学研究的，以求进一步开阔眼界、提高水平。临别时，蒋老师请客小聚，反复叮嘱我在外面一定要继续学习深造，学成一手好本领后早日回国作贡献。事与愿违也时过境迁，我本人留在了异国他乡，可心里却时时关注同门师生的科研进展和成果。这些年来，目睹蒋老师倾尽心力，玩命工作。在蒋老师和陈老师的带领下，DDDC 的科研团队不断拓展创新高地，取得了举世瞩目的科研成就，先后获得了大量的国家奖项并申报了一批新药临床试验。蒋老师竭尽心血，践行“做老百姓吃得起的好药”的承诺，日夜奋战在科研一线。与此同时，蒋老师也培养出了一大批合乎国家需求的杰出人才。就在 12 月 22 日的傍晚，蒋老师还在与上科大的学生讨论具体的科研项目，23 日当天中午还出席了线上会议。蒋先生的突然仙逝，让同门师生和亲朋好友悲痛难忍，伤心欲绝。药学科学界痛失英才，苍天啊，让人何以掩面而不泣？

点滴文字，深切表达怀念蒋先生之情，愿他在天之灵安息！

2022 年 12 月 24 日写于美国得克萨斯州休斯敦

恩师良友，永铭心间

成　峰

2022 年 12 月 24 日，是平安夜，我却一直沉浸在悲痛之中，多么希望蒋华良老师可以平平安安地和家人一起度过，和远方的亲朋好友互相开心祝福。可他却永远地离开了我们。

在负责修改蒋老师英文讣告的时候，我回顾着蒋老师的辉煌履历，思绪也将我带回到 24 年前上海药物所的点点滴滴。我是 1998 年南大化学系本科毕业后进入上海药物所攻读博士学位。我记得初次遇见蒋老师是在上海药物所面试的时候。他和蔼地告诉我他也毕业于南大化学系，他相信南大的学子一定行。他的鼓励和信任让我卸下了紧张，我成功地通过了面试。从那一刻起，我知道我找到了一位真正的恩师。

进入上海药物所后，我非常有幸地能选择蒋老师作为我的导师。蒋老师是一位高瞻远瞩的科研领路人，桃李满天下。我是蒋老师的第一个博士生，作为大弟子和校友，有幸受到蒋老师格外的精心栽培。还记得蒋老师一进实验室就告诉我们，计算机辅助药物设计将会成为药物研发不可或缺的工具。而今随着计算机性能的突飞猛进和蒋老师课题组在这个领域二十几年的耕耘，这已经成为现实，国内外不少上市药物就是由科学家利用计算机辅助药

作者简介：成峰，男，1976 年生，江苏南京人，南佛罗里达大学药学院副教授，蒋华良院士 2003 届博士生（也是蒋老师的第一个博士生）。

物设计发现的。

在蒋老师手把手的指导下，我在研究生阶段系统地学习了药物设计学、分子动力学和量子化学。在此基础上，蒋老师特别鼓励我们去探索新的研究前沿。为了克服所里计算能力不够的问题，蒋老师与国家超级计算中心建立合作关系，让我们可以在国产最先进的神威超级计算机平台上做药物设计，实现了分子对接和分子动力学程序的并行化，使科研走在了同行的前列。有了超级计算机的加持，虚拟筛选成为现实，我们在 1 周内利用分子对接筛选了近 10 万个分子,并结合高通量筛选技术从中找到了十多个过氧化物酶体增殖物激活受体（peroxisome proliferator-activated receptor，PPAR）激动剂。在超级计算机上，我们也可以进行超长时间的分子动力学模拟，从而了解蛋白质构象是如何变化的，为虚拟筛选提供更可靠的靶标。

此外，为了解决缺乏可供虚拟筛选的天然产物数据库的问题，在蒋老师的主持下，我们和上海药物所的植化研究室合作开发了天然产物数据库，使大规模计算机筛选天然产物成为可能。在短短几年时间，我们实验室的研究水平能达到世界前沿，这与蒋老师的高瞻远瞩是密不可分的。

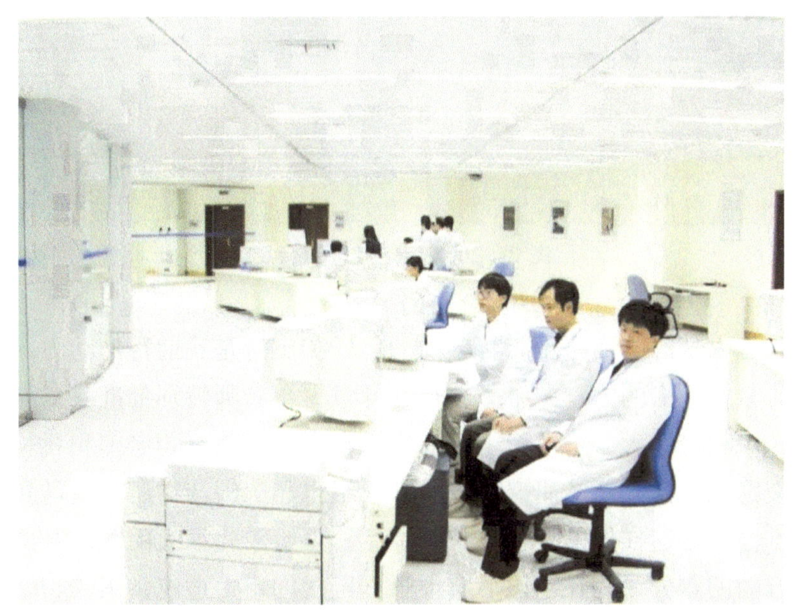

图 1　在上海超级计算中心工作照

（左起：成峰、蒋华良、沈建华）

蒋老师不仅教会了我知识，更是引导我如何思考，如何做科研和撰写科学论文。每当我在困惑和迷茫中徘徊时，他总能从繁杂的问题中剥离出本质，让我看到问题的本质，找到解决的方向。科研工作上，他鼓励推陈出新、不拘一格。他的智慧和洞察力总是让我感到钦佩不已。他让我明白了药物设计和开发是个团队项目，团队的力量远远大于个人。除了学术上的指导，蒋老师总是教育我们要清清白白做人，他身体力行，鼓励我们做诚实、正直、有责任感的人。他是一个才华横溢、知行合一的全方位的教育者。

图 2　2002 年毕业答辩合影

在我追求梦想的道路上，蒋老师的信任和支持是我前行的动力，也是我在困难时坚持下去的力量源泉。2002 年年底，蒋老师特别批准我提前半年博士毕业去伊利诺伊大学进行博士后研究。在出国之前，蒋老师和我长谈了一次，他鼓励我去探索新的研究课题，并说组里和上海药物所永远是我最坚强的后盾。他也是这样做的。他在我出国后一直给予我很大的帮助。由于语言和文化方面的差异，我在出国后有很长一段时间不太适应，工作和学习不太顺利。他都会在百忙之中关心和鼓励我，给我信心，讨论研究工作机会和方向，并撰写强有力的推荐信。记得有一年，他知道我在换工作，便特意写信给他在美国的朋友们，强力地推荐我。他更是打来电话鼓励我，相信我能成功。他的话语让我拥有了无穷的勇气和信心。有了他的关怀，我才能顺利地度过了那段人生中的低谷，从而在美国找到教授职位。每一次回国，我总是受到蒋老师的热情接待，并与师兄弟姐妹们欢聚一堂。2013 年回国正好碰上上海药物所毕业典礼，蒋老师特意安排我参加典礼，并向各位毕业生介绍，“这是我的大弟子成峰”，高兴和自豪溢于言表。

蒋老师热爱传统文化，尤其是美食、书画、戏剧等，烹饪水平很高，我们有幸品尝过他的厨艺。他文笔出色，不时和我们分享他的文化心得。在国外期间，我一直关注着蒋老师的微信公众号“朵朵花开淡墨香”，从中不仅能学习，也能同步领略老师眼中的江南美食文化。

我曾经那么坚信不疑，老师的未来一定会有更多的科研成果和教书育人，如今泪目不胜唏嘘。蒋老师是我生命中最重要的导师，他的言传身教让我受益终身。他的音容笑貌和精神风范永远活在我心里，激励我在新的领域开拓前进。

感恩有你，恩师千古！

2022 年 12 月 24 日写于美国佛罗里达州坦帕

暗香傲雪，凌寒冬梅

付　伟

昨晚惊闻恩师蒋华良院士仙逝，傻愣半晌，不敢也不愿意相信，彻夜未眠，想起相识恩师 21 年的种种，先生的音容笑貌就在眼前，止不住泪如泉涌。

提起笔，千头万绪，泪湿满衣襟，君埋泉下泥销骨，我寄人间雪满头，怎能不忆朵朵梅花开？惜只留清气满乾坤，叹人生苦短，江南才子，天生傲骨，却侠骨柔肠，零落成泥碾作尘，只有香如故。

初相识

2001 年博士即将毕业之际，经蒋老师课题组的师兄推荐，我想追随先生学习药物设计。在北方长大的我虽从未想过到南方发展，但抱着试试看的心态，给蒋老师发了邮件，却是不到 1 分钟秒回。在信函中，蒋老师催我立即动身，初次体会到老师做事的雷厉风行，不想这不到 1 分钟秒回的邮件改变了我一生的归宿。于是未加思索，带上蒋老师主编且亲手签名的“葵花宝典”《计算机辅助药物设计——原理、方法及应用》，我匆匆踏上了南下的列车，

作者简介：付伟，女，1973 年生，内蒙古乌兰浩特人，复旦大学药学院教授、博士生导师，蒋华良院士 2001～2003 年博士后。

一路走一路啃宝典。我博士的专业是用量子化学方法进行非线性光学材料分子设计，此次南行转专业，既期待，又有些忐忑不安。周日赶到上海，到实验室找师兄问询安家琐事，竟见到老师，后来才知道老师周日始终都在实验室工作。本想身着正装准备充分再面见导师，不想这样唐突与老师第一次相见，不得不和老师招呼，老师客气地和我寒暄后，我赶紧退出，有些仓促。

感受 DDDC 文化

DDDC 坐落在太原路一座白色二层小洋楼，曾经的法国领事馆，里面有 7 个壁炉，门牌号是 222。2001 年，DDDC 加上研究生共 16 人，老师和学生亲如一家人。那时组里各种活动都要带家属，师兄姐弟妹及家属们很是熟络，对蒋老师的夫人我们也直呼她名字，大家都亲切地喊蒋老师老蒋，蒋老师很乐于大家喊他老蒋，大家甚是亲近。实验室的每位成员都非常爱惜课题组，开空调时大家随手关门，免得费电；打印纸张，一定正反面都用避免浪费，每个人都把实验室当作自己家一样节俭爱惜。

与其他课题组的“名师出高徒”不同，DDDC 的格言是“高徒出名师”。

拼命三郎

初到 DDDC 参加组会，因专业跨度大，我起初听不懂，虽是博士后，但却是个药物设计小白。于是我起早贪黑在实验室摸索学习。每到星期日下午大家都出去玩了，实验室空荡荡的就只剩下蒋老师和我，蒋老师的日历里没有周末的概念，全是工作日。日久发现，蒋老师经常睡在二楼的地板上，当时罗小民师兄也常常在二楼地板打地铺，和蒋老师一起工作。蒋老师每天早晨 7 点多便到实验室，却顶着星辰回家。我发现越是到节假日，蒋老师越忙，他越是不回家，在实验室二楼地板上打地铺，而一大早就到一楼没有窗户的小办公室，在笔记本前专注地工作，似乎蒋老师有无穷多的材料要处理。蒋老师有些瘦弱，但感觉他有超级能量，又觉得他不断地透支身体。

工作生活欢乐时光

蒋老师给我的第一个课题是用布朗动力学模拟进行钾离子通道和神经毒素蝎毒的相互作用研究，这和我的“非线性光学材料分子设计”的博士研究课题完全不搭边，我当时是分子模拟领域的全新小白一枚。在攻读博士学位期间，我写过十多篇论文，学会了科研思维。于是一头扎进中国科学院满是灰尘的情报室查文献，那时候文献是很难获得电子版的。做课题时，我不断地请教蒋老师，也和实验室其他成员讨教各种技术问题，不到一年时间完成了研究。

那时候我住在肇嘉浜路的博士后公寓，距离实验室仅有几分钟步行的路程，父母与我们同住。父母是教师，有东北人浓郁的好客风情，每到节假日就喜欢把实验室小伙伴们都叫到家里一起吃大餐聊天。这是我们很欢乐的时光，实验室小伙伴们非常喜欢来我们家享用美食，再吹吹牛。

临近年末的一个周末，大家又来我们家小聚，这时候蒋老师出差回实验室，发现组里一个人都没有，一打听得知大家都到我们家了，他喜欢和学生们一起活动，于是不请自来，其实同学们挺怕他的。我刚好在楼下电梯里碰到蒋老师，只见他手里拿着一张纸，面露喜色。他和我一起进电梯，便急对我说：“付伟，这是你投到 *Biophysical Journal* 文章的审稿意见！”就这样，蒋老师带着这样一份惊喜大礼来和同学们一起吃大餐、聊天。这可是我在分子模拟领域发表的第一篇文章，那个年代国内少有 CNS 文章发表，能发表在该杂志上大家都非常开心，这篇文章获 2002 年上海市科协第九届青年优秀科技论文奖。没过一会，陈老师来到实验后也发现大家都不见了，他也打听到大家都来我家吃大餐，于是陈老师骑上自行车，也来到我们家，和组里同学一起聊天、吃饭，两位老师喜欢和同学们一起活动。席间，蒋老师和陈老师给我们讲了很多笑话，我们发现两位老师竟然都是段子高手，讲的都是好好笑的笑话，我们捧腹不止，至今我还记得其中一两个笑话。吃饭间，我发现做的红焖大虾没人吃。蒋老师和我说，你这种做法不对，他到厨房让我把剩余的虾用盐水煮，再用醋和姜丝做蘸料，做法简单但奏效，果真大家好给面子，虾全部吃光，我也学了一手江南烧法。吃饭间，陈老师和蒋老师坐在一起，突然听到电话铃响，于是陈老师拿出手机，说了好几个喂，竟没反应，但电话铃依然响。这时蒋老师突然发现是他的电话响，便拿起电话接听，这样自然地给我们表演了一场双簧最佳节目，大家哄然大笑，很是欢乐。

我母亲是语文老师，爱好文艺，每每聚餐都会要求大家轮流出节目，以唱歌为主。轮到蒋老师时，我们便望向他，他不慌不忙，说自己曾经学过黄梅戏，众人都不自觉或大或小地张开了嘴巴，我们有点震惊，蒋老师在我们印象中可是个严谨、不苟言笑的学者。我母亲坚持请蒋老师唱上几句，于是蒋老师就站起来开唱，果真是字正腔圆、纯正的黄梅戏唱腔，只是声音嘶哑了一些。唱完之后，蒋老师告诉我们，他由于近些年声音嘶哑已经不怎么唱了。

严厉的慈父

有一次，蒋老师的太太徐老师因做手术需要住院一周多时间，蒋老师除了科研，还承担所里很多繁重的工作任务，无暇照顾小女儿惜惜。上海药物所领导班子商量，觉得惜惜放我们家最合适，因为我父母都是老师，我们自己当时没小孩，父母退休了闲着无事，蒋老师又很重视孩子教育。就这样，惜惜在我们家待了一段时间。惜惜小时候和蒋老师很像，有过剩的能量和精力，也有些小调皮，比如吃可乐拌饭。放我家的第二天一大早，我们 7 点多刚起床，蒋老师在上班前就来到我们家来看望女儿，帮她穿衣服，给她讲要做哪些事情，说得很细致，孩子搂着爸爸的脖子很开心。

岁末的一个周末，同学们又被邀请来我们家吃大餐，我母亲买了好些螃蟹提前煮好备着，红通通地摆满了一盆放在桌子上。惜惜天性好动，早就按捺不住，心思早就飞了，把老爸交代的事都忘光了，就盼望课题组的同学们快点来。终于到了晚餐时间，孩子看到大家都来了，非常兴奋，欢乐地蹦来蹦去。蒋老师终于来了，可是一进门先询问孩子功课情况，显然惜惜过于兴奋，把交代的任务早就忘在脑后了。只见蒋老师一声不吭拉着孩子的小手离开，孩子一边哭一边回头看桌上红彤彤的螃蟹，毕竟期待大半天了。而我愣在原地目送他们一大一小的背影，想不到蒋老师带孩子竟如此严厉。

又有一个周末聚餐，当天有点冷，蒋老师怕孩子着凉，便伸手拿起沙发上淡藕荷色的枕套往惜惜身上套，半天也套不进去，原来淡藕荷色是惜惜当时最喜欢的颜色，蒋老师误以为是她的衣服，怕她冷就给她穿，发现不对，众人都笑了。蒋老师虽忙，但对孩子真的是上心，想不到蒋老师这样的大科学家心里满满是对孩子细致的关爱和照顾。

好丈夫典范

近些年，我虽然越来越忙，但每年都要找机会和徐老师聊天一两次，每次聊天差不多一个多小时。我发现每次聊天期间，蒋老师都会给太太打来两三个电话，其实电话里也没什么大事，但蒋老师总是忙里抽时间和太太说说话，尽是对太太满满的爱。从蒋老师几篇散文中，我们也能看到蒋老师喜欢带太太到沪上特色美食店，品有文化的蟹黄小混沌，逛逛江南巷子，很是美好。

老师的关爱

有一次蒋老师做颈椎骨修复手术，我家离蒋老师家不远，便去看望。当时蒋老师脖子上戴了一个比较大的支撑器，临走时送我出门，他一直目送我离开，我都要进车了，蒋老师突然对我说，你们这些学生虽然毕业离开组里多年，但就像我自己的孩子一样。我感觉自己虽然是嫁出去的女儿，但一直有娘家恩师的惦念，鼻头发酸，心里很暖。

最后一面

2021 中国药物化学学术会议暨中欧药物化学研讨会在沈阳召开时，蒋老师在一个楼层进入电梯，电梯里只有我们俩，不想竟这样见今生最后一面。蒋老师知道我遭遇了较多生活和工作的变迁，一改难以接近的刚硬形象，满是关切地看着我，这令我有些不习惯，我一直不敢抬头看他。他概况地帮我分析了当前形势，觉得我一切都好，因此放心了许多。老师当时关切的表情，我记忆犹新！老师竟然在如此繁忙的工作中还记挂着我们这些毕业多年学生的生活和工作情况，现在一想起最后一次见面时老师关切的表情和话语，不禁泪如泉涌。

恩师外表刚硬，却侠骨柔肠真性情，内心极尽柔软善良。

不想昨日传来噩耗，太意外，无比震惊，真的不能也不愿意接受！老师实在是太累了，一个非常热爱生活、多才多艺、文笔了得的江南才子，却一直超负荷地献身于国家创新药研发工作，为新药事业而战到生命最后一刻。而今，您歇了世上一切的工，老师安息，一路走好。

2022 年 12 月 24 日

润物无声，风化于成

许叶春

时间飞逝，2023 年的教师节如期到来，但今年的教师节特别伤感。往年一般是一边看着学生发来的祝福和特意准备的小礼物，一边想着要给蒋老师发怎样的感恩和祝福语，也犹豫着要不要送一束鲜花或者小礼物，而今年只有深深的遗憾和怀念。

蒋老师走后，我一直想写些什么，脑子里有太多的内容，但落实到具体的文字，不知从何写起，写些什么，往往是越想越伤心，越想越难受。现仅将记忆比较深刻的几个片段描述如下，以作纪念。

第一次见蒋老师：做方法还是做应用

在华东师大化学系本科期间，我有幸加入潘教麦教授的实验室，开展大学生课外课题研究，进而认识了周伟良教授。而周老师是蒋老师和罗小民师兄的硕士导师之一。经周老师和罗师兄的推荐，我在大三暑假（1998 年的夏天）去太原路上海药物所的 7 号楼第一次拜见蒋老师。

作者简介：许叶春，女，1976 年生，浙江诸暨人，中国科学院上海药物研究所课题组长、研究员，蒋华良院士 2004 届博士生。

去之前我已经听说蒋老师年轻有为、非常优秀，所以当时很紧张，但印象中那天蒋老师很和蔼，问了一些基本情况后，便问我将来想做方法发展还是想做应用。我当时比较天真，直接回答我要做方法发展，因为会发展方法肯定也会做应用。蒋老师当时看着比较满意，也没说什么，估计内心也知道我不适合做方法发展。

此次“面试”后，我已坚定要跟着蒋老师读博（即硕博连读），但后来由于各种阴差阳错，我未能如愿直升上海药物所，而是留在华东师大化学系，并有幸成为周老师的关门弟子。在此期间，华东师大与上海药物所进行联合培养，我的硕士毕业论文主要在上海药物所由蒋老师指导完成。硕士提前一年毕业后，我正式考入上海药物所攻读博士学位，实际上也相当于在蒋老师门下硕博连读。

当我真正开始做课题时，我才发现我的数理功底对做方法发展而言相差太多（有多位师弟曾提到蒋老师请人专门给我们补数学，因考试不及格哭鼻子的就是我），更没法和蒋老师相比。我对生物体系似乎更感兴趣，所以研究生期间的课题研究内容偏计算生物学更多一些。对此，蒋老师给予我充分的自由和支持。

出国留学还是留在国内：做科研要靠自己学习

一直跟学生说，我做学生时非常开心和自由。蒋老师除了给我们提供优良的科研条件，也给我们自由探索的空间。实验室的氛围非常好，师兄弟妹们相处融洽，犹如一个大家庭，从来不担心能不能毕业，只是想着毕业后要去哪里做博后。当时上海药物所毕业的学生基本都出国做博后，这也是我进入上海药物所读博的原因之一，想着利用博士后的机会出国看看。

临近毕业时，蒋老师建议我留在所内工作，而我却想出国，理由是去国外能学到更多先进的技术和知识，其实内心就想出去看看。记得当时蒋老师说，做科研主要还是要靠自己不断学习和积累，很多知识和方法他都是自学完成，而且现在获得研究领域中国际前沿的文献、方法等也非常方便，在国内一样可以做出漂亮的工作。蒋老师的数理基础非常好，自学能力也很强，我记得他在担任上海药物所所长那么忙的时候，还自学了很多数理统计相关的内容，当他学完后就给我们讲具体的内容和推导的公式，这些内容和公式于我犹如天书。但当蒋老师知道我坚持选择出国做博后时，虽然不太高兴，但还是积极帮忙推荐。最后我去了以色列魏茨曼科学研究所跟随 Joel L. Sussman 教授和 Israel Silman 教授学习结构生物学，有幸又遇到了两位非常好的导师。Joel 和 Sili 与蒋老师有着长期的合作关系，我也因此得以认识两位教授。当 Joel 和 Sili 收到我的博士后申请信后，征询蒋老师的意见，蒋老师极力推荐。

2009 年底做完博后，我回到上海药物所开始着手建立课题组并思考自己将来的研究方向，最终聚焦于基于结构的药物设计，研究内容涉及药物设计、结构生物学和分子药理学等多个学科和各种技术，无形之中我还是将老师当年的教诲铭记于心，不断学习和积累各种新药研发相关的知识、技能和经验，才可以一路走下来。

抗击新冠：浓厚的家国情怀

新冠疫情突如其来，最早收到蒋老师的邮件是 2020 年 1 月 20 日，他安排我做新冠病毒的 3CL 蛋白酶的抑制剂筛选和复合物晶体结构解析。临近年关（1 月 24 日除夕），学生都放假回家了，当时组里只有一个因需要修改论文而晚回家的学生，所以我们将新冠病毒的 3CL 蛋白酶序列及质粒信息发送给公司，委托其合成蛋白表达序列，想着等过完年早点回来开始做实验。但是，短短几天时间，形势急转直下，蒋老师也从常州老家回到上海，开始带领多个团队协同开展抗新冠病毒药物的攻关研究。我的课题组也从大年初一开始针对 3CL 蛋白酶开展药物筛选，测试所内外送来的各种化合物、中药制剂及其活性成分。现在回想起来，那段时间特别纯粹，其他课题都停了，我和三个学生一起，一直在实验室干活，每天就是测试各种化合物对 3CL 蛋白酶的抑制活性、培养晶体和整理数据，与时间赛跑。当筛选到好的抑制剂或者解析出复合物的结构，并向蒋老师汇报时，他会很高兴、很兴奋，马上安排我们接下来的工作。

不同于我们只需要在实验室干活，蒋老师是整个攻关团队的总指挥，需要面对方方面面，协调各种关系和寻找各种资源，工作特别繁忙，几乎不怎么休息。那段时间我的手机从来不静音，深夜或者凌晨收到蒋老师的微信或电话一点都不意外。同时，蒋老师还承受了巨大的压力，尤其是在双黄连舆情暴发后，他和左老师在 2 月初亲自去武汉开展双黄连口服液的临床试验。据送站的同事说，蒋老师他们去的时候特别悲壮，整个车站和车厢只有他们两个人。我们都很担心，也劝蒋老师不要去，而且当时师母的身体状况也不是很好（大病初愈），但蒋老师义无反顾，而且告诉我们不要声张。此次舆情对蒋老师的打击非常大，从此之后他非常谨慎甚至有些小心翼翼，这与他的性格完全不符，而且他的身体状况也大不如前。当时他跟师母保证，等这件事情了了之后，他一定好好休息。但疫情一直延续，蒋老师一直很忙。每次有城市发生严重疫情需要限行时，他总会在我们开讨论会时说要是有特效药就好了。如今蒋老师带领团队研发的两个抗新冠病毒特效药——民得维和先诺欣，已（附条件）获批上市了，用于救治众多新冠病毒感染患者，但蒋老师却离我们而去了。

最后，我想说我特别幸运，科研生涯中遇到的都是好老师，因此一直跟学生说我应该也不会“变态”对待你们，这是有传承的。而在所有老师中，蒋老师是灵魂人物，所以何其有幸，能做蒋老师的学生。蒋老师已经带领我走上了做科研和做药的正道，而且潜移默化之下，我在很多方面都受到了蒋老师的熏陶和影响，今后将继续遵循蒋老师的座右铭——“清清白白做人，认认真真做事，踏踏实实做学问”，我想这是对蒋老师最好的怀念和纪念。

博学笃志，多才多艺

刘桂霞

怀着无比沉痛的心情，追思我最敬爱的、崇拜的恩师——蒋华良院士。

2002 年 7 月至 2004 年 8 月，我在上海药物所做博士后，合作导师是蒋华良研究员。当时蒋老师担任上海药物所 DDDC 主任。2004 年，蒋老师兼任华理药学院首任院长，2013～2019 年担任上海药物所所长，2017 年当选中国科学院院士。

我清晰记得在 2002 年 7 月与蒋老师在太原路 294 号的实验室里第一次晤面的情景……这一幕距今已 20 年零 5 个多月了。现今，太多的画面和记忆——蒋老师的音容笑貌，历历在目，谆谆教导，不绝于耳。

蒋老师是一位在教学和科研上严谨求实、学识渊博的药物科学家，在生活中又是多才多艺、热爱生活的人，是理性与感性完美结合的大“家”。

蒋老师对待学术既严谨又投入，曾经睡在实验室几年时间。蒋老师不仅学识渊博，还是一位能文能武、才艺出众的人。他不仅乒乓球、篮球打得好，还会唱多种戏曲，比如京剧、黄梅戏等。犹记得在华理药学院的新年联欢会

作者简介：刘桂霞，女，1974 年生，辽宁抚顺人，华东理工大学药学院教授、博士生导师，蒋华良院士 2002～2004 年博士后。

上，蒋老师和时任华理校长的钱旭红教授合作的黄梅戏选段。此外，蒋老师写得一手好书法，华理药学院建院之初的院训“良药苦口、忠言逆耳”就是蒋老师亲笔题写。

图1　2022年10月29日，蒋华良在华理药学院院训墙旁拍照留念

作为一名药学家，蒋老师的人文素养令人赞叹，他的文笔非常出众，撰写了很多社科方面的好文章，都很值得珍藏。蒋老师在2016年7月15日建立了“朵朵花开淡墨香”个人微信公众号，记录生活琐事及科普文章等，用文字描述思想。截至2021年6月14日，该公众号已有61篇蒋老师的原创文章。其中有通过描写一碗小馄饨来感恩和怀念家人的，有抒发思乡之情的，有通过一碗红烧肉深入浅出解释化学原理的……2017年，蒋老师的原创文章《红烧肉中的美拉德反应》被制成微视频，并入选“中国科学院十大优秀科普微视频”。

蒋老师非常热爱生活，烧得一手好菜，我也有幸品尝过蒋老师制作的菜肴。也许是因为科学思维习惯使然，蒋老师总是能把药学原理与做饭烧菜之间联系起来进行思考。

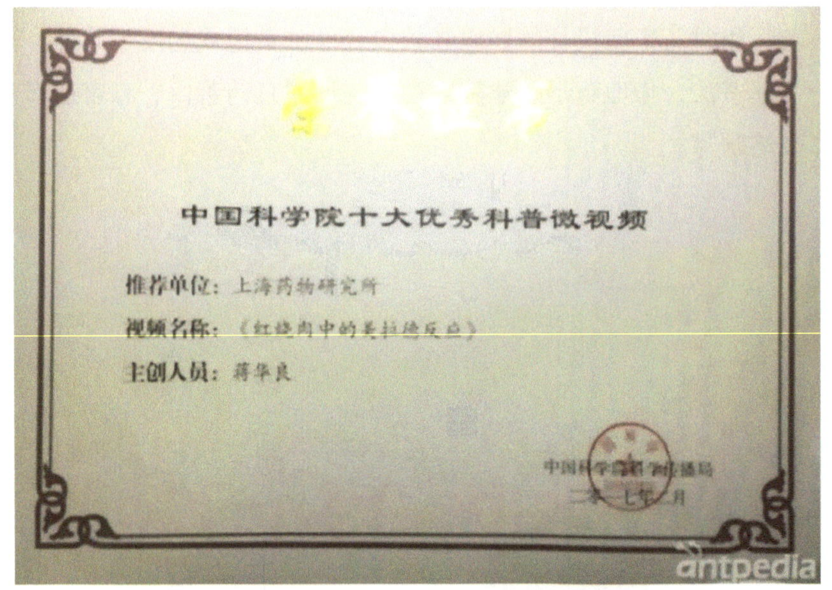

图 2　蒋华良原创微视频《红烧肉中的美拉德反应》入选“中国科学院十大优秀科普微视频”

我很幸运，从小到大，我遇到的老师都是对教育事业兢兢业业，且对学生特别关爱的好老师。对于蒋老师，除了敬重，还有钦佩，我敬佩蒋老师不仅学术造诣深厚，取得了卓越的科研成就，同时钦羡他各个领域都能均衡发展。他不仅专业过硬，而且涉猎广泛。我一直把蒋老师作为自己的楷模和榜样，虽然我知道自己望尘莫及。

蒋老师对待工作勤奋又拼搏！蒋老师曾经长期睡在实验室里，这是一般人无法做到的。正是蒋老师的这种忘我工作的拼搏精神，才为国家创新药物的研发作出了巨大且不可替代的贡献。同时，蒋老师也为国家培养出了不计其数的药学研究人才，他们中很多人已经取得了卓越的成就。我虽然也是蒋老师的学生之一，但比较平庸不出众。但我一直秉承着恩师严谨求实的态度做学问，我也将继续坚持求真务实的钻研精神，脚踏实地地教书育人，做好科研工作！

蒋老师在 2004 年担任华理药学院首任院长，为华理药学院的创建和发展作出了巨大的贡献。是他招贤纳士，使华理药学院的师资队伍不断壮大；

是他不辞辛劳经常往返于华理和上海药物所的路上，使华理药学院实验室一个接一个地建成并投入使用；是他把自己在华理药学院的职务工资全部设立成“蒋华良奖学金”，只求奉献，不求索取。在蒋老师的无私奉献和大力扶持下，华理药学院从初建伊始就快步地驶上了快速发展的轨道，从药物设计到药物合成再到药理和药剂等，学院很快具备了完备的学科研究方向，并成绩斐然。截至 2014 年，华理药学院在基于结构的药物设计方面已取得丰硕成果，并赢得国际广泛的关注。华理药学院飞速发展所取得的成绩，与蒋老师的辛勤付出是分不开的。

蒋老师是一位正直、诚实、具有高尚品格的人。蒋老师在招录研究生时，首先关注考生的品德。蒋老师的微信头像图片是一朵莲花，其个人微信公众号上的图案也是一朵莲花，可见蒋老师对莲的喜爱。“莲，花之君子者也。”莲，“出淤泥而不染，濯清涟而不妖，中通外直，不蔓不枝，香远益清，亭亭净植”。蒋老师的品格就如莲般圣洁。作为蒋老师的学生，我们首先应学会做人，再学会做事、做学问，这样才不至于折辱师门。蒋老师高尚的情操和品格一直深深影响和激励着我们。

图 3　蒋华良生前微信头像图片

蒋老师离开了我们，但他的音容笑貌永远活在我们心中，他的高尚情操和道德品格将会继续照亮我们奋进前行的道路，他的精神风范永远激励我们在各自工作岗位上拼搏努力！

2022 年 12 月 24 日于上海

侠 骨 柔 情

左之利

2022 年 12 月 23 日傍晚，惊闻噩耗，犹如噩梦，至今不敢相信。恩师的谆谆教导与音容笑貌、与恩师相处的点点滴滴涌上心头，心痛不已。

2002 年，我有幸成为蒋老师的弟子，来到当时还位于徐家汇的上海药物所小洋楼。蒋老师每天都比我们早到实验室，又都比我们晚离开实验室，他勤勉工作的身影令我敬畏。在上海药物所三年的博士求学中，蒋老师的严谨治学、对我们学习的严格要求，使我每次都怕见到蒋老师。然而，与蒋老师的更多相处，尤其是对我的工作，以及对我家人的关爱与支持，让我认识到了恩师的另一面——提携后辈、热爱生活、细心体贴以及作为父辈的侠骨柔情。

博士毕业后，我在朱维良老师的推荐下到新加坡工作。2007 年春天，怀着激动的心情，我和陈刚师兄迎接蒋老师、朱老师的来访。刚到住处，蒋老师就让我们带他们到新加坡理工学院的办公室办公，他们当时正在准备一个重要的科研项目。在新加坡的那几天，我的办公室就被一直工作的蒋老师征用。在品尝了东海岸珍宝楼的辣椒螃蟹之后，蒋老师就要烧味道更好的辣椒蟹给我们吃。斯里兰卡大螃蟹个大肉多，大钳子能夹断手指。我们虽然那时

作者简介：左之利，男，1976 年生，山东人，中国科学院昆明植物研究所课题组长、研究员，蒋华良院士 2005 届博士生。

候已来新加坡两年多了，但苦于不知如何清洗与烹烧，还从来没有吃过螃蟹。在蒋老师的示范下，我学会了如何刷洗螃蟹的外壳和蟹身，以及如何剥开蟹壳。那天晚上蒋老师还邀请了新加坡理工学院的 Dr. Puah 一家，五家一共二十多人。新加坡一年只有一个季节——夏天，厨房里炉火熊熊，抽油烟机呼呼作响。蒋老师一边烧，一边给我们讲解如何注意火候，该什么时候下什么料。第一锅螃蟹出炉的时候，蒋老师早已汗流浃背。三个螃蟹一大锅，蒋老师连续烧了七锅。那时候我儿子还小，还没吃完就闹着要睡觉，我夫人就带儿子回家睡觉了。当蒋老师终于做完了螃蟹，看到我夫人和孩子不在那里了，特意让我拿着螃蟹给他们送去，侠骨柔情的恩师！听说是老师专门给留的螃蟹，我夫人非常感动，当时对我说："我觉得蒋老师比我自己的导师还亲昵。"

更记得 2012 年从澳大利亚回国，那时候我女儿才七个月，已经认生，除了爸爸妈妈，谁也不允许抱。奇怪的是，蒋老师抱她却不哭，蒋老师还向师母徐老师炫耀："看，让我抱，不让你抱。"从龙阳路地铁站到上海药物所的全程，蒋老师一直抱着我女儿，他说他有个遗憾："我女儿小的时候，因为工作忙，我几乎没有抱过女儿，让我多抱一会。"我女儿很开心，一路上手舞足蹈。下车后，蒋老师笑着说："嗯，小朋友把我的脸都抓破了。"我夫人忙说："这个小朋友也太大胆了。"当时大家的欢声笑语，至今还萦绕在耳畔！

2021 年 7 月 25 日，蒋老师来昆明，蒋老师比上次看上去更消瘦了。第二天我送他去机场，一路上，蒋老师不停地忙着打电话。蒋老师进安检门那一刹那，手持电话在耳边，倾斜身子背着电脑包，向我们点头作别的情景，永远定格在我脑海中。谁曾想，这竟然是与恩师的最后一面，这一别竟成永别，再没机会聆听您的教诲指导！

恩师为科学奉献一切的背后也有对家人、朋友、弟子的眷顾！永远记得您的教诲，您一路走好，您永远活在我们心中！

2022 年 12 月 26 日于上海

严慈相济，表里无私

李卫华

12 月的上海，病毒肆掠，寒气逼人。昨天头疼，我早早地就睡下了。早上醒来，微信上竟是恩师蒋华良先生不幸逝世的噩耗。震惊之余，和恩师相识相处的各种情景浮上心头。捡点滴往事记之，以沉痛缅怀和悼念敬爱的蒋老师。

蒋老师成名较早，在博士毕业后就闻名于药物设计领域。因为专业的缘故，我在硕士在读期间就拜读过先生的多篇论文，知道先生是个很厉害的人物。早在硕士一年级时我就暗暗下定决心，在硕士毕业后，一定要报考先生的博士生。于是我冒昧地给先生写了一封信，表达了想要报考先生的博士生的想法。本来不抱多大希望，没想到的是，过了一段时间我便收到了先生的回信（那时还没有 Email，主要是手写书信）。在信中，先生肯定了我的想法，鼓励我要好好努力，并表示硕士毕业后欢迎我报考他的博士生。印象尤为深刻的是，他还把家中的电话号码告诉了我，说以后有什么问题，可以电话找他。后面我真的给他家里打了几次电话，咨询博士招生的事情。这封回信给了我莫大的动力，在硕士毕业后，我终于如愿进入先生的实验室攻读博士学位。

作者简介：李卫华，男，1976 年生，安徽安庆人，华东理工大学教授，蒋华良院士 2005 届博士生。

进入先生的实验室后，我看到了先生严厉的一面。先生对学生在学习和科研上的严格是出了名的。先生对细节总是精益求精，要求严格。不管你平时做得多好，凡是达不到他的要求，总会招来先生的一顿责骂，并且丝毫不留情面。不管是男生还是女生，都有被先生骂过的经历。印象比较深的一件事发生在比我高一级的师姐身上。由于药物设计专业对数学的要求比较高，先生发现我们这些研究生的数学功底比较差，因此他便从外面请来了数学系的老师辅导我们数学。一段时间后，我们进行了一次测试，结果我们很多人还是不及格，连先生非常器重的师姐也考得很差。先生于是在实验室当着众人的面，痛骂了师姐一通。要知道那位师姐可是先生的得意门生，在领域顶级期刊发表了多篇论文。这件事让我见识了先生的严厉。实验室里的每个人几乎都被先生骂过，不过先生所有的责骂都是对事不对人，等事情解决了，他可能自己都忘了他骂过你。毕业工作好几年后，我还对先生的严厉记忆深刻，和他说话还是小心翼翼，生怕做得不好，又招来他的批评。责骂归责骂，先生对学生的好也是出了名的。每个学生毕业时，不管是找工作，还是继续深造，先生都不遗余力地帮学生推荐。我博士毕业后，也得到了先生的极力关照，他帮我推荐了多个岗位，最终我来到了华理药学院工作。

先生还有一大爱好是打乒乓球。那时候上海药物所刚从太原路搬到张江，还没有那么多课题组。我们实验室在 1 号楼的 2 楼，楼下是一个比较大的空房间，里面摆了几张乒乓球桌，让所里的师生在闲暇之余锻炼身体。我和同级的一个同学在紧张的学习之余，在晚上都会忙里偷闲，下去打打乒乓球。在那个时间段，我们经常会碰到先生，便邀请先生一起切磋一番。先生倒不嫌弃，热情地加入战斗。先生的好胜心较强，往往在我们赢了以后，拉着我们再继续切磋。我和同学心领神会，为了早点回去学习，故意输掉比赛，看到先生满意的表情，心里觉得先生有时候真是个老小孩，非要赢了才放我们走。这也是先生生活里的另一面吧。

点滴小事一一浮现，宛如发生在昨天。一想到斯人已去，悲从中来。谨以此文沉痛悼念恩师蒋华良先生，愿天堂没有病痛！

2022 年 12 月 24 日于上海

情缘志信忆吾师

贵春山

2022 年 12 月 23 日晚上，睡前看一下手机，一则令人震惊的消息映入眼帘：著名药学家、中国科学院院士蒋华良先生因病医治无效，于当日 15 点 54 分在上海逝世，终年 57 岁！听闻噩耗，一夜无眠！

我和先生的缘分始于 2000 年，当年我大学毕业报考了上海药物所的硕士研究生，目标就是进入先生的实验室。当知道自己初试成绩通过后，我怀着忐忑的心情给先生打了一个电话，询问若能通过复试，是否可以跟随他攻读学位。没想到先生爽快地答应了，当时的心情可以用欣喜若狂来形容，后面的复试很顺利。2000 年 4 月中旬，在一个春暖花开、风和日丽的日子，趁着复试的机会，我第一次在太原路 294 号大院里拜见了先生。“望之俨然，意气风发”是先生给我的第一印象。很快 9 月份正式报到入学，我开始了在先生门下 5 年的求学生涯。

先生学高为师，行为世范，是学界翘楚，执药物设计领域之牛耳者。他注重多学科交叉在药物设计和发现中的应用，系统地发展了药物作用靶标发现和药物设计理论计算新方法。他为我国药学界培养了一批优秀的专业人才，桃李满天下。他是华理药学院的创始院长，为我国药学教育事业的发展作出

作者简介：贵春山，男，1979 年生，浙江衢州人，苏州大学教授、博士生导师，蒋华良院士 2005 届博士生。

了不可磨灭的贡献。“清清白白做人，认认真真做事，踏踏实实做学问”是先生的人生座右铭。先生是一个有爱、有情、有信、有志之人，正如先生所爱的梅花那样意志坚强、品格高洁。先生是一位模范丈夫，夫妻恩爱，琴瑟和鸣。

先生犹如严父，平时对学生极为严厉，组里的学生很少没有被他责骂过，大家对他是既敬畏又爱戴。记得有一年，先生觉得我们数理基础不够扎实，专门从大学请了一位老师给我们辅导数学，结束之后组织考试以测试效果。结果考试成绩很不理想，先生看到结果之后，“怒其不争”，在实验室将大家痛骂一顿，骂到伤心处，一位师姐趴在桌上痛哭流涕。我当时心里也很难受，暗暗告诫自己今后一定要努力，不要辜负先生的教诲和良苦用心。先生对他女儿的教育也很严格，记得那时候我们还是在太原路老所的小洋房里，一个周末先生带着还在上小学二三年级的女儿惜惜来实验室，告诉她要先做完作业才能玩。惜惜天性活泼，再加上来到一个相对新鲜的环境，小孩子的好奇心让她一会儿就玩开了。先生看到之后对她进行了严厉的批评，那天小惜惜是抹着眼泪把功课做完的。

先生是一个仗义执言、有真性情的人，看到身边和社会上的一些不良行为和风气，会毫不客气地进行抨击。记得在老所的时候，有一阵子食堂的饭菜不尽如人意，师生们颇有怨言。当我们实验室有几位同学向食堂反映情况的时候，食堂师傅不但不虚心听取意见，反倒将同学们谩骂了一通。先生听到这个消息之后，立马跑去食堂跟负责人进行交涉，之后食堂饭菜的质量似乎提升了不少。先生就是这样一个性情中人，他曾讲过一个人要有豪情、热情和柔情，豪情于国家民族，热情于工作，柔情于亲人、同事和朋友。

先生是一个助人为乐、侠骨柔肠的人。常听先生说，帮别人就是帮自己。受过先生恩惠和帮助的人不知凡几。先生提携后进不遗余力，我自己就深受先生的恩惠。2004 年，先生将一个去新加坡访学半年的机会给了我，这个机会使我有幸领略了国外的科技和风土人情，并增加了见识，要知道那时候以学生的身份去国外交流学习的机会是很少的。之后申请博士后位置，博士后完成之后申请教职，在这些过程中先生都给予了我很多的指导和帮助。先生在担任华理药学院院长期间，以自己的院长津贴设立奖学金，奖励学业突出或家庭贫困但积极向上的学生。

先生是一个能文能武、热爱生活的人。虽是理工科出身，但先生的文笔相当优美，写的文章读起来脍炙人口，让人击节赞叹。先生能书、会唱，多才多艺，厨艺精湛。记得彼时，DDDC 在年终岁末之时一般会去酒店聚一次餐，聚会期间先生可能会给大家讲个笑话，可能会唱上一段越剧或是黄梅戏，这时候聚会的气氛会瞬间被点燃，整个大厅充满了欢声笑语。先生也热爱运动，他的身影常常出现在上海药物所的乒乓球室里、篮球场上。运动难免会受伤，但先生往往轻伤不下火线，非要赢了比赛不可。先生有时甚至会来个危险动作，记得有一次实验室出游，在山上路过一块巨石，先生一跃而上，吓得在巨石下方的师母疾呼“快下来”。只见先生纵身一跃，双脚稳稳地站在了地上，我们大家都长长地舒了一口气。这时候先生望向师母，赧然一笑，就像个调皮的孩子。

往事历历在目，仿佛就在昨日。先生已经离我而去，但先生奋发有为、勇立潮头的精神将继续激励着我砥砺前行、笃行致远！先生千古！

2022 年 12 月 26 日于苏州

沧海桑田，师恩不忘

张振山

从 12 月 23 日晚上 10 点惊闻蒋老师不幸辞世，我一直处于揪心和祈祷状态，祈祷这是个绝对假消息，祈祷事情有个反转，直至晚上约 12 点得到确认……直到现在，我在心里也不停地问，上苍怎么就这么忍心让如此一位于新药研发事业博学西中、于学生关爱提携、于生活热情奔放的好老师、好师长，离开我们，离开他所醉心的创新药物研发？天妒英才！

我遇见蒋老师的第一面是在我 2001 年考研的复试阶段。集体复试结束后，应该是 2001 年 3 月，我就跑到蒋老师的实验室去朝圣。我在考研之前做了大量调研工作，认为蒋老师课题组是能让我将化学和计算机完美结合的实验组，于是削尖脑袋想进入蒋老师课题组。在太原路老所，进入殿堂般的白色小洋楼，里面有服务器的中央处理器（central processing unit，CPU）运转的沙沙声、师兄师姐们的专注实验，从那一刻起，我已经知道了我的未来将因此而不同。从蒋老师手里接过《计算机辅助药物设计——原理、方法及应用》这本书，听着他略有嘶哑音的介绍，后来他把我介绍给了我的指导老师沈建华（DOCK 国内并行化的执牛耳者），后面我又认识了学霸罗小民老师和指导我修订毕业论文和文章的朱维良老师，他们都是我求学人生路

作者简介：张振山，男，1977 年生，江西抚州人，上海复星医药（集团）股份有限公司战略联盟管理部总经理，蒋华良院士 2006 届博士生。

上灯塔式的导师。

蒋老师在新药研发方面的博学西中

《计算机辅助药物设计——原理、方法及应用》是我学习的第一本“药物设计”专著。我在 2006 年毕业后加入了罗氏研发，在和罗氏的科学家交流时，仍然发现这本书从量子力学开篇，深入浅出地系统介绍多个药物设计方法，如基于蛋白结构、基于配体结构、基于药效团、2D/3D-QSAR、分子对接、电子等排骨架跃迁，在业界的应用仍是方兴未艾，称得上是药物设计学方面的圣经。他们也很早听说了蒋老师，非常高兴与我交流和讨论具体药物结构优化问题，成果也是非常显著。毕业之后，我也知道蒋老师继续带领课题组发展各种计算方法，解决“卡脖子”工程，在靶标发现、大规模分子动力学模拟、重大新药创制先导化合物发现、AI 赋能药物研发等众多领域，取得了一个个备受国内外瞩目的成就。蒋老师同样大力推进中药现代化的工作，在 2003 年 SARS 期间对不同中草药单体结构的抗病毒研究、在抗击新冠方面的老药新用的勇敢探索等，在这些时间紧、任务艰巨的超难度课题方面，都体现出他的敢为天下先、敢于挑战不可能的壮士断腕的勇气和坚持发掘中华传统中医药瑰宝的高尚精神和博学才能。

蒋老师的关爱和提携

蒋老师很早就发现了我在毕业后希望进入工业界的想法，他有时会不作声地站在我身后，看我所看的章节，然后指导和推荐我进行实际应用软件操作，从同源模建到 de novo drug design 再到药效团的建立等。2006 年我毕业那年，在得知我进入罗氏研发二面、需要在罗氏内部科学家面前做一次课题演讲时，他帮我梳理想法和逻辑，并且问我为什么不把我的论文里面的耐药抗艾滋病药物设计的研究内容提前并进行主要介绍。果然，在我顺利进入罗氏研发后，当时参与投票的一些同事告诉我，他们投票给我是因为在我介绍抗艾滋病药物部分的时候，他们“产生了共鸣”。进入工业界后，无论是在当时的罗氏研发还是现在的复星医药，我也均想和蒋老师建立业务上的联系，蒋老师也很支持，在 AMP 活化蛋白激酶（AMP-activated protein kinase，AMPK）激动剂、阿尔茨海默病抑制剂等项目上，我均得到了蒋老师的大力帮助。我还记得在罗氏研发工作五年后，我决定脱产去攻读中欧国际工商学院的 18 个月的工商管理硕士学位（master of business administration，MBA）。我有一次回所里，应该是找明月，回去时正好在二楼碰到蒋老师，聊了我的近况后，他表示我如果能够把科学和商业良好结合，也能作出一些贡献。我那时是有惭愧心理的，蒋老师的理解和评论让我能够有所释然。

蒋老师对于生活的热爱

蒋老师无疑是勤奋的，在我五年的印象中，除了春节几天（因为我春节都回家了），我感觉他都是在实验室里度过的，但是我觉得这和热爱生活不矛盾。他愿意和我们一起打篮球、打乒乓球，赢球时会发出爽朗的笑声，输球了则嘴里不停地念叨，他是一定要赢回来的。有一次打篮球，熊兵师兄身材比较高大，在篮下抢篮板时不小心把蒋老师鼻子打破了，我特别记得蒋老师捂着鼻子、疼得龇牙咧嘴、想呵斥但又忍住的样子，那时刻的定格是个快意恩仇的大男孩。

上苍太小心眼，他不愿意有这么一位完美的师长、科学家常在人间；上苍太霸道，他想让他与他独自做伴。

有人说 VV116 是蒋老师留下的最后礼物，但我觉得蒋老师留给人间的礼物太多太多……

蒋老师，您一路走好！我们永远是您的学生，永远缅怀您！

2022 年 12 月 25 日于上海

得遇良师，幸会伯乐

李　剑

2022 年 12 月 23 日下午，惊悉恩师不幸离世，从昨天至今，我一直精神恍惚，心情无比沉痛！一方面，我忙于照顾新冠阳性家庭成员和两个孩子；另一方面，我作为学校的全国硕士研究生招生考试负责人，无法脱身。直到今天中午静下来，抑制悲痛提笔记录老师对我人生几个关键的帮助，略微表达对恩师的思念。

在中华传统文化中，读书人莫大的幸事，即为得遇良师和幸会伯乐。蒋老师就是我的良师和伯乐，是迄今对我学术、职业、思维影响最大的老师！

学术生涯的领路者

我与蒋老师相识于 20 年前的 2002 年年底。那一年我夫人（当时还是女友）来华理参加一个有机化学学术会议，我跟着一起来上海，打算顺道去上海药物所参加 2003 年博士研究生考试招生复试,并提前拜访拟报考的博士生导师。没曾想到此行造就了两个缘分：第一次踏足我今后奋斗的工作单位华

作者简介：李剑，男，1978 年生，河南唐河人，华东理工大学副校长，石河子大学副校长（援疆），蒋华良院士 2006 届博士生。

理，第一次见到日后的博士生导师蒋华良院士（受恩于沈阳药科大学 62 期师兄黄蔚介绍）。当时上海药物所的博士招生是先复试、后出统考成绩，我在考完试不知道初试成绩的情况下，复试表现优秀，蒋老师作为面试组长，当场拍板录取我。但等到初试成绩出来之后，我却发现我的成绩没有达标，无法被录取。我至今记得 2002 年沈阳的冬天，我作为一名硕士研究生在沈阳药科大学的操场上十分无助地给蒋老师打电话，恳求是否能想办法录取我。事后很多年我才知道，蒋老师拜托他的导师陈凯先院士给中国科学院打了报告，以紧缺人才的名义破格录取了我。蒋老师就是这样默默帮人，并不宣之于口。我才三生有幸，有了陈凯先院士（记名导师）、蒋华良院士（实际导师）两位博士生导师。这是我人生一大转折，如果我不读博士，人生道路将完全不同。

图 1　2006 年 6 月，李剑博士答辩后与蒋华良合影留念

职业生涯的引路者

2004 年秋季，华理校长钱旭红院士向蒋老师提出校所共建华理药学院，

并请他担任首任院长。新成立的华理药学院需要各方面的人才，在我攻读博士学位的第二年（2005 年），蒋老师提前与我约定，希望我 2006 年毕业之后能到华理药学院任教，并和蔼地询问我是否有什么困难和要求。我当时非常受宠若惊，仅委婉提出，由于已经结婚，夫人当时在老家高校任教（我原本打算博士毕业回老家就业，与夫人团聚），能否将夫人一并引进到华理药学院，蒋老师欣然应允。于是，2006 年 6 月底，在上海药物所博士生毕业答辩的当天下午，我即来到华理药学院入职报到。起初几年，作为一名应届土鳖博士生，新建课题组，困难可想而知，蒋老师从各方面大力、无私地扶持和提携我。在职称评聘方面，在蒋老师的大力支持下，我先后破格聘为副教授、教授；在科研经费方面，蒋老师不拘一格提携我，2006 年博士毕业当年，我以课题负责人身份主持数百万元的 863 计划重点项目子课题，这在当年还是非常少见的；在支撑平台方面，我以蒋老师助手的名义，在起步阶段有较好的实验空间、研究生资源等。这些都非常好地促成了我在学术上比较快速、良性的发展。从 2012 年入选国家自然科学基金委员会首届优秀青年科学基金项目开始，我的每一步成长都倾注了恩师的心血。师恩如海，教泽流芳，如果没有蒋老师的提携，我断不可能发展到现在的阶段。

图 2　2017 年 6 月，李剑作为优秀所友参加上海药物所毕业典礼后与蒋华良合影留念

报国情怀的示范者

恩师最大的心愿，就是为国、为民创制良药，这些都潜移默化地感染着我。从2006年来华理任教至今，我一直践行着这个梦想，我也斗胆将自己领导的小团队取名“新药梦之队”，将团队研发的活性化合物编号为HL×××。HL既是华理的拼音首字母，也是恩师名字的拼音首字母，我多么希望能真正从HL化合物中成功推进一个最终获批上市，遗憾的是，恩师不能亲见了。从2011年开始，我逐渐承担一些学院、学校的行政管理工作，蒋老师一开始并不认同，我知道他是担心我荒废了教学科研工作，后来他慢慢理解了我。2021年9月，我有幸受组织选派，参加十九大以后中央党校第五期中青班学习，临行前我专程找蒋老师汇报，他非常高兴，那一刻他的笑容我至今难忘，很少看到他那么开心。他给我讲了很多他2021年3月参加中央党校第四期中青班学习的经历，有幸追随恩师的脚步，我们师徒二人一年内先后参加中央党校中青班学习，让我倍感荣耀。蒋老师党校学习归来即承担了国家重要使命，令人惋惜的是，他有太多的心愿没有达成。

愿得此身长报国，恩师的报国情怀必将永远激励我们这些学生！恩师的做人、做事、做学问的高尚品德必将永远感染我们这些学生！恩师永远活在我们心中！

匆忙写于2022年12月24日，难免有疏漏。

寻　梦

郑明月

我们敬爱的蒋老师在去年 12 月 23 日与世长辞，永远地离开了我们，但他留下的言传身教、他的品德和精神，值得我用一生的时间去学习和体会。蒋老师是我的研究生导师，我在他身边学习工作二十多个年头，我想我是得到蒋老师关心和爱护最多的学生之一。在这里我回忆一些学生阶段以及工作中的往事，与大家分享我了解的蒋老师，以示哀悼。

第一次见到蒋老师是 2000 年。那时我还在青岛海洋大学读书，蒋老师参加青岛海洋大学江涛老师的研究生答辩，并担任答辩委员会主席。记得当时研究生的论文是关于计算机辅助海洋天然产物的分子设计和合成。蒋老师给我留下了非常深刻的印象：第一点是蒋老师非常年轻，但学识非常渊博，对药物化学和计算机都有非常深入的见解，提的问题很有启发性。第二点是蒋老师非常朴实纯粹，低调务实。他从外地过来也没带行李，只有一个黑色的沉甸甸的大电脑包斜挎在肩上，而且基本不离身。后来，熟悉蒋老师的人都知道他从来不让别人帮他拎电脑包。那一次他行程安排得很紧，连会后的聚餐都没有来得及参加，但他还是抽时间进了实验室，除了讨论科研问题，还帮忙解决了计算机工作站使用中的一些技术问题。第三点是蒋老师让我第

作者简介：郑明月，男，1978 年生，内蒙古人，中国科学院上海药物研究所课题组长、研究员，蒋华良院士 2006 届博士生。本文为郑明月参加蒋华良追思会时的发言稿。

一次意识到了计算机辅助药物设计这个学科方向的魅力，尽管当时我也没有任何的基础，但我心里已经明确了自己未来的科研方向，报考上海药物所蒋华良老师的研究生就成了我大学时的志向。

2001 年，我实现了大学时的梦想，考上了上海药物所，并如愿进入了蒋老师课题组。进实验室后，压力很大，因为大学的知识背景与研究生阶段的科研要求还是有很大的差距。蒋老师为了提高实验室同学的数理基础，专门从所外请了一位数学老师来给大家上课。我个人的基础不好，除了要学化学和生物学的研究生课程外，我还要自学计算机，每天都焦头烂额，所以就没有参加这个数学课。后来蒋老师知道了这件事情，他并没有批评我，只是送了我一本他读过的书让我抽空自学。我回去翻开这本书，发现上面有很多蒋老师做过的笔记，有手写的推导公式过程与理论知识的梳理。这件事给我很大的触动，因为从这些笔记能够看出一个人认真执着、锲而不舍的追求精神。后来我在他身边工作，我知道他在科研之余最大的爱好就是读书。在 2013 年前后，尽管平时工作压力很大，但他还是会抽出时间来推导公式，思考如何用统计力学方法来研究药理学性质、配体-离子通道相互作用机制。这些理论计算结果后来得到了药理学实验验证，蒋老师在《细胞研究》(*Cell Research*) 等杂志上发表了多篇论文。蒋老师将这些学习的内容和体会及时总结，最后形成了《物理化学在药理学中的应用》的书稿，在 2019 年编入了由丁健老师主编的《高等药理学》研究生教材。蒋老师一直是通过以身作则，为我们树立了一个终身学习的典范，也让我们明白了学科交叉融合对产生原创性成果的重要性。

蒋老师重视学生培养，也关心学生的生活，总是很热心地帮助他人。我 2006 年毕业后就留在蒋老师课题组工作，可以说我是在他的关怀、帮助、提携下走过来的。给我感受非常深的一点是，蒋老师从来都不计任何回报地帮助别人。在指导学生过程中，他总是会鼓励学生大胆地去探索前沿、有挑战性的难题，全力支持他们向合适的成长方向发展；在与其他人的合作中，他从不为了突出自己，忽略别人的成绩与贡献。相反，其他人哪怕只为他提供过些许的帮助，蒋老师也总是记挂在心上，四处为他们宣扬。学生中有谁遇到了困难，他总是会尽自己所能给予帮助。2012 年，我爱人生病需要做手术，是蒋老师第一时间帮忙联系医院和专家，我觉得那次是因为蒋老师我们才能坚持下来并渡过难关。正是因为这些原因，学生们都敬重他、爱戴他，他也是我们心中最有影响力、感召力、凝聚力的老师。蒋老师在，我们都感觉有依靠，遇到任何疑难问题可以向他请教；他走了，是我们这些学生无可挽回的损失。

2015 年人工智能兴起，蒋老师以敏锐的眼光捕捉到这一领域的机遇，开始着手布局药物研发领域的人工智能技术研究，也给我布置了今后学习和工作的任务。药物设计是人工智能应用的最复杂场景之一，涉及生物、化学、计算机科学等多学科交叉融合。相关的研究普遍面临数据获取、算法开发和验证优化等一系列难题，也受到跨学科人才、硬件设施不足等多方面因素的制约。而国内在这些方面存在的短板就更为明显。面对这些挑战，蒋老师集聚和带领多所高校和科研院所的优势力量，开展人工智能药物设计的前瞻性探索。我们在药物靶标预测、多靶点药物精准设计、药物分子结构的神经网络表征、药物代谢预测和化学合成反应优化等方面都取得了重要进展，研究成果多次在国际计算生物学、数据科学等领域的权威算法挑战赛中获得冠军。蒋老师领衔开发的“基于大数据和人工智能的药物设计前沿技术”入选了首届“科创中国”先导技术榜单，研究成果得到了学术界同行和制药企业的广泛关注，也为推进国内创新药产学研合作做出了卓有成效的示范。

蒋老师兴趣广泛，对科学史、科学家的学术成长过程都很了解。2018 年，他与叶阳老师带队去英国剑桥访问，我也一同随行。一路上，蒋老师对经过的历史人文景观做点评，小到名人的逸闻趣事，大到影响人类进步的科学成果，滔滔不绝、如数家珍。在卡文迪许实验室旧址前，蒋老师给我们分享脱氧核糖核酸（deoxyribonucleic acid，DNA）双螺旋结构发现前后的故事，讲到克里克和沃森锲而不舍的坚持和豁然开朗的灵感迸发，激动之情溢于言表。卡文迪许实验室是现代科学的圣地，DNA 双螺旋结构的发现更是开启了现代分子生物学这一研究领域。蒋老师告诉我，他是在 2012 年第一次拜访卡文迪许实验室，当时的上海药物所刚刚组建结构生物学实验室，从此之后这一方向就蓬勃发展，欣欣向荣。2018 年重访旧地，他希望能继续为上海药物所祈福，为其带来好运。从这件小事，我们可以看出蒋老师对科学发自内心的热爱以及对上海药物所深厚的感情。蒋老师在担任所长期间，开始对上海药物所的历史进行梳理，亲自查资料、写文章，记录前辈为上海药物所发展所作的贡献，传承他们的高尚品格和精神风范。蒋老师和老一辈科学家们对科学的热爱和执着的奉献精神，集中体现了上海药物所的优良传统和作风，是我们最宝贵的精神财富。

最后，我读一首蒋老师在 2015 年他第二次访问英国剑桥时写的诗，作为我发言的结尾。

《寻梦，又来康桥》

悄悄的，
我又来了，
令人梦萦的康桥。
我独自一人，
走在石板街上，
周边的街景依然如故，
没有丝毫变化，
仅仅留下远古的回忆。
足迹，以前的和现在的，
再次交融。
一抹夕阳，
洒在教堂的檐上。
夕阳下的康河蜿蜒流长，
岸边的金柳是心中的梦想。
我来，是为了寻梦，
寻觅我遗忘的梦想。
轻轻的，
我徘徊在康桥的每一个角落，
感受着康桥的神圣。
匆匆地，
我又要走了。
短暂的留恋足以我寻梦，
我要把梦想带回。

2023 年 3 月 31 日

师者伯乐，平易近人

段红霞

今早惊闻蒋老师英年早逝，迟迟不愿相信蒋老师就这样离开了我们，沉痛悼念！

回忆2005～2007年在上海药物所DDDC组做博士后阶段与蒋老师接触，其中尤以我进所工作的缘由历历在目，特此追忆蒋老师的师者伯乐和平易近人精神。还依稀记得2005年春天，我即将从北京理工大学博士毕业，因为在硕士和博士阶段我主要从事材料方面量子化学研究，但“神秘”的计算机辅助药物设计却让我充满强烈的好奇心，所以想通过做博士后调整一下研究方向。我之所以如此坚定地选择上海药物所并从事药物设计方向，是因为上海药物所是我们国家做新药研发的领头羊，要去就去最好的单位；是因为知道蒋老师早年也曾做量子化学研究，但现在蒋老师在药物设计方面取得了引领性的成就，一直是我工作和学习的偶像和楷模，也是我致力转换自己研究方向的成功典范。

还记得那是一个周末上午，我的博士生导师李前树老师给蒋老师打电话，李老师说今天是周末不知道蒋老师会不会在，但是电话一打很快就接通

作者简介：段红霞，女，1976年生，黑龙江牡丹江人，中国农业大学理学院应用化学系教授、院长助理，全国党建工作样板支部党支部书记，农药合成室主任，靶标导向新农药发现课题组组长，蒋华良院士2005～2007年博士后。

了，这就开启了我和蒋老师的缘分。蒋老师工作起来一向是不分周末和平时的，他这种兢兢业业的工作精神感染了我，也坚定了我迫切前往求学的决心。李老师推荐我去蒋老师那做博士后时，我还心怀忐忑，想蒋老师这么顶级的专家会不会有些许理由不答应，想不到蒋老师很快欣然应允，这让我深深感受到蒋老师的平易近人，也拉近了这份师生缘的距离。

当时华理药学院初建，蒋老师担任首届院长，他推荐我与华理药学院唐赟老师联系，告诉我唐老师刚回国，去他那里做博士后也有很好的平台和机会。我当时还奇怪蒋老师为何不收我进上海药物所，但后来才方知蒋老师高瞻远瞩的师者用心。但当时唐老师由于博士后名额受限，无法接收我进华理做博士后。我担心上海之行难如愿，又急急与蒋老师联系，蒋老师很快明确告知我办理手续进上海药物所做博士后。蒋老师是我博士毕业后研究方向转型时的师者和伯乐，让我如愿转换了自己的研究方向，由此开启了我后来的药物设计职业生涯。

博士后出站后，我顺利入职中国农业大学农药学专业，开启了自己的科研工作，并建立了稳定的研究方向和研究团队。工作后，尽管我转行进入了农药圈，但是每年我都会积极参加药物设计研究会议，一是想近距离学习最新的医药设计研究进展和思路，拓展自己的研究视野，二是借此机会看望DDDC的老师和同学们。我每次见到蒋老师，都找机会向他汇报下自己的工作，当工作不如意时，他会鼓励我要坚持住，不忘初心；当工作取得一些成绩后，我都能收到蒋老师的殷殷祝福。

蒋老师就是这样一位平易近人、扶持后辈的长者、师者，为何天妒英才，让蒋老师这么早就离开我们，我们还畅想着等退休后与蒋老师一起回忆共同的时光。沉痛哀悼蒋老师，蒋老师一路走好，蒋老师千古！

2022年12月24日17：00

智慧源于勤奋，伟大出自平凡

邹汉军

2022 年 12 月 23 日深夜，同为上海药物所毕业的同事告诉我，恩师不幸突发疾病仙去。我感到非常吃惊，不敢相信。恩师正值壮年，学术产出仍硕果不断，怎会如此？我慌忙和所里师兄确认，不料竟是事实。

当夜夜不能寐，回想在恩师门下五年的点点滴滴（我是 2002 年加入 DDDC 恩师课题组，2007 年毕业离开），记忆犹新，言犹在耳。那时的我刚大学毕业，正年轻，仍处在各种习惯和人生信仰的形成期，恩师的言传身教在很多方面、很大程度上重塑了我。其中有两个方面于我印象最深，受益最大。

勤奋

恩师是聪慧的，琴棋书画基本样样精通，哪怕是做菜，不仅可以用来款待贵客，也能作为自己文学创作和科普的素材。但恩师的勤奋也远超常人。恩师工作从不分节假日，晚上、周末只要没有别的事，基本都泡在实验室。

作者简介：邹汉军，男，1979 年生，湖北人，美迪西生物医药股份有限公司高级主任，蒋华良院士 2007 届博士生。

出差回来后，恩师也会马上出现在实验室。师兄和师姐也常常跟我们说，恩师自己在读研期间工作晚了就睡在实验室。这在我们听来是不可思议，于恩师而言却是家常便饭。读研有一年我过年没有回家，在春节的那几天大约除了大年三十，我都能在实验室看到恩师的身影。恩师取得的卓越成就固然有天赋的成分，但是与这种异于常人的自我驱动和勤奋努力也是分不开的。这种身体力行给了我潜移默化的影响，在我毕业后偶有懈怠之时，恩师的榜样常常让我自惭形秽，促使我整理思路，重新出发。

学术上的严谨与严厉

大约是毕业前一年，我当时有一篇文章投稿到《美国化学会志》(*Journal of the American Chemical Society*，*JACS*）后收到修改意见，心中颇为高兴，那个时候发篇 *JACS* 可是不太容易。然而，当我再次审视这篇文章和编辑的修改意见时才发现，由于自己的粗心，有几个图有重大的缺陷，需要重新计算和绘制。恩师当时非常生气，非常严厉地批评了我，再三强调学术来不得半点马虎。在我之前的求学生涯，我都是听着表扬长大的。突然受到如此严厉的批评，对我而言是很大的打击。后来那篇文章虽然经过了大幅修改，但最后还是没能在 *JACS* 上发表。这件事情，无论是整个投稿过程，还是结果，对当时的我都是非常大的触动。毕业后最初的一年，由于投稿的修改，我有几次短暂回所与恩师讨论文章。再后来，由于我不在学术界，也不在医药行业工作，与恩师联系甚少。然而，恩师严谨认真的学术态度对我的工作产生了非常大的指导作用。直到如今，我在生活中依然经常粗心，然而在工作中我对细节特别关注，甚少犯错。回想在恩师门下的那几年，虽然在当时不能完全理解，但随着年龄的增长，我越发感受到恩师当年那爱之深、责之切的拳拳慈父心。

人的一生之中，熙熙攘攘，遇人难以数计，但真正的良师益友并不多。遇到恩师，是我一生的际遇。如今恩师仙去，但恩师德范，山高水长，是我永远学习的典范和楷模。

恩师一路走好，愿天堂没有忧愁和病痛。若得来生，我们再续师生缘！

2022 年 12 月 25 日

热心育人昭千古，勤俭持身教益深

邓光辉

昨日晚上 8 点左右，有好友向我确认蒋老师去世的消息。我完全不相信，必是谣言惑众，或是新冠所致病重入院治疗而已。此时我也染上新冠 3 天，正发着烧，我且难熬，蒋老师或有可能更难受。

我马上向数位师兄、同学和老师们确认，不敢明问，只能拐弯问，但都得到了肯定的回复。一时间，热泪盈眶，内心空空荡荡的，如失去了主心骨般，心在加速跳动，在颤抖。往事历历在目，不断回放，久久不能入睡。想着考蒋老师研究生的往事、上课学习的要求、开始科研做课题的指导、找工作的期望、创业后的帮助等。温暖、严格、细心的画面一一飘过。

和蒋老师的第一次见面

2002 年下半年，那时我在复旦大学药学院上大四，正在准备上海药物所的研究生入学考试，想考蒋老师的研究生。当时的上海药物所，就在岳阳路上，离我们学校很近，走路就两个路口。

作者简介：邓光辉，男，1981 年生，江西抚州人，上海鹰谷信息科技有限公司 CEO，蒋华良院士 2008 届博士生。

一日，我突发奇想，何不投简历给蒋老师？于是，我花一天时间把资料准备好，把当时课外做过的实验设计记录打印好，把在校刊上投稿的治疗高血压的中药提取物文章打印好，加上简历、学科竞赛获奖的资料，总共有一厘米厚，装在一个牛皮纸袋里，就一个人走路去找蒋老师的办公室了。

那时，蒋老师的办公室在岳阳路上海生命科学研究院内的一个二层小楼内。在叩那红色的木门时，我犹豫了很久，终于叩了下去。没想到，出来开门的居然正好是蒋老师。他穿着黑色白底布鞋，上半身是件深红色毛衣，一脸严肃。我一时紧张，说不出什么话来，只是憋了几个字：“蒋老师，我想考您的研究生，这是我的资料。”蒋老师接过我的资料，没什么表情，说他知道了，就没和我说什么，让我离开了，前后不过一两分钟吧。

因为见面时间太短，蒋老师表情严肃，我一直以为投的简历没什么用。2003 年上半年，我的考研成绩不错，我完成复试面试后，顺利被录取。第一学年学习结束后，我于 2004 年进入已搬到张江的上海药物所轮转，见着了段文虎教授和沈旭教授，才得知他们是应蒋老师之邀，特别在复试时来面试我的。而蒋老师后来也从来没和我提过这些安排的事。

蒋老师就是这样，面冷心热，默默付出，乐于助人，不求回报。

上课和科研的要求

2003 年下半年，研究生第一年是在岳阳路大院内上课，那时上海药物所已经搬到了张江。我于是到张江来向蒋老师报到。第一次进位于张江的上海药物所，从祖冲之路的大门进来，在 1 号楼下，正好遇到一位长者，于是向他打听蒋华良老师在哪，我是他学生，前来报到。这位长者非常热心，一路领着我从 1 楼走楼梯到 2 楼，在楼梯中转的窗户处，指着外面散发着勃勃生机的流动的水池和葱绿的树木，他笑着对我说：“你看我们药物所漂亮不漂亮？”到了 2 楼，他领我到蒋老师的办公室，对蒋老师说你的学生来啦。当时他们正在讨论问题，蒋老师只看了我一眼，让我在一边候着。这位长者也加入了讨论。当时有个简单的算术题，我直接口算了结果，并说了出来，这位长者夸了我一下，说年轻人脑子就是转得快。后来才知道，这位长者是陈凯先院士。

关于选课，蒋老师对我的要求很明确，必须选修分子生物学，学不好不让毕业。托老师的教诲，虽然后来我是做药物化学研究的，但生物功底还是打了下来，而且也接受了一些计算机辅助药物设计的教育，打下了做药物研发，就得化学、生物、计算机辅助药物设计铁三角一起用上的基础认知。这在当时是非常难能可贵的认知。很多年后，由于计算机辅助药物设计/人工智能药物设计广为宣传，大家才广为接受。而这些，在 2004 年，在我们这个 DDDC 的研发团队中，已经是常识了。

蒋老师给我的课题是 DPP4 抑制剂研究。当时他结合最新的专利调研，把需要做的分子结构都设计好了。他用了一个巧妙的思路，获得了专利空间，但在化学合成上，原本就已经是 2 个手性中心，一下子变成了 3 个手性中心，合成难度瞬间变大。也正因为合成难度大，我才有机会开展镍络物诱导的不对称合成，在柳红老师的指导下，开创了手性非天然不对称 beta-氨基酸的全新方向。在我毕业后十多年里，师弟和师妹们围绕这个课题还发表了大量的好文章。

研究生期间，周末学习和工作是常有的，蒋老师也经常在。一次周末，他带姜标老师来实验室参观。他们结束回去后，蒋老师特别打电话到实验室，邀请在实验室的李剑师兄和我去他那喝咖啡。到了 1 号楼 2 楼之后，我们一起泡咖啡。说是一起泡，其实主要是蒋老师为我们泡。蒋老师为我们准备好咖啡包、糖包，还有 3 个白色的小搪瓷杯。待我们把各种包都加到小白杯之后，蒋老师亲自去拿了开水壶，为我们倒上开水，然后递给我们两支小木片，让我们搅拌咖啡用。然后我们就开始聊课题情况，具体聊什么已经记不清了。临了，他看了看我们的咖啡杯，指着小木片说："这个小木片给我，我去洗洗，下次还能用。"说完，他自己就伸手过来，把师兄和我的一起取走了，然后去洗手间，把小木片洗好，小心翼翼地把小木片包好，放到冰箱里去了。李剑师兄含笑和我对视了一眼，暗暗钦佩。

蒋老师的率性认真、平易近人、勤勉治学、小心节约等优良品质，到如今记忆犹新，深深地刻进了我的基因：做学问、做研究要勤、要努力，做人、做事要俭、要节约。

毕业与工作

2008 年初，临近毕业了，蒋老师关心我毕业后的工作情况，他内心是希望我留下来工作的，但我怀着做出新药的梦想，想去跨国药企学习新药到底是怎么做出来的。蒋老师没有强求我留下来工作，而是放手让我去外面闯荡。2008 年 5 月，我拿到了葛兰素史克（GSK）的录用合同，向蒋老师和柳老师做了汇报。蒋老师和柳老师都非常开心。后来，蒋老师还经常向他的朋友们提起，他有位学生在 GSK 做科研工作，是科学家，言语中透露出高兴和自豪。在那个年代，在跨国药企做新药研发的师兄和师姐还比较少，蒋老师因自己培养的学生有出息而自豪。这种感觉，怎么都像自己的父母一般，为子女的点滴成就而真心高兴。

创业

2013 年，我决定出来创业。创业的方向，并不是新药研发，我选的方向是做研发的数据管理，促进数据的搜索、共享、协作、智能分析、管理等，主要核心产品是电子实验记录本 InELN、结构式编辑器 InDraw 等。向蒋老师汇报时，他很认可数据的价值，可以避免一半人重复另一半人的失败。数据也正是计算机辅助药物设计要用的。蒋老师说："你要加强和行业内的人交流和合作，我帮你安排一下。"后来，他介绍我加入中国化学会计算（机）化学专业委员会，成为里面唯一来自企业的委员。

2017 年，在申请国家科技重大专项时，因为之前没写过课题申报材料，我犯了一个非常严重的错误，没有仔细核对材料内容，导致我们当时申报书的评分很低，拿不到资助。蒋老师知道后，非常生气。这么多年来，蒋老师第一次那么严厉地批评了我："你太不认真，太不重视了！你们的课题和专项很相关，是专项的基石之一，虽然这笔资助不大，但能促进科研数据行业的发展，也对你们公司名声是好的啊！"批评归批评，蒋老师要求我把申报资料重新准备，改正错误。经过蒋老师的努力沟通，这笔资助终于申报下来了，并在 2018 年的资本寒冬中，成为雪中送炭的救星，让我们公司最终挺过了经济危机，迎来了行业的发展机会。当得知我们做的电子实验记录本等产品有了几百家客户，像扬子江药业集团有限公司、江苏恒瑞医药股份有限公司子公司、深圳迈瑞生物医疗电子股份有限公司、华为等，并开始卖到美国时，蒋老师非常开心，我至今还记得他发自内心的笑容和声音，并鼓励我再接再厉，打造一个世界品牌出来。

蒋老师永远活在我们心中

最近两年，见蒋老师的机会明显变少。每次约，蒋老师总是在各种地方出差；每次见，总觉得他的白发又增加了不少，而他总说自己身体好得很，目送我离开后，马上又伏案工作。

蒋老师正值年富力壮之时，却永远离开了我们，这是我们国家的巨大损失。最近这几年 AI 智药大火，但这一切离不开这几十年来坚守在这个领域的蒋老师、DDDC 和培养出来的学生们打下的基础和人才贡献。

蒋老师兴趣广泛、学识渊博、勤勉治学、热情如火、性情耿直、乐于助人、侠肝义胆、毫无私心、小心节约，一直潜移默化地影响着我的学习和成长，是我们永远学习的榜样，将永远活在我们的心中！

热心育人昭千古，勤俭持身教益深！

呜呼！永不能见到蒋老师的音容！永不能听到蒋老师的教诲！但您永远活在我们的心中，您的音容笑貌、谆谆教导，时时刻刻、生动地浮现在我们的脑海中。

哀哉！

2022 年 12 月 24 日匆忙写于上海张江，若有疏误，敬请海涵。

桃李不言，下自成蹊

刘晓峰

昨夜惊悉吾师蒋华良先生突然不幸英年早逝，甚感悲痛。是夜久不成寐，朦胧间似又浮现先师的音容笑貌，愈感天妒英才和人生无常。先师伟绩良德自有公认和无数缅怀传颂，笔者毋庸锦上添花，仅于此记录与先师相识以来的流水点滴，聊以祭奠其在天之灵。

笔者初识先师于2004年，其时年39岁，担任上海药物所DDDC主任，正当风华正茂的青年才俊之年。彼时笔者就读于南大化学系本科三年级，先师作为化学系校友受邀来访，并为本科生做了计算机辅助药物设计的学术报告。笔者深为其运用虚拟方法助力药物发现的理念和成功实例所吸引，更为其独特风趣的人格魅力所叹服，顿生拜入门下之意，学习博采机器理性和人类直觉之长以设计药物来挽救病患。会后抱以期待和忐忑之心给先师发邮件询问可否报考其博士研究生，本无期待其百忙之中予以回复，未料少顷之间即收到寥寥数字但坚定的鼓舞："只要你能够考上就没问题。"次年3月，笔者成功通过上海药物所研究生入学笔试并获得面试机会，先师作为面试官之一，细致地询问了笔者的本科毕业论文的内容和志向，得知乃为分子模拟相关算法的开发和加入DDDC的决心之后，他报以轻微欣慰的点头和微笑。面

作者简介：刘晓峰，男，1982年生，辽宁沈阳人，安济盛生物医药技术（广州）有限公司研发总监，蒋华良院士2010届博士生。

试之后，笔者收到先师“已通过”的确认邮件，那种感激、兴奋和期待之情现仍记忆犹新。

加入 DDDC 后的博士研究生科研学术训练生活短暂而紧凑，也与先师有了更多的科研和生活的交流互动。众所周知，先师治学严谨，待人严格，工作甚是拼搏律己，研究硕果累累，其兴趣广泛、多才多艺更是早已传为美谈，在此无须赘述。须臾五年匆匆而过，笔者也顺利毕业出师，忝列先师门徒。除却先师在学术科研方面高屋建瓴的悉心指引，更令笔者铭刻于心的则是自其导师嵇汝运院士一脉相承的家国历史使命责任感，尊崇前辈大家和提携关爱后辈的急公好义，以及对科研规律葆有敬畏之心、但仍敢为天下先的舍我其谁之气度。多年以后，即使笔者从事了不尽相同的职业发展道路，但仍对先师传承的这些优良品格视若珍宝，并不时依此审视和校正人生道路。

毕业之后，笔者加入了华理药学院李洪林教授课题组，彼时先师为华理药学院的首任院长，故得以在其麾下继续从事学术研究。其间某次于其办公室准备项目答辩材料至晚，先师随和地打电话请师母打包食堂外卖过来与笔者同食。因先师一向对笔者严格，且谈话多限于学术课题，今次乃得见其不为笔者熟知的生活关爱一面。但笔者愧于天资驽钝且个人发展重心转移，于 2012 年选择负笈海外，转战工业界。其间，先师仍数次直接或间接关心起笔者近况，并于一次回国期间短暂的面谈中继续鼓励笔者发表高质量学术论文，回国再次从事科研与其一起为国效力，更于 2017 年乘至英国开会访问之机，邀笔者于伦敦相见叙旧。彼时我们二人同游了英国自然历史博物馆，驻足于巨大的史前完整恐龙化石骨架和北美红杉前一同感叹自然的至伟至美。先师尤为醉心徜徉于伦敦中心的古老建筑群，用相机记录下不同时代风格的公寓和民居，并风趣地表示伦敦的历史时代之美荟萃于街头巷尾，无须专程参观王公显贵之所。

之后笔者终因个人兴趣所囿，愧对先师期待，回国继续于工业界谋生。其间，笔者曾于 2021 年因过往参与的项目有幸与先师和李洪林教授一同获奖，得以再次赴上海见面叙旧，彼时先师已是药物设计领域的院士泰斗专家。其间正值新冠疫情肆虐，先师一如既往地秉承忧国忧民家国情怀，夜以继日地工作和协调资源，第一时间推动了数个抗疫药物的开发。虽然岁月和繁重的工作留下了鲜明的痕迹，但他的精力依然充沛，且席间仍旧谈笑风生如故，宛若笔者当年初识的那个意气风发的才俊栋梁，难料那次见面竟成为永别……

先师离世，实乃国失无双国士学者、亲朋门生失去至亲益友良师之至痛至憾。其留给世人无数的宝贵科研成果自不必多提，更以其短暂但精彩的一生向吾辈生者展示了责任担当、关爱他人、拥抱和热爱生活的至高含义，一如保尔·柯察金那句名言的写照："人，应当赶快生活。"

愿恩师蒋先生安息，一路走好！

2022 年 12 月 24 日午后于广州

朵朵花开淡墨痕，只留清气满乾坤

叶　飞

2022 年 12 月 23 日晚，惊闻蒋老师离世的消息，大脑一片空白，多么希望这是一个谣言，无法接受，难以置信！每次填各种资料的时候，总是骄傲地在导师栏填上“蒋华良”三个字，却从未想过有一天您会离我们而去。辗转一夜，回想与您相处的点点滴滴，无法入眠。

第一次与您交流是在 2007 年，那年我大四，刚刚获得保研资格，怀抱着对上海药物所的向往，我尝试给您发了一封邮件，没想到很快收到了您亲切的回信，信里您介绍了 DDDC 的情况，甚至还规划了我的研究方向。

研究生入学面试的时候，您问我的爱好是什么，我随口说是书法（其实就练了几年），您笑着说以后有机会可以参加所里的书法比赛，我后来才知道您的书法造诣很是深厚。

研二那年，我和几位同学对未来很迷茫，不想转博，您专门抽出一下午时间跟我们聊天，了解我们的想法，解决我们的困惑。

毕业那年，您给我推荐了工作，我不听话不愿意去，您也不介意。后来我找新工作，您还给我写推荐信。

有一年教师节，我想给您送个礼物，您坚决不要，说做好自己的工作就

作者简介：叶飞，女，1986 年生，浙江安吉人，浙江理工大学特聘教授，蒋华良院士 2013 届博士生。

是给老师最好的礼物。

毕业之后，因为觉得自己工作做得不够好，很多时候我不好意思联系您，但每次联系总是能很快得到您的回复和鼓励。谁知从此人天永隔，以后再也不能收到您的消息了……

您一生治学严谨，攻坚克难，是一位杰出的科学家，在创新药物研发和药学事业发展方面作出的贡献无须赘述。更难得的是您能文能武、多才多艺，是一位有情操的生活家。

您爱打乒乓球，以前经常会在食堂二楼看到您打乒乓球的身影，您身手矫健、球技很好，总能大杀四方。

您文采斐然，经常会在自己的微信公众号发表文章，记录生活琐事和科普文章，每每读到都会感慨您的才华横溢。

您还做得一手好菜，偶尔会在朋友圈分享自己做的菜，上得科学殿堂，入得家中厨房，有情怀、有品位。

您严肃又活泼、诙谐又睿智，会在 DDDC 年终聚会时一展歌喉，您唱的黄梅戏和《传奇》我记忆犹新。您还会在北京开两会的时候，从人民大会堂给我们寄来明信片，分享您的感受。

太多回忆涌上心头，堵在喉咙，梗在心里……您这一生太过匆忙、太过短暂！可能您太累了，需要休息一下，祝您一路走好。如果有来生，希望您健康平安、长命百岁；如果有来生，我希望还能成为您的学生。

梅花是您最喜欢的花。“我家洗砚池头树，朵朵花开淡墨痕。不要人夸颜色好，只留清气满乾坤。”这是您微信公众号名字的由来。我想您也像梅花一样，“零落成泥碾作尘，只有香如故。”人虽已逝去，但精神永存！

2022 年 12 月 24 日于杭州

严谨治学，全力助学生成才

王媛媛

2022 年 12 月 23 日，非常冷，孟菲斯下了第一场雪，早上 7 点多我收到蒋老师去世的消息，除了不敢相信，还是不敢相信。疫情这三年来，我已经越来越随遇而安，对各种消息平淡以对，却还是被这个消息打击到了。我赶快跟同窗们联系，询问到底是怎么回事，大家也是不可置信，有人两三天内还跟蒋老师联系过，他的工作生活一切正常。几个小时后，我得到了所里的确切消息，随后看到微信里雪片一般的悼念文章铺天盖地，点开越多就越难过，眼泪止不住就落下来了，甚至有点愤怒，蒋老师还那么年轻。很快几小时之后就开始了孩子们期待已久的圣诞旅行，以及朋友相聚，爱人让我陪着孩子，先不要再想这件事。阳光很温暖，恍若另一个世界，离上海那么远，我什么都做不了。后面这几天睡得不太好，心也不太舒服，所里的悼念活动、龙华殡仪馆的遗体告别，都只能从微信收到消息，我终于也慢慢接受了这个现实。

与蒋老师相识是在 2007 年春天，大三实习之前。作为国内还非常小众、主要面对科研的生物信息专业毕业生，同学们的去向也很不一样。不少同学申请了美国高校，室友劝我也去申请，但是妈妈不愿意让我出国，因为那样

作者简介：王媛媛，女，1986 年生，河南周口人，铂金埃尔默基因公司生物信息科学家，蒋华良院士 2013 届博士生。

离她太远了。而我在国内哪个城市都可以，只要找到自己很喜欢的方向。这时候我发现，蒋老师从事的计算机辅助药物设计方向很有意义，它是介于以计算机为主的生物信息和化学制药的药厂之间，一个很有挑战性的方向。我们生物信息课程中的计算机辅助药物设计，就是蒋老师和其团队写的。看到蒋老师网页上的头衔与荣誉，我想联系，但又有点胆怯。彼时蒋老师实验室并没有华中科技大学校友，犹豫再三之后，我按照网上的 Email 地址冒昧地给蒋老师写了邮件，没想到第二天一早就收到了回信。蒋老师很热情地邀请我去实习，给予了我很多鼓励，并且迅速做了后续的实习安排。就这样，我和同宿舍的同学暑假来到上海，开始了一个多月的实习，之后顺利保研，来到上海药物所读博士。

来到上海药物所之后，我才渐渐对蒋老师、对整个 DDDC、对上海药物所有了更深入的了解。蒋老师很有家国情怀，多才多艺，爱憎分明，重情重义。蒋老师的座右铭是：清清白白做人，认认真真做事，踏踏实实做学问。蒋老师不仅是这么说的，也是一直这么做的。在科研中，蒋老师对自己和学生都要求很严格，多年来持之以恒，开拓了全新的领域。蒋老师做研究很专注，想问题很深入细致，工作非常拼命，以办公室为家。相处的这些年，蒋老师对我们言传身教了太多做人、做事、做学问的道理。人生最难得的是良师益友，真的太幸运能有机会遇到蒋老师。

在组内的五年博士学习期间，蒋老师对我们学生的培养和帮助不遗余力。在蒋老师的安排下，我先后做了几个不同方向的课题，包括数据库构建、对接函数能量计算、先导药物计算筛选、阿尔茨海默病机理深入研究与药物筛选。我也深刻地体会到，这个领域有意义是有意义，难也是真难，需要物理化学、生物、计算机的理论功底非常扎实。除研究生课程之外，蒋老师还组织各位老师再给大家上基础物理化学课，一点点拆分原理，推导公式。在做课题中，蒋老师不仅安排老师一步步指导，遇到问题及时解决，更是遇到好的文献及时发过来，督促大家一起研究讨论。大家都知道蒋老师对学生要求严格，以前也把学生骂哭过，我也尽量严格要求自己，可科研和做药总是会遇到非常难解的问题。在博士学习期间，遇到的阿尔茨海默病筛药极难，那么深入地做课题却正好遇到一个大石头，我有点心灰意冷，蒋老师倒是反过来安慰我，药厂做那么多年没做出来，我们做的东西发文章足够了，然后我们认真地一起改文章。五年，太多的事情回忆，难以一一记录。在读书期间，蒋老师对我们要求很严格，但是毕业之后却给予了我们各种帮助。

毕业之后，我不止一次找蒋老师帮忙写推荐信，蒋老师总是有求必应，熟悉的领域和人就很爽快地答应，有些他不熟悉的领域，就让我先介绍一下大致情况，并详细说即使不一定起作用但是可以试一下。转眼出国四年多后，2019 年，我想回国的念头到达顶点，于是想联系国内的工作机会。蒋老师听说我要回国，主动加了我的微信联系。然而我这边却因为一些突发事情，不得不搁置回国的计划，不好意思多发信息联系蒋老师，没想到这一耽搁，竟再没有见面的机会了。蒋华良老师影响了很多人的人生，在我们心中种下了爱与拼搏的种子，蒋老师永远活在我们心里。拜别恩师，愿蒋老师安息。

2022 年 12 月 28 日于美国田纳西州孟菲斯

如果还有如果

秦光荣

如果还有如果，我多想告诉您，您是明亮的灯塔，给我前进的力量；如果还有如果，我多想与您讨论新的课题，汇报我的进步。可惜这世上没有如果，只留下遗憾！

同行七年，青春岁月中有您的鼓励，是何等的珍贵！

您以身作则，教大家学会做人、做事、做学问；您废寝忘食，全心全意做科研；您高屋建瓴，给学生提出关键性的建议！您博学广识，多才多艺！您从人民大会堂给我们寄的明信片，我都还收着；在毕业典礼上，您陪着我们走红毯的笑颜，我还珍藏着；您因为学生生气的样子，我也还记得。您对学生的关怀，如严厉的父亲，但是在关键时刻，您会挺身而出；您对学生的爱，不是用只言片语，而是润物细无声！

您桃李满天下，而我可能并不是最优秀的那位，总觉得等我做得更好些，再跟您讨论，让老师为我骄傲！可是时间啊，你为何不等一等？如果你等一等……不，我错了，世界上没有如果！只能在异国他乡默默地送别敬爱的导师，虔诚地祈祷您一路走好！

您走了，但是您的精神将一直活在学生的心中！无论我身在何方，您依

作者简介：秦光荣，女，1986 年生，重庆人，现就职于美国系统生物学研究所，高级研究科学家，蒋华良院士 2014 届博士生。

然是我心中的明灯，照亮着我的科研之路！如果还有如果，我会经常向这世间亲爱的人们致以问候，哪怕只是一声轻轻的呼喊；如果还有如果，我不会等到失去之后才知道珍贵。世间没有如果，时间无法倒流，人生路上，学生会以老师为榜样，勇往直前，问心无愧，莫问前程！追寻真理是根，奉献社会是果，根深则叶茂，叶茂则果硕。

作于 2022 年 12 月 24 日 美国华盛顿州西雅图

修定于 2023 年 10 月 30 日 美国华盛顿州西雅图

图 1 2014 年毕业典礼

追忆恩师

陈筑熙

噩耗袭来，倒坐一夜。

记得恩师的言传身教：但行好事，不惧微言；

记得恩师的祝福和嘱托：珍惜爱人，承担责任，幸福生活。

呜呼！天何不公？呜呼！情何以堪！

摘抄蒋老师为学生结婚所写诗一首《婚纱》

蒋华良　2016 年 4 月 16 日

去嵊州途中，从朋友圈看到学生陈筑熙和爱人程曦的婚纱照，为他们的幸福而幸福，写一首诗祝福他们。

爱情是奇妙的
奇妙于痛苦与幸福之间
两个相爱的人
好比春蚕与桑叶

作者简介：陈筑熙，男，1986 年生，广西南宁人，国投创业投资管理有限公司投资总监，蒋华良院士 2014 届博士生。

桑叶化作蚕丝
作成茧子
缚住了蚕的身与心
茧子是最原始的婚纱
蚕在其中先化作蛹
再化作蛾
蛾产下许多蚕子
破茧而出
蚕子与桑叶
又编织新的婚纱

婚纱
是两个相爱的人
作成的茧
一旦穿上
便要共同承受
痛苦
欢乐
责任

蒋老师在抗疫时期身体力行的教导不敢忘记：但行好事，不惧微言！蒋老师在学生结婚时所赠诗文中的嘱咐不敢忘记：承担责任，幸福生活！

恩师，我与您这十四年

白　芳

2008年夏天，满怀着对计算机辅助药物设计的憧憬，在李洪林老师的引荐下，我于懵懂中踏进上海药物所药物发现与设计中心。DDDC是这个中心的简称，于我们而言，更是我们对中心的昵称，它凝聚着恩师和几位老前辈的心血，承载着我们所有DDDC成员的新药梦。那天傍晚和您第一次见面，您非常正式地跟我握手表示欢迎，虽然当时说的话语已依稀模糊，但是清晰确定的是，从那一刻开始，我决心毕生投身这个领域。于是，您多了我这个普通的学生，而我有了您这位改写我一生的伟大的恩师。您呕心沥血、风雨兼程一生，图1是您于我心中最深刻的写照。

2009年本科毕业后，因学校保送机制，我以与上海药物所联合培养的方式，在您的指导下攻读博士学位。虽是联合培养，但是您倾注在我身上的心血甚至多过所里的同门们。清晰记得，您在纸上画了一条跌宕的曲线，一边标记山峰（势能垒）、峡谷（势能阱），一边对我解释："这条曲线反应了药物-靶标的动态结合过程，势能垒与势能阱间的差值是解离势能垒，反应了药物分子解离的速度，是重要的药效指标……给你的课题，就是希望你开发一个计算方法来预测这些动力学参数，从而预测药效……"当时您写下的课题题

作者简介：白芳，女，1988年生，甘肃兰州人，上海科技大学免化所、生命科学与技术学院课题组长、研究员，蒋华良院士2014届博士生。

目（图 2），至今我仍小心收藏。

图 1　2022 年 11 月 10 日下午，白芳向蒋华良汇报生成式 AI 模型时剪影

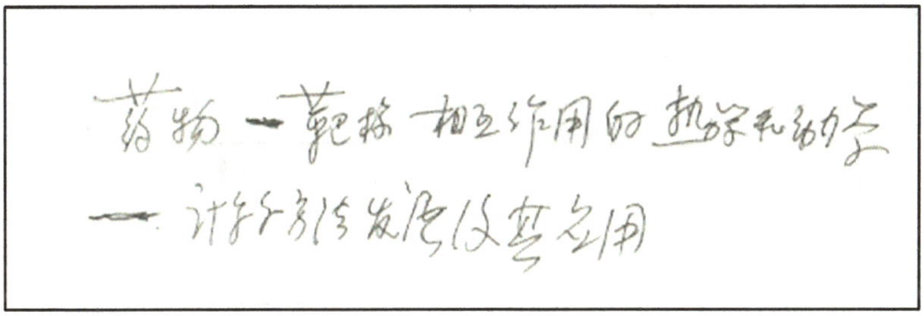

药物—靶标相互作用的热力学和动力学
—计算方法发展及其应用

图 2　蒋华良为白芳拟定的课题题目及真迹

2009～2014 年，是您培养我迅速成长的五年。我坐在大机房最后一排靠门的地方，那时候您是所长，办公室在楼上，每当有空您就会下来和我讨论课题，有时候也会在门口喊我上去（这种情况一般是我犯错之时，我想您一定是照顾我的体面，不在众人面前批评我）（记得那时候您上楼梯一步都是两阶，叹服您干练矫捷）。很多时候，您晚上下班路过时，也会来看看我的进度，有一次还带给我两个您自己煮的茶叶蛋，奈何当时我没敢吃也没敢要，一生遗憾。我的座位旁边有一个给您准备的凳子，您总坐在那里一点点指导我，带我推导了一页页公式，这些手稿，我一直视若珍宝，小心珍藏着（图 3）。而那个座位也一直安放在我的心旁，每当遇到一个难以选择的人生路口，我

都会去寻求您的指引。而今，这个位置真的就只能封藏在心里，从那里再也寻不到您的回应了。

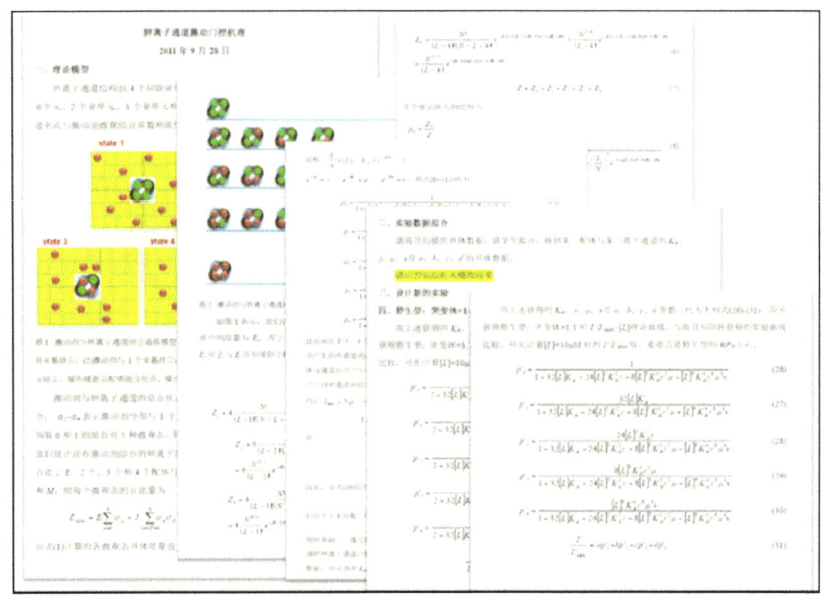

图 3　蒋华良亲自推导并成文的钾离子通道激动门控机理

您的数学功底深厚得令人叹服。您说您本应该去学数学专业，却阴差阳错学了化学，然而您在药物化学领域的造诣也如此登峰造极。您一直叮嘱我要尽可能掌握更多的数学知识，今年年初我还在您的叮嘱下购买了《微分几何》《偏微分方程》等。而今，再也没有一个人告诉我什么知识重要，也没有人带我一点点推导公式。

2013 年底至 2014 年初，我开始准备毕业，我的博士学位论文 250 多页，哪怕您公务缠身，哪怕您在北京参加两会，却依然挤时间帮我逐字逐句修改，无数次把我喊到办公室教我如何写作，哪怕一个标点符号，哪怕“并”“和”“且”“与”的用法，您“恨铁不成钢”的教诲，至今仍然萦绕耳畔。而那些过往使我受益一生，我也秉承您的恩教，传授给我一个又一个的学生，并骄傲地告诉他们，这都是蒋老师教的。而今，我的稿子再也无法递送到您的手里，再也看不到您“恨铁不成钢”的表情。

2014 年毕业后，我不听您的建议，依然选择出国，临走那天与您拜别，您当时还气囔囔地说：“我今天很忙，你走吧，注意安全！”等到美国安顿好，我打开邮箱，您发来的问好邮件跃入眼帘。那一刻，眼泪肆无忌惮。我知道，这个如父亲一般的人一直关心和惦记着我。而今，这份关心和惦念再也不存在，被永远地封印。

2019 年，您本来要去美国加利福尼亚州作报告，但是因为签证不能前往，您让我代您报告。在那里，我认识了上科大免化所的江舸所长，之后收到他的橄榄枝，在您的鼓励下，我义无反顾，放弃美国的所有，全职回国加入上科大。曾何想，归国半个月后就开始疫情，一直到了现在，眼看马上就要结束，可是您却再也看不到那一天的到来。这三年多的时间里，眼睁睁看着您为了您挚爱的国家、挚爱的事业、挚爱的子弟们，日益消瘦、白发苍颜，学生心里绞痛不堪，却不知如何帮您分忧。于是，我天真地认为跟学生时候一样，每当有科研的进步及时跟您分享，就能让您开心，哪怕是一点点。毕竟，您这一生最热爱的一直是科研与创新。确实，每次，您都很开心，还鼓励我说您以我们这些子弟为傲，于是，我会更加努力一点点。而今，那个我可以分享科研进步的恩师再也不在了，心里追逐的方向标一时间丢却了。

2022 年 12 月 22 日下午 4 点，我接到了您的电话，您跟我讨论我们最近的一些 AI 药物设计方法，那个电话您和我聊了 58 分 12 秒。谁曾想，第二天下午就收到您仙逝的噩耗。老师，前一天晚上您还好好的，我无法接受这突然的不辞而别。我知道，您真的太累、太累、太累了。我一直想为您分担，然而我不争气，成长得太慢，始终没有帮您分担丝毫。而今，发给您的信息再也没有了回复，电话那头再也听不到您叫我的名字，发给您的邮件再也不会被打开……再也没有一个人如您一样对我嘱托，为我规划，为我操心……

上科大人字楼门前那两株您赠送的梅花，我会一直在这里代您照顾好，每年开花时，我都会拍照片发给您……

您对祖国未完的热爱、对科研未尽的追逐，学生将以微弱之力全力为您续航，若有来生，我还要成为您的学生，将这一世未报的师恩一同回馈。希望在天堂里，您不要再如此劳累，要记得按时三餐，“放任”自己追求自己的爱好：练习书法、创作诗歌、钻研数学难题……

恩师千古，学生在此跪拜送别，您一路走好！

2022 年 12 月 24 傍晚

后　记

在您离开的这近一年里，有时我还会执念着发一封邮件到您的信箱，汇报一些近况。我想可能人间的这头总有那么一条“电线”与天堂相连，您总能听得见，抑或看得见……而我现在却听不到、也看不见您的回应……

即便如此，您对我的影响未完待续……

2023 年 11 月 6 日午后

春风化雨，生生不息

杨琳琳

23日晚得知这个悲痛的消息，一直不愿意相信这是真的。师恩永记，但没想到还没有来得及做出成绩多去和老师汇报，就不能再聆听教诲了。唯有记录与恩师相处的点滴，希望先生之风永存人间。

鸿儒雅士，疾行如风

第一次见蒋老师，是在2010年秋季的推免面试。我们五位学生在一楼会议室外的凳子上坐着等待面试，心情忐忑。突然，一位同学说："蒋老师过来了。"我抬头，只见一个瘦高的人影倏地从拐角处走过，迅速进到会议室里去了。老师应该异常忙碌，这个第一印象，深深映入我的脑海中，并在之后五年的读研生涯中，不断加深。因为不论何时，蒋老师都是步履匆匆又不失风度，衣着简单舒适，却无法掩盖他的侠骨。科研、工作就应该这样，简单、专注，才能锐意进取，赢得更多机会。

作者简介：杨琳琳，女，1989年生，河南洛阳人，郑州大学教授、博士生导师，蒋华良院士2016届博士生。

春风化雨，生生不息

后来到 DDDC 做研究生，我经常听师兄师姐说起和蒋老师之间发生的趣事，逐渐了解老师的率真幽默和平易近人。我们的组会他会尽量抽出时间参加，不放过任何细节，到现在我还记得他纠正大家 parameter 这个英文单词的发音以及重音问题。在其他各种场合，蒋老师也很乐于和我们分享做科研的心得和经验，他说起这些时总是思维活跃、兴奋又自豪，他乐在其中、醉在其中，我们也被带入其中。

蒋老师不仅在科研上带领着我们，他在生活艺术中的造诣和哲思也影响着我们。老师写得一手好字，文采斐然，在不同场合的演讲，都饱含深情，充满家国情怀和对后辈的希冀。在 2014 届至 2018 届的 5 次毕业典礼上，蒋老师分别做了以“谈情说爱话缘言志讲信”为主题的致辞，寄托了老师、所领导对同学们的殷切期望。这 5 篇演讲，我在毕业后常读常新，不论顺境还是逆境，犹如还在上海药物所聆听他的教诲，鼓励我们勤奋努力、勇于担当、坦荡有爱、自强向上。在微信公众号“朵朵花开淡墨香”中，蒋老师毫不吝啬地分享他对科研知识、上海药物所先辈、诗词、美食和生活之美的所思所感。

有一年蒋老师参加两会，从北京给 DDDC 的每位学生都寄来了亲笔签名的纪念信封，大家受宠若惊，也以这种新颖的方式获得了参与国家大事的喜悦，这个信封成为我弥足珍贵的收藏（图 1）。还记得在新年聚会上，蒋老师也是气氛担当，一改往日严师的模样，热情洋溢，为那段时光增添了许多欢乐。当时，我还只是课题组的新成员，被动而迷茫；这几年自己带学生成立课题组，回忆起这些往事，才明白此中真意。

师恩如山，精神长存

我刚进组时，GPCR 的结构功能研究方兴未艾。我不知道的是，蒋老师早已高瞻远瞩布局这个研究领域，我属于幸运儿，迅速接到了 GPCR 有关的课题。在蒋老师和阳怀宇老师的指导下，我用计算方法开展 GPCR 结构功能

图 1　蒋华良分别于 2013、2014 年两会期间从北京给 DDDC 各位研究生寄回的纪念信封

关系研究。每次课题攻关的时候，阳老师总是用蒋老师的话鼓励我：“沉稳面对，不畏艰辛，不要气馁。”即使自觉课题完成得磕磕绊绊，两位老师后来依然把 GPCR 相关课题让我来实施，我才得以累积出更好的成绩。

毕业时，蒋老师对我未来的去向给出了建设性的意见，还给我介绍了合作者。带着老师的关心，我回到母校郑州大学任教。2017 年，GCGR 合作成果发表于《自然》，蒋老师说“希望你在郑州大学有更好的发展”，我也凭这个成果入选次年的“未来女科学家计划”。

蒋老师，学生总想等着成长起来了，再去看望您，但再也见不到您了……

蒋老师，学生知道您喜欢书法，本想下次去看您的时候带上一尊家乡的澄泥砚，没想到已经没有机会了……

图 2　毕业典礼上的蒋华良与杨琳琳

以前总觉得您太忙，不敢打扰您，那些一遍遍在心里说的话再也没有机会当面讲给您听……虽然您从不让我们感谢您，总说做好工作就是最好的回报。您是我们进入计算机辅助药物设计领域的引路人，希望您可以知道，我和家人都感谢您和您建立的 DDDC，愿您的家人一切平安、顺利。

有幸成为您的学生，永远感恩人生路上有您相送的一程。学生不才，最后引用您在我们 2016 届学生毕业典礼上所做的诗——《缘》，来延续我们之间的师生缘，慰藉所有和您有缘的人，一起思念、缅怀您，让您的精神永存我们心间。

"天长地久有尽时，此缘绵绵无绝期。希望你们珍惜这份缘，延续这份缘。我写了一首诗，送给今年的毕业生，这首诗的题目也是《缘》。

缘，
不是前世的因，
而是后世的果。

如果我们无缘，
即便擦肩而过，
也不回眸一笑。
如果我们有缘，
即便天涯海角，
也会心有灵犀。
我们因缘而聚，
我们因缘而别。
相遇是一种缘，
分离另一种缘。”

2022 年 12 月 26 日于郑州

蜡梅香绽，英魂永存

凌丽君

昨日突闻噩耗，如同晴天霹雳，竟一时失语，原来最沉重的心痛竟无法诉说。这两日整个人都蔫蔫的，到现在都无法相信这个事实，仿佛一场噩梦。然而各种新闻讣告仍在不断提醒，我最敬爱的恩师蒋华良先生终已永远地离我们而去了。想起平日里与蒋老师的点点滴滴，忍不住潸然泪下。

初识蒋老师，是在我的博士后进站面试上。那天早上，听谢老师说蒋老师要亲自过来参加面试，我真是又激动又忐忑。面试开始，蒋老师准时大步走入了会议室。只见他落座后，嘴角轻轻上扬，朝我微微点了点头，我感到莫名的亲切和踏实。面试顺利进行着，蒋老师非常专注地听着我的汇报，并且十分关切地询问和了解我对于从事博士后研究的初衷和未来规划。面试很顺利地结束了，事后听谢老师说起，蒋老师是从另外一个会议上特地赶过来参加面试的，我瞬时感到无比的荣幸。

后来正式开展工作时才发现，原来我们这个实验室真的有些“不一样”。蒋老师一直致力于研究老百姓能用得起的好药，所以平日里对我们实验室的药效评价工作特别重视，要求也特别严格。每一次对药物抗肿瘤效果的药效评价，都是按照新药申报的要求，严格记录各项数据，确保实验真实可信、

作者简介：凌丽君，女，1987年生，江苏镇江人，罗氏全球产品开发中国中心 Biomarker Scientist，蒋华良院士 2020～2022 年博士后。

可重复、可追溯。这可真是“苦”了我们。一次动物实验做完，单是各种原始数据和记录，就有几十页，装订起来就像一本小册子。不过，正是这种不厌其烦和一丝不苟，让我感到非常踏实和安心，因为数据和结果都是扎扎实实、真真切切的。只有在这种务实求真的科研环境下，才能真正拨开科学的迷雾，领略药物发现的奥妙与乐趣！

蒋老师虽然在治学方面严格要求，但在生活方面却是事无巨细地关照。有一次在实验室里，一位刚入实验室的博士生在打电话，只听他好像在跟哪位老师讨论学校宿舍安排的事情，语气稀疏平常地说了很久。我问他：“你是在跟哪位老师打电话呀？”他非常淡定地说：“蒋老师呀！”我很惊讶地问：“蒋老师这也管呀？”他既淡定又自豪地说：“是呀，蒋老师说有问题随时给他打电话！”我错愕之余又十分羡慕和感叹，蒋老师真是爱生如子啊！

除了是一位德艺双馨的好导师，蒋老师还是我们心目中的“厨神”。每每读到蒋老师微信公众号里关于美食的描述，总是让我们身临其境、食指大动。有一次我们在去食堂的路上，还在讨论蒋老师的厨艺，说蒋老师做的红烧肉肯定很好吃。谢老师神采飞扬地跟我们“炫耀”，说有一次受邀去蒋老师家做客，发现蒋老师不仅红烧肉做得很好吃，做的小龙虾更是一绝，是她吃过的最美味的小龙虾！我们一阵惊叹和羡慕，纷纷感叹蒋老师真是一位充满生活乐趣的人！

最后一次见到蒋老师，是今年年初我博士后出站的时候。当时蒋老师一直在开会，好不容易等到他刚好空闲的几分钟，我赶紧进去请他帮忙签字。他一边签字，还一边关切地问我出站后的打算。没想到，这竟成了此生与恩师的最后一面，真是让人心痛不已！

“朵朵花开淡墨香，只留清气满乾坤。”蜡梅是先生最爱的花，高洁正直、慈爱善良、坚强独立、百折不挠，我想这应该也是先生大家风范的真实写照吧！蜡梅花开，先生却已溘然离世！每每想起先生的音容笑貌，想起他的谆谆教诲，想起他讨论学术问题时的目光如炬，想起他对同学们的殷切关心，想起他忙碌又清瘦的身影，都仿佛如在昨日！学为人师，行为世范！先生虽然走了，但将永远活在我们心里，时时缅怀，励志前行！

2022 年 12 月 25 日于上海

春风化雨，奖掖后学

王鼎言

昨晚惊闻蒋老师猝然长逝，心中无比悲痛，至今仍难以相信、难以接受。在我心中，蒋老师既是德高望重的院士，也是平易近人的老师。第一次和蒋老师讨论课题的场景至今仍记忆犹新，那是 2019 年 1 月 2 日，元旦后的第一天。我当时经验尚浅，汇报的内容以现在的眼光看也颇为浅薄。但蒋老师全程耐心倾听，对我给予了肯定和鼓励，也中肯地提出了他的建议。第一次交流就让我觉得，蒋老师是一个亲切和蔼、关心学生、科研态度求真务实的老师。之后蒋老师又和我们定期进行学术交流，从三个方面给我留下了深刻印象：其一，蒋老师非常关心一线科研进展，在繁忙工作之余仍抓紧一切机会了解前沿学术动态，这是很多行政事务较多的老师很难做到的；其二，蒋老师具有非常广阔的学术视野、高超的学术品位，常常一两句话就拨云见日，让我们深受启发；其三，蒋老师具有深厚的家国情怀和使命感，思考问题首先从利国利民的角度出发，这种境界时常让我们动容。

2019 年，蒋老师课题组和华为合作组成了联合攻关小组，希望能攻克生物学中经典的蛋白结构预测问题，我当时是主要参与的学生。实际上后来 AlphaFold 的成功与巨大影响力充分证明了蒋老师当时目光的敏锐，他能够

作者简介：王鼎言，男，1995 年生，江苏南京人，临港实验室青年研究员，蒋华良院士 2022 届博士生。

精准发现关键的科学问题，并判断解决问题的环境是否成熟，是出色的科研战略家。遗憾的是，由于我的水平有限，我并没有在比赛中取得非常出色的成绩。纵然是这样，蒋老师也在结果宣布的第二天专门给我发邮件，行文中并无责怪之意，而是鼓励我不要气馁，继续探索，不要放弃，这让我深受感动。蒋老师课题组近年来主要关注人工智能辅助药物设计，这是一个高度交叉的学科领域，要求研究者具有较高的计算机水平，因此药学背景的我们常常在研究过程中感到力有不逮，很难与专业的计算机科学研究人员竞争。但每当此时，蒋老师总是鼓励我们，不要急，慢慢来，做好自己的事，这让我们很有安全感和信心。

今年毕业前夕，蒋老师前后三次找我单独沟通毕业后的去留问题，并不断鼓励我继续投身于科研，为祖国的医药事业贡献自己的力量。蒋老师这种诚恳的态度和对我的鼓励是支持我继续在科研道路上往下走的动力。我相信，您当年也是这样鼓励以前毕业的各位师兄、师姐、老师，才让他们中的许多成长为中国医药行业的中坚力量。万没想到，在我现在的工作刚刚开展之际，蒋老师您就这么突然地离开了我们。我能做的，只有在内心仍无比悲痛、难以释怀的当下，写下一些文字表达我对您的追思，并在未来的工作中更加努力，继承您新药梦的遗志，不辜负您的期望，让您的在天之灵能得到慰藉。

蒋老师，您一路走好。

2022 年 12 月 24 日于上海

秋实春华，良药苦口

杨　皓

昨夜群星黯淡，我们敬爱的蒋老师与世长辞；今晨寒风冰冷刺骨，仿佛也在为蒋老师的离去而痛心不已。一切的一切是那么的突然，让人万分心痛又手足无措。写下此文追忆我所了解的蒋老师，藉以沉痛缅怀哀悼。

第一次知道蒋老师是在大二的药物化学课上，当时我刚接触“计算机辅助药物设计”这个对于新药研发十分重要的领域。那时我便了解到蒋老师在此方面的巨大贡献和深厚造诣，这也在我心中埋下了将来学习药物设计的种子。由于我自幼患有关节炎，常年服药控制病情，我的身体不能支撑长时间的实验研究。保研上科大后，我便联系了白芳老师，表达了想要在药物设计领域学习和研究的想法。但当时白老师的招生名额已满，于是她把我的情况告诉了她的老师，也就是蒋老师。蒋老师在得知我的身体情况和想法之后，对我十分关心，但不巧的是蒋老师的招生名额也已经满了。但蒋老师为了帮助我，向学校和学院积极争取，最终学校同意由蒋老师和白老师共同将我招收，蒋老师在培养计划中也考虑到了我自幼的心愿，将“幼年特发性关节炎的药物研发”定为我的学习方向。蒋老师特地给我写了一封长信，信中蒋老师十分深切地表达了培养我成才的期望，同时考虑到了我的专业背景和身体

作者简介：杨皓，男，2000 年生，江苏盐城人，上海科技大学免化所 2022 级研究生。

情况，为我指明了学习方向和研究道路。蒋老师还细心地把我需要学习的课程一一列出，连同学习资料都一起发给了我。收到蒋老师的来信时，我既惊喜又感动。惊喜于蒋老师与我素未谋面却能在百忙之中如此关心我的学业和身体情况，感动于蒋老师不仅不在乎我的身体缺陷，还因材施教，为我指路。于是我投入更多的时间和精力去努力学习，每当白老师向蒋老师提及我的学习和工作进展时，蒋老师都十分高兴。承蒙老师如此记挂和照顾，我何其有幸能够拜入蒋老师门下！

今年的 8 月 27 日是我第一次见到蒋老师的日子。当时突然得知蒋老师要来上科大开会并想与我见面，我很紧张，但当我见到蒋老师之后，那份紧张便消失了。蒋老师同我握手后，与我亲切交谈了许久，关心我的身体状况、在新学校的学习和生活情况、家庭情况等，并且再一次为我指明学习目标和研究方向，鼓励我夯实理论基础、踏踏实实做有价值的应用研究，十分支持我去追求和完成自己自幼的夙愿。他是那么谦和友善，那么和蔼可亲，那么善解人意。临走前，蒋老师给我留了他的微信和电话，让我有事随时联系他。但没想到的是，我还没来得及叨扰老师，还没来得及在论文的导师一栏中写下他的名字，还没来得及穿上博士服与他合影，还没让他看到我一直努力想要做出的幼年特发性关节炎的特效药，他就永远离开了我们……

蒋老师将自己的一生完全奉献给了祖国的新药研发事业，为药物科学发展作出了不可磨灭的卓越贡献，以独到的远见推动了国内创新药物研发的长足发展，并培养了大批相关领域人才，桃李满天下。

蒋老师永远地离开了我们，但他的精神永远活在我们心中，会一直激励着一代又一代的药学人为新药梦而积极进取和不懈奋斗。

恩师千古，学生敬挽！

2022 年 12 月 24 日凌晨于上海

朵朵花开淡墨香，只留清气满乾坤

谢成英

这两天人如游魂，沉痛的心情无以言表。这一切如噩梦般，到现在都一直不敢相信，也不愿相信，敬爱的蒋老师您永远离开了我们！不敢去回忆蒋老师的点点滴滴，每次回想起来就忍不住泪流满面。

2001 年夏天，怀揣新药研究的梦想，我来到上海药物所，这个对我而言“神秘而又神圣的地方”。初来乍到，我便听闻有那么一位“多才多艺”的“学术大佬”，他不仅在学术方面非常出色，琴棋书画几乎样样精通，而且还是一位“厨神”。每次路上偶遇，心想我这么平凡、普通的一个学生，他肯定不会认识我，也不会记得我。但是，每次我都怀着敬畏的心，远远地打个招呼“蒋老师”。那时，没想到自己日后有一天竟然能有此荣幸品尝到他亲自下厨烹制的“小龙虾”“油爆虾”，还有他独特配方精心熬制的“卤肉”，让我记忆至今！

毕业后，我留在上海药物所工作，工作重点内容之一是和企业合作，进行新药的临床前药效评价和作用机理研究。虽然作为主要负责人参与了数十个一类新药的临床前研究，数个新药也已经获批上市，但是，很多时候，我的研究工作不能发表论文，也不可向外人道。我从来没有想到，自

作者简介：谢成英，女，1974 年生，江苏南通人，临港实验室课题组长、研究员，蒋华良院士团队成员。

己那么默默无闻的一个员工，您竟然了解我所做的研究工作。在我缺乏自信，觉得自己论文的影响因子不够高，论文数量不够多的时候，是您给了我自信！是您给了我最大的支持！您曾说："把论文写在患者身上。"您认为，做新药研究是最有意义、最有价值的事情，能得到您的认可，是我莫大的荣幸！

蒋老师非常注重年轻人才的培养，他一直以自己培养的学生取得成功而感到自豪！2019 年 7 月，我肩负蒋老师的信任和支持，追随蒋老师的脚步，怀着"新药梦"，来到上科大筹建"免疫化学生物学"课题组。新实验室建立过程中难免碰上很多困难，又遇上三年疫情。我知道，您在背后给了我很多很多默默的支持，尽管您从来没有告诉过我！而我，只要是自己能够做成的事情，哪怕再辛苦，再委屈，我都不敢去打扰您！为了您挚爱的国家、挚爱的新药事业，您真的太忙碌！太辛苦！太劳累！所以希望能够分享给您更多的是实验室进展、学生们的科研成果，哪怕是科研上一点点的收获或者进步，希望能给您带来一丝丝的欣慰和快乐！每次告诉您化合物研发有进展的时候，您都特别开心！有好几次您立即打电话告诉别人，和他们分享您的快乐！每次见您，您都在忙，但您还是会暂时放下手上的事情，耐心地指导我的研究工作，并关心和询问研究生的学习和生活。然而，您关心了所有的人，却忽略了自己！

在上科大学校领导的支持下，您最最关心的新细胞房已经改建成功并正式启用，一直想带您去看看。可是，如今，您再也看不到了！三年前空空荡荡的 B707，已经初步建成您亲自命名的"免疫化学生物学"新药研发平台，各项新药的研发工作也都在如火如荼开展。12 月 22 日，周四下午 5 点，您提醒我以后出门一定要记得佩戴 N95，普通口罩防护不够，您还询问了研究生的身体和学习情况……我站在那里，兴致勃勃地向您一一汇报，却没有想到这次见面竟然是永别！

在 12 月 23 日周五下午 1 点的会议上，我们都坐在会议室等候着您，时间一分一秒过去，您仍未出现，给您发了微信，没有收到您那熟悉的回复"好"，没有想到这一次却永远也等不到您的回复了。

蜡梅是您最爱的花，高洁正直、慈爱善良、坚强独立、百折不挠。"朵朵花开淡墨香，只留清气满乾坤"，这正是敬爱的蒋老师的真实写照！您虽然已经离开，但将永远活在我们心里！未来，我将牢记您的教诲，尽我所能，以绵薄之力，延续您的新药梦，造福人类！

2022 年 12 月 25 日于上海

先生之风，遗泽余芳

殷宪振

初识蒋老师是在 2009 年的夏天，我刚到上海药物所科研管理处实习，经常会有些文件需要找蒋老师签字。初入职场总是很紧张，尤其是听闻蒋老师比较严厉，并且科研工作十分繁忙，我担心手头上的琐碎工作会打扰到他。接触多了以后才发现蒋老师的率真直爽，对工作从来都是高标准、严要求，同时快节奏、高效率。后来在他办公室附近碰到我拿着文件，他经常也会顺便问上一句："有需要我签字的吗？"后来跟随蒋老师参加了几次学术交流和单位的年会活动后，我更是发现蒋老师的多才多艺，完全打破了我对科学家不苟言笑的刻板印象。

2017 年博士毕业后，我加入蒋老师团队，参与具体的科研项目和平台建设，有幸能够得到蒋老师亲身的教诲和指导。当时开始着手于高精度病理图谱构建这样一个新的方向，但缺少成熟的技术方案，甚至也没有相关参考文献，我倍感压力，更害怕辜负他的信任。在这期间他的工作更加繁忙的情况下，他仍然和我约定，只要他抽得出时间，就会坐下来听取进展汇报并与我讨论具体技术方案，那段时间我们经常会在周日的早上在他办公室碰头。蒋老师学识渊博、率真大气，对学习新技术、新方法一直抱有极大的热情，也

作者简介：殷宪振，男，1983 年生，山东济宁人，蒋华良院士团队成员。

总能一针见血地指出问题，给出他的判断和意见，每次说完还会加上一句："我是外行，瞎说的哈，你来决定。"有几次我们一直讨论到中午，以至于错过了食堂的午餐时间，蒋老师便从小冰箱里拿出两罐啤酒、一个小保鲜盒装着的雪菜毛豆咸菜，然后微笑着说"今天后面没有什么重要安排"，或许那个时候他应该是很开心的吧。

最后想对蒋老师说几句以前总觉得还有很多机会说的话：虽然我不是您的学生，但您的言传身教、躬亲示范胜似亲师。在工作上，您指导、谋划、布局，并争取一切资源，只为让我可以放开手脚地开展工作。生活中的困顿您总是提前帮助，从不等我显出窘迫，您说科研人员保持基本的生活上的体面是专注科研的前提。从我应邀加入团队那天，您一直平等相待，不断强调您别无所求，只是单纯地看好这个研究领域和我个人的潜力，所做的一切只为让我更快地随这个方向一同成长，构建成熟的技术体系，更好地服务新药研发。您是一位具有家国情怀的科学家，热爱这个国家、热爱科研，爱得那么深沉，奉献了全部。您热爱生活，富有浪漫主义色彩的文人气质，喜欢书法、写作、曲艺。您温润如风，始终关心、爱护并提携后进。您的离去像是无情的命运在所有人心口最柔软的部分狠狠地剜去了一块，我们盯着伤口，茫然无措，只留无尽的遗憾和悲痛。

2022 年 12 月 24 日

心中那盏明灯

程　曦

第一次见到蒋华良老师是在 2015 年的秋天。那时我刚回国到上海药物所做博士后，不知道该如何利用自身的分子动力学模拟计算背景开展药学研究。蒋老师为我指明方向，请阳怀宇老师带我开展工作。刚接触蒋老师的时候，我觉得他很严肃，时常眉头紧锁，给人不怒自威的印象。没有很重要的事情，我们不敢去敲他办公室的门。

但是认识的时间久了，我发现蒋老师其实很开朗。每次讨论到有意思的课题时，他都眉飞色舞、滔滔不绝，讲得激动了还要拿起笔在纸上写写画画，脸上洋溢着幸福与满足的神情。蒋老师的思维很发散，天马行空的畅想常常使我感到惊艳。每次听完蒋老师的一番畅想，我都会一边感叹要是能完成这样的研究工作可不得了，一边又暗自盘算这工作量真不得了。蒋老师总是鼓励我们做创新性的工作，他说："搞科研要创新，不能怕啃硬骨头。"课题组合照的时候，他不要大家喊"茄子"，而是要大家高喊"创新"。蒋老师对科研事业的热爱和攻坚克难搞创新的决心感染并激励着我们每一个人。蒋老师很关心课题组的成员，在疫情三年里，他不仅时常叮嘱大家做好防护、戴好口罩，还想方设法筹集防疫物资来分发给职工和学生。去年我家年近 90 岁的

作者简介：程曦，女，1988 年生，湖北武汉人，中国科学院上海药物研究所研究员，蒋华良院士博士后和团队成员。

外婆不幸感染新冠，她本身有冠心病、慢性阻塞性肺疾病和糖尿病等多种基础病，这让病情更加雪上加霜。我们全家人都心焦不已。蒋老师知道了这个情况后，马上让我把他那里治疗新冠的药拿回去给外婆。过了几天，我妈妈打电话来高兴地告诉我，外婆的病好多了，还嘱咐我感谢蒋老师，跟着蒋老师在上海药物所好好干。后来，我外婆知道了蒋老师离世的消息，她打电话安慰我说："你们不要太难过，蒋老师到天上去做菩萨了。"这可能是她能想到的对蒋老师最好的形容。

图 1　蒋华良带领大家高喊"创新"

蒋老师工作很努力勤勉。我经过祖冲之路园区一号楼的时候，总能看见他办公室的灯是亮着的。每当看到这盏灯亮着，我就感到安心并充满动力，但是我又不敢看得太久，怕万一蒋老师往外看时会与我四目相对。现在蒋老师大概去了比一号楼二楼更高的地方。那里不用熬夜抽烟，空气一定比他办公室的好。虽然蒋老师离开了我们，去往那个更高的地方，但他的精神永存，激励着我们在各自的工作岗位上不断奋斗、追求创新！

第五篇

风清气正，挽歌萦绕

编　者　按

蒋华良院士逝世后，社会各界众多人士在多个平台自发地发表沉痛悼念与深切缅怀蒋院士的感想言论。2022 年 12 月 24 日，上海药物所官方微信公众号“中国科学院上海药物研究所”中《讣告|著名药学家、中国科学院院士蒋华良先生逝世》一文点击量 71 万，留言 700 余条。闻讯者纷纷自发留言、深切悼念，回忆与蒋华良院士交往的点滴，表达沉痛、追思之情。

本篇章“风清气正，挽歌萦绕”收录了部分后台留言，其中还有三段留言来自微信公众号“国科大杭高院药学院”的推文《潜心科学、求实创新、发乎于心，炽然于胸》，悲伤质朴的语句和情深意切的感言，表达了对蒋华良院士的不舍与致敬，也折射出蒋院士的高尚品格和崇高精神。

社会各界自发悼念蒋华良院士

上海 Cas_朱老师

蒋老师一路走好！

犹记得 20 年 12 月和 21 年 5 月在制作嵇先生和谢先生纪念视频期间，有幸采访到蒋老师，蒋老师深情回忆了与两位先生共事的点点滴滴，蒋老师说两位先生严谨认真的科学精神和乐观豁达的人生态度始终指引着他前进；同样，蒋老师治学严谨、学识渊博、肩负重任、攻坚克难的宝贵精神也会指引着我们前进。

上海 程家高

傍晚惊闻噩耗，未能如面，从太原路 294 号到祖冲之路 555 号，随先生学习 5 年，学做人做事做学问，毕业工作仍多蒙指导，跪送恩师，恩师千古。

上海 郭晓宁

惊悉噩耗，不敢相信。蒋老师一生致力科研，硕果累累，怎么就天妒英才！愿老师在天堂没有病痛。

上海 过河小卒

先生睿智儒雅的面容依然在眼前，却惊闻已突然仙逝，痛哉国失大师，无奈天妒英才，昨晚刚刚收到噩耗时不敢相信更不愿意相信这竟然是真的。愿先生一路走好，天堂安息！请家人节哀顺变！

上海 黄昏晓的天空

先生千古，读先生著作打开了对药物研究新的世界，惊闻噩耗，无限感伤。

上海 红曲米

听闻噩耗，难以置信，蒋老师学识渊博，文采飞扬，平易近人，就这么突然离我们而去，痛心！蒋老师一路走好！

上海 James.Y2022

蒋院士，感谢您为中国新药发现所作的突出贡献，一路走好。

上海 李龙

蒋老千古！蒋老师是乐观开朗，勤奋务实的一个药物学家，他的离开是我们新药物研发方面的巨大损失！

上海 珑珠鱼

蒋院长走好，（我是）蒋华良奖学金受资助学生，一路走好！

上海 Nelson 李楠

蒋老师一路走好，创新药的成果会造福更多人，创新的精神会激励一代又一代的人。

上海 Ryan

在和蒋华良老师的合作中，获益良多。我们都深深为蒋老师的治学严谨，追求卓越，不断创新的精神所感召，所鼓舞！惊闻噩耗，错愕之际，悲痛不已！蒋先生的活力，乐观，对生活的热爱也是我辈楷模，怎奈天妒英才！愿蒋老师一路走好！

上海 strong 番茄

蒋院士是我博士毕业答辩委员会主任，前几日还聆听他点评中国药学大会，备受启发，惊闻噩耗，深感悲痛！药界痛失栋梁！先生治学严谨，学才满园！先生千古！一路走好！

上海 雁尘

鞠躬尽瘁，吾辈楷模，疫情当头仍不顾个人安危奋战于一线，实乃青年人学习之榜样，后世当铭记先生之功德，发扬先生之精神。

上海 一米阳光

太突然……蒋院士远离病痛、天堂安好！

几年前有一次在市里开会的间隙，还和他一起打了一会儿乒乓球……感觉他是一位精力充沛，做啥事都很投入，充满激情和感召力的专家型领导。

上海 杨晟

蒋老师是我从事新药研发的引路人。开始难以相信，昨夜不能接受。蒋老师一路走好，希望您的亲人节哀。

上海 周倩

拜读蒋院士自创的“朵朵花开淡墨香”公众号，一直觉得蒋院士不仅是药学家，还是数学家，也是文学家。热爱生活，热爱科研。是吾辈之楷模。

怎么这么突然就……

北京 潜水员浮出

曾与蒋先生有过几次非学术交流，他是一位责任感、使命感极强的学者和友人。难以接受，泪奔，痛悼，蒋先生千古！

北京 Y

有幸与先生谋面一次，记得那时刚上研一，先生来院参观，我们正在上乒乓球课，先生便和我们体育老师一同切磋，先生矫捷的动作和熟练的球技，令人惊讶！当时我们还将这段视频录制下来，我也至今保存在手机里面，一次偶然的机会关注到了先生的私人公众号（朵朵花开淡墨香），看见先生整理的各种生活片段，也让我更加敬佩先生对生活的积极态度！如今听此噩耗，久久不愿相信！然仙人已逝，唯愿先生一路走好！先生千古！

北京 最佳损友

蒋先生千古！去年沈阳药物化学会有幸见过先生作报告，先生治学严谨细致且对晚辈亲切和蔼，是我国药学界的顶梁，万没想到竟闻此噩耗，望先生在另一个世界继续新药之梦。

北京 郑素萍

泣拜蒋老师！蒋老师千古！翻阅和蒋老师的微信，多是他分享的他撰写的文章，从中国药物化学的史料记录、药物化学与计算化学前沿展望，到美食分享、红茶杯修复……尤其是他曾撰写的红烧肉中的美拉德反应，仅在火车站候车之际写成，时至今日仍不断地被阅读、分享。他是一个多么热爱生命、才华横溢、谦和友善的科学家！奈何上天如此不公。

重庆 陈立明

虽只见过一面，且并无交谈，但蒋先生治学之严谨，学识之渊博，为人之正派让人难忘。七年多了，一篇《和你谈情说爱》的毕业致辞记忆犹新，曾叹我儿无缘受业于先生，但愿能工作于同所，如今只能扼腕长叹！

辽宁 张昊

2016 年的夏天，蒋老师来大连开会，我负责交通，来的那天飞机晚点了。蒋老师没去宾馆休息，直接去了招待晚宴。宴会厅里已有不少人，都在三五成群地闲聊。晚宴还没开始，蒋老师独自找了一个角落用笔记本电脑抓紧时间办公，当时并没有人注意到他。晚宴之后，我送他回到学校的招待所休息，目送他走去房间，步子不快，背有些弯……那个周末，在会议之余，我们一起游览了大连风光，蒋老师还谈起了如何烹饪小龙虾……机场临别时，蒋老师在我的《从一到无穷大》这本书的扉页上写下：个十百千万亿皆始于一，数理化天地生万物皆数——蒋华良，二〇一六年七月三日。蒋老师的书法苍劲有力、坚韧挺拔！蒋老师千古！

吉林 王颖

惊闻噩耗，难以置信。有幸同学半年同行延安，蒋院士是新药研发之翘楚，有以身试药之大爱，多才多艺，平易睿智。蒋院士一路走好！

江苏 陈晨

当年靠着蒋老师开发的免费分子对接软件完成了硕士论文，前几天团队TB，我还说了这个事，谢谢您，一路走好。

江苏 纯真

鞠躬尽瘁，造福百姓。宛如晴天霹雳，让人难以接受，最敬重的蒋院士一路走好！

江苏 海宝

太可惜了，天妒英才！2005 年我们上中医和药物所在陈凯先院士和丁键院士的组织下还一起打过乒乓球赛，我的对手就是蒋华良兄。

江苏 pzy

舅舅，我实在无法接受这个噩耗，但我也只能祝您在另一个世界继续书写你的人生梦想。

江苏 Tony 大叔

老朽南大外文系 84 级，虽和师兄未曾谋面，但是我们上体育课是和 84 级化学系合上，对化学系还是略有了解，也许在南苑食堂或北苑操场曾经擦肩而过，记得化学系当年住在 5 舍，唉，天妒英才，师兄，走好！（据有关校友更正：当时化学系住在 3 舍和 4 舍）

江苏 天堂客

惊闻噩耗，潸然泪下！有幸与蒋先生有一面之缘，虽然只是一次视频会议，但也深深为先生的学识、文采、自信所折服！天妒英才，先生千古！感谢先生对苏州的喜爱！

江苏 无语

难以置信，伤心至极。一起长大的小伙伴们都悲痛欲绝。您一定是太辛苦了！

江苏 鱼罐头

想几年前关注蒋先生的个人公众号“朵朵花开淡墨香”，还不时能看到铁骨柔情。今日悉闻噩耗，只叹天妒英才，希望蒋先生千古！

江苏 雨水

惊闻噩耗，难以置信。您的每一次学术报告和交流都让我们获益匪浅，感谢您对中国创新药物研究事业的引航！蒋院士一路走好，愿先生在另一个世界继续新药的梦想。

江苏 夭夭

突闻噩耗，以为是假的。他是一位热爱科研又热爱生活的人，曾经带学生和蒋院士有过一面之缘，天堂没有疾病。

江苏 张纯

从未见过蒋老师，认识蒋老师源于他的朵朵花开淡墨香，其中一篇文是物化在 CADD 中的应用，从此开启了我在 CADD 的学习与探索，对领路人无比感恩，蒋老师一路走好！

浙江 老陈

早岁有幸，数年时间因工作原因经常请谒。蒋老师学术上领袖一方，更难得性情中人，谈笑不拘，从不端架子。十多年未见，正当盛年，猝然永别！旦夕阴阳，叹惋无已，专家无匮，真人难得。一生于人无愧，于己无愧，不负当年意气！

浙江 刘辉

惊悉蒋院士的噩耗，难以置信，无比悲伤。由于国科大杭高院药学院的创立我有幸认识了蒋院士，蒋院士是我们学院的院长，他对药学院的创立、建设和发展付出了辛勤的劳动和汗水。蒋院士给我的印象是才华横溢学识渊博，做事干练果断雷厉风行。他充满着家国情怀为我国的新药研究和药学发展鞠躬尽瘁。愿蒋院士一路走好！也请您放心，药学院的师生们一定会完成您的遗志把药学院做大做强。

浙江 沈畅

未见蒋老师前，我对“蒋老师”三个字一直心存敬畏，但与他相处之后发现，他完全没有一点院士的架子，而且治学严谨认真。听闻蒋老师去世的噩耗我至今难以相信，因为蒋老师一向注重锻炼，身体硬朗，只愿天堂没有病痛。作为蒋老师的学生，我一定会传承蒋老师治学的理念，不骄不躁、踏实认真；如果有来生，希望还能有幸做老师的学生。

浙江 沈海伟

第一次见到蒋老师是在创投大会上，蒋老师作为开场嘉宾发言，蒋老师在台上侃侃而谈，梳理中国医药行业的现状，描绘 AI 制药的蓝图。台下的我心潮澎湃，立志希望有机会加入蒋老师的课题组，为蒋老师的蓝图献出我的力量。会议间隙我向蒋老师自荐了，很幸运，蒋老师在众多候选人中选择了我。博后期间，蒋老师和蔼的性格以及渊博的学识也一直深深地影响着我们，带我们前行远航。昨夜听闻噩耗，几乎一夜都不能合眼，心痛，惋惜，更多的是后悔没有能和蒋老师好好道个别，好好说一声感谢。只希望能沿着蒋老师的路，继续砥砺前行，竭尽全力让自己成为中国医药行业的中坚力量。“愿，人间皆安，逝者无患”。

浙江 姚晨蓬

才华横溢，少年脾气，为国安康，贡献终生！

浙江 于洋

沉痛哀悼，深情缅怀华理药学院首任院长蒋华良院士，您手书“良药苦口，忠言逆耳”的院训后辈必定铭记于心，2014 年 2 月我获得“蒋华良奖学金”时候的情景还历历在目！

浙江 朱峰（浙大药学院）

无比沉痛，万分震惊，难以接受！蒋老师的大家风范、睿智渊博的学识，为新药研究和药学学科发展的鞠躬尽瘁，对晚辈学生无私提携帮助，永远铭记于心，愿蒋老师一路走好！

福建 高山

感觉留世时间长短不是问题，问题是留在世间东西有多久！

今生留痕，让后世永记，足矣！

山东 冰山来客

蒋院士，感谢您为中国新药发现所作的突出贡献，一路走好！英年早逝，国之损失！沉痛悼念！

山东 王 ck

在药物设计与合成方面，蒋院士都有不可替代的引领作用，文献中，大会报告中都常看到蒋院士的名字，英年早逝啊，实在是我国药物合成和计算领域的一大损失。

河南 大漠孤鹰

悼英才

大工上天去，举世扼腕惜。

人间多少痛，向来能预期？

大漠孤鹰

2022.12.24　08：41

河南 吕

记得上学时蒋华良常去我的宿舍举杠铃、周末一块儿炒螺丝喝啤酒、领着师弟妹去嘉兴南湖、淀山湖游玩儿，他到药物所读博时还邀我们去吃上海糟货、吹牛皮不拘小格，没架子，做学生时他睡在机房打地铺，刻苦努力也聪明。最后一次见他是2001年在北京大学分子模拟软件推广培训会议上，会后给我邮寄了他与陈凯先院士编写的计算机辅助药物设计书。近些年没怎么联系，早上看到噩耗很难过，师兄一路走好。

湖南 南华大学药学院喻翠云

药坛天使 万民敬仰；华夏栋梁 千古流芳。

湖南 天马樵夫吴海龙 Jason Hai-Long WU

沉痛哀悼蒋华良院士，先生千古，一路走好！先生睿智儒雅的面容依然在眼前，却惊闻已突然仙逝，痛哉国失大师，无奈天妒英才，刚刚看到噩耗时真不敢相信，更不愿意相信这竟然是真的。愿先生一路走好，天堂安息！请家人节哀顺变！吴海龙敬挽，太难过啦。蒋院士千古！痛失大师，国之重大损失！

广东 化学加肖文华

甚是震惊，难以置信！周二在微信上我们还有简单对话。蒋老师曾先后给我们化学加签名赠过两本他主编的书。同时，我记得非常清楚，曾有两次帮助指出过化学加公众号发出的文章，要我们再次确认一下。

蒋老师有个个人公众号“朵朵花开淡墨香”，里面的每一篇文章写得情真意切，同时无不体现出其扎实的文化素养、文字功底，最近一次的更新是2021年6月14日，我还一直盼着先生再次发文……

蒋老师的毛笔书法还特别好。世事无常，这么重情义，渊博学识，忠善友好的您说走就走，留给了所有认识您的人无限的感念，无比的难过。蒋老师您一路走好！

广东 李智

难以置信，曾经邀请蒋院士参加过我们的两次活动。蒋院士是一个非常和蔼的人，一点没有院士架子。他积极推动国内计算机辅助药物设计技术联合，并在新药研发领域作出了卓越的贡献。他牵头研发的好几款新药都已经进入了临床验证阶段，相信未来仍将为人类健康作出卓越贡献。

蒋院士一路走好！

海南 北国樱桃

可敬可仰的蒋华良院士一路走好！您创新药的成果会造福更多人；您创新的精神会激励一代又一代新人！

四川 蔡鑫

读研时一本陈凯先和蒋华良编写的《计算机辅助药物设计》让我对 CADD 着迷，后来一直应用 CADD 的方法从事新药研发。蒋老师代表了中国 CADD 新药开发的一个时代，一路走好。

中国香港 苏成福

惊闻噩耗，难以置信，前一段还在线上听过蒋院士关于计算机辅助药物设计的报告，蒋院士，一路走好！

澳大利亚 Mr

虽为药理出身，却也久仰先生大名，惊闻噩耗，身在澳洲，万分悲痛，愿先生一路走好，天堂里没有劳累和病痛。

美国 Gloria Qin

蒋老师，一路走好！

您是那么的严厉，又是那么的慈爱。您在工作上一丝不苟，帮助学生解决很多关键性问题。您是榜样的力量，话不多，但是却激励着大家！一直觉得自己还不够好，不敢向您汇报。可是时间怎么就那么着急呢，再也等不到了。

您的多才多艺，您的博学广识，无不让人倾慕和赞叹！您桃李天下，让这种科研的精神流芳千古！您走了，却会一直活在学生的心中！致我们所爱的人！

美国 Shasha

惊闻噩耗，前几天还读到了蒋老师最新的工作，时不待人，感谢前辈为中国计算化学，药物设计作的贡献，先生千古。

美国 殷晓进

因在美国西岸的时差，今日凌晨惊闻噩耗，令人难以接受。和蒋院士相识有三十年，一直为他的睿智、平和、善心、执着所折服！华良院士的英年早逝是中国科学界特别是药学界的重大损失！他开创和引领的中国原创新药研发事业从此失去了一位杰出的领军人物。呜呼哀哉！

美国 朱斌 Bin Zhu

2018-2019 期间有机会拜访过蒋教授，向他讨教中国创新药应该怎么做，蒋教授的高瞻远瞩给我们留下了深刻的印象。尤其可贵的，他不只是为我们画个蓝图，而是身体力行地带团队一个项目一个项目去做。他的离去让中国失去了一位最顶尖的新药研发领军人物！

后　记

在时间的流逝中，有些人如同灯塔一般，他们的存在不仅照亮了科学的海洋，也温暖了无数人的心田。蒋所，就是这样一座凝聚大爱、光芒四射的灯塔。

蒋所是上海药物所的第七任所长，我和他在上海药物所的班子里共事多年，习惯称呼他为蒋所。共同为上海药物所奋斗的日日夜夜里，他对国家大事的关心、对新药研发的执着、对研究所发展的思虑，给了我很多的启发和很大的影响。在他的领导下，我们一起经历过上海药物所发展的重要时刻，一起推动了研究所体制机制的变革，一起致力于上海药物所科研力量的发展壮大。作为蒋所在新冠疫情最严峻时逆行身赴武汉开展抗新型冠状病毒药物研发的见证者，至今回忆起来，仍万分感动、心潮澎湃。

2022 年 12 月 23 日，蒋所骤然离世，这对于上海药物所来说，是无比悲痛的一天，我们失去了一位杰出的领导者、一位卓越的科学家。我也失去了一位并肩作战的战友。

蒋所逝世一年多来，上海药物所上下通过多种方式缅怀纪念他，先后在所内举行“国之所需、吾志所向”蒋华良院士追思会、“国之所需　吾志所向”传承弘扬蒋华良院士科学家精神座谈会暨学术报告会，建成中国科学院科学家精神教育基地分馆“蒋华良院士纪念馆”，策划蒋华良院士专题展，举办“报国梅”种植纪念活动。与武汉病毒所以“共忆新冠联合攻关历程 共话药物合作研发未来”为主题召开学术交流会议，开展两所友谊树“报国梅”种植活动共同纪念蒋所。

噩耗传出，蒋所的挚友、同仁、学生等撰写了大量缅怀文稿，媒体也纷纷撰文报道他的事迹，这些文章生动再现了他的家国情怀、学术造诣和人格魅力。在这些不同角度、不同作者的纪念文章中，我们看到了蒋所在科学领域的卓越成就和无私奉献，也看到了蒋所在不同角色中都展现出丰富饱满的人格魅力。于是我们希望将其汇编成书，以此来传承和弘扬他的科学家精神，激励广大药物所人铭记其“国之所需，吾志所向”的崇高信念，接续完成他未竟的新药梦想。

去年，蒋所的夫人徐岭女士和女儿雨惜将他生前所著文章汇编成《朵朵花开淡墨香》出版。书籍一经出版，在上海药物所引起了很大的反响，而这也让我们更加坚定了出版第二本书籍的想法。因此，在蒋所逝世近两周年的日子里，我们怀着无比崇敬的心情，推出《只留清气满乾坤》，作为《朵朵花开淡墨香》的姊妹篇，从不同视角还原更加立体丰盈的蒋所形象，传承和赓续他的精神。

书籍的汇编出版是一个漫长的过程。一年多时间里，在陈凯先院士、蒋所夫人徐岭女士和女儿雨惜三位主编的支持下，上海药物所编辑班子倾情倾力投入编撰，编委们多次开会、反复讨论，过程中还得到了多方包括作者的大力支持，大家纷纷以文寄情、以文抒怀、以文感恩，表达对蒋所的哀思和崇敬。感谢为本书付出努力的编辑和工作人员，感谢为蒋所撰写文章的各位作者，是你们让这本书得以顺利完成，并高质量地呈现在读者面前。

斯人已逝，精神永存。蒋所用其一生，书写了心系人民的家国情怀、潜心科研的责任担当、执着创新的探索精神、奖掖后进的高尚品格、丰盈充实的有趣灵魂。希望这本纪念文集的出版，能让更多人了解多面立体的蒋所以及他所热爱的药物科学事业，传承弘扬他的进取精神和崇高信念。上海药物所将以蒋所为榜样，在抢占新药研发科技制高点的征途中赓续深耕、砥砺前行，在推动实现药物创新领域高质量发展和国家高水平科技自立自强的道路上锐意进取、笃行不怠。

叶　阳

2024 年 9 月于上海